高等教育自学考试日语专业系列教材

实用日语

总 主 编　彭广陆
副总主编　何　琳　马小兵
审　　订　守屋三千代

中级（下册）

主　编　何　琳
副主编　董继平
　　　　铃木典夫

北京大学出版社
PEKING UNIVERSITY PRESS

图书在版编目(CIP)数据

实用日语:中级.下册/彭广陆总主编;何琳主编.—北京:北京大学出版社,2012.3
(高等教育自学考试日语专业系列教材)
ISBN 978-7-301-20202-9

Ⅰ.①实… Ⅱ.①彭…②何… Ⅲ.①日语－高等教育－自学考试－教材 Ⅳ.①H36

中国版本图书馆 CIP 数据核字(2012)第 022136 号

书　　　名:实用日语:中级(下册)
著作责任者:彭广陆　总主编　何　琳　主编
责 任 编 辑:兰　婷
标 准 书 号:ISBN 978-7-301-20202-9/H·3003
出 版 发 行:北京大学出版社
地　　　址:北京市海淀区成府路 205 号　100871
网　　　址:http://www.pup.cn
电　　　话:邮购部 62752015　发行部 62750672　编辑部 62767347　出版部 62754962
电 子 信 箱:lanting371@163.com
印 刷 者:北京虎彩文化传播有限公司
经 销 者:新华书店
　　　　　787 毫米×1092 毫米　16 开本　16.75 印张　250 千字
　　　　　2012 年 3 月第 1 版　2023 年 1 月第 2 次印刷
定　　　价:36.00 元

未经许可,不得以任何方式复制或抄袭本书之部分或全部内容。
版权所有,侵权必究
举报电话:(010)62752024　电子信箱:fd@pup.pku.edu.cn

编委会成员

主任：彭广陆（北京大学教授）
顾问：守屋三千代（创价大学教授）

（以汉语拼音为序）
毕晓燕（首都师范大学讲师）
稻垣亚文（北京博师堂语言文化学校外国专家）
董继平（首都师范大学副教授）
宫崎泉（北京林业大学外国专家）
何　琳（首都师范大学副教授）
李丽桃（首都师范大学副教授）
刘　健（首都师范大学讲师）
铃木典夫（北京外国语大学外国专家）
铃木峰子（原日本静冈县滨松市立中学教师）
马小兵（北京大学副教授）
磐村文乃（清华大学外国专家）
彭广陆（北京大学教授）
王轶群（中国人民大学副教授）
周　彤（北京科技大学副教授）

前　　言

《实用日语　初级（上册·下册）》、《实用日语　中级（上册·下册）》、《实用日语　高级（上册·下册）》是北京市高等教育自学考试日语专业"初级日语（一）（二）"、"中级日语（一）（二）"、"高级日语（一）（二）"课程的指定教材，是根据有关教学大纲及考试大纲编写的。本教材具有以下特点：

（1）编写阵容强大

编者均为高等院校专门从事日语教学和研究的中日专家学者，长年活跃在日语教学第一线，有着丰富的日语教学经验和编写日语教材的宝贵经验，这是本教材质量上乘的根本保证。

（2）语言地道、生动、实用

本教材会话课文由多名中日专家、学者在充分讨论的基础上集体撰写，保证了语言的地道、规范，为广大日语学习者提供了优质的语言学习素材。会话中固定的出场人物、连贯的故事情节，都为充分体现日语的特征提供了保证。同时场景自然合理、语言生动，引人入胜，力求帮助学习者轻松快乐地完成学习。

（3）内容充实、贴近生活

本教材内容贴近实际生活，能够满足学习者在生活和工作上的需求。为保证教材的实用性，除了日常生活的话题外，还穿插了必要的商务活动等相关内容，力求帮助学习者为将来从事与日语有关的商务工作打下坚实的基础。本套教材不仅注重语言本身，还注重文化上的差异，帮助学习者培养良好的跨文化交际的能力。

（4）编排新颖、形式多样

本教材无论在形式上还是内容上，均努力突出高自考的特点，把学习者的需求放在第一位。教材编排重点突出、层次清晰，注重中国人的学习特点，适合成年人自学日语，同时也更加适合开展课堂教学。每课均由课文、会话、单词、语法学习、词汇学习、练习、自测题组成，不仅内容充实，各种索引也颇为完备。

（5）简明、灵活、高效

本教材解说简明扼要，练习形式灵活多样，为帮助学习者及时检测自己学习的状况，还配有涵盖所有学习重点的自测题，这样可以保证学习者高效地掌握日语，为学

习者在听说读写译诸方面的均衡发展打下牢固的基础。

（6）与日语能力考试直接接轨

编者在编写本套教材时，充分地考虑到与日本国际交流基金会和日本国际教育支援协会实施的日语能力考试的衔接，可以说，《实用日语》涵盖了日语能力考试所有不同级别的语法项目以及绝大多数的单词，其对应情况大致如下：

《实用日语　初级（上册）》————N5（原4级）
《实用日语　初级（下册）》————N4（原3级）
《实用日语　中级（上册）》————N3（原3级、2级）
《实用日语　中级（下册）》————N2（原2级）
《实用日语　高级（上册·下册）》——N1（原1级）

总之，本套教材不仅是日语高自考的指定教材，也是希望用最短的时间轻松地掌握日语的学习者的首选教材，同时，还适合作为普通大学日语专业、大学公外、二外、辅修、大专、高职的教材使用。

衷心希望本套教材可以帮助以汉语为母语的学习者顺利打开日语的大门，为学习者日语综合应用能力及跨文化交际能力的培养助一臂之力。

《实用日语》编委会
2010年5月7日

《实用日语　中级（上册·下册）》使用说明

　　《实用日语　中级（上册·下册）》是为参加自学考试的日语中级学习者精心设计的教材，力求帮助学习者通过接触自然地道的日语，掌握实用的日语语言知识和语言技能，提高日语综合应用能力，同时更多地了解日本的人文知识，培养良好的跨文化交际能力。

　　《实用日语　中级（上册·下册）》的整体结构、学习内容、学习方法的指导均围绕自学考试以业余自学为主、学习时间灵活自由等特点设计，帮助学习者以最高效、最简便易学的方法掌握日语。同时，本教材也适合在普通高校、民办高校、高职、中专等作为中级日语教材使用。

　　针对中级学习者的学习特点，《实用日语　中级（上册·下册）》制定了"阅读能力重点化、交际技能实用化"的编写方针，对整体结构进行了统筹规划，上下册各设计了10课丰富实用的学习内容。

　　各课由"课文1—阅读文"、"课文2—会话文"、"单词"、"词汇学习"、"语法学习"、"练习"和"自测题"组成。

　　各课首页是该课需要达到的能力目标以及主要语法项目，帮助学习者明确学习目的，使学习更加具有针对性，从而提高学习效率。

　　课文（読解·会話）：由两个单元组成。第一单元为阅读文，上册1000字左右、下册1500字左右，中级难度，内容丰富、题材多样，旨在帮助学习者熟悉各种各样的日文文体，了解日本的社会文化，学习日语语言知识，掌握日语技能，培养相应的日语应用能力。第二单元为会话文，以交际功能为核心，设立了一个个人物关系清晰、场景明确、相对独立的会话模块，突出会话的实用性。会话右侧设有会话解说，对于该会话所要突出的功能以及实现该功能所需会话策略进行简明扼要的说明分析。与该会话功能相关的常用的固定表达用彩色粗体字标示出来，学习的时候应当留意此部分，熟读并背诵，以达到置身于该场合时能够做到"脱口而出"。对于课文中用法特殊、较难理解的语句等，在会话文下方以注释栏的形式给出了解说，供自学时参考。课文是各课的学习重点，语法、词汇、练习均围绕这个部分展开。

　　单词表（単語）：单词表安排在课文之后，学习者可以首先阅读课文，了解课文大意，通过已有的知识及上下文语境推测新单词的词义，然后再查看单词表确认，培养推测未知单词词义的能力，这也是提高阅读能力行之有效的方法之一。为了使用方便，各个学习环节中出现的单词分别排列于其后，希望大家在学习时养成"先推测、后确认"的阅读习惯。

　　词汇学习（語彙の学習）：要达到中级日语水平，至少需要掌握4000左右的词汇，因此词汇量的扩充非常重要。"词汇学习"的环节选择本课出现的用法多、义项

多的常用词语，配以浅显易懂的例句及简明的释义，一方面帮助学习者掌握重点词汇，另一方面希望能够帮助学习者培养良好的词汇学习习惯。中级阶段的词汇学习不能只限于课文中出现的意思，对于常用词汇，要争取掌握其他意思。由于篇幅所限，教材中只能将最重要的词汇列举出来，学有余力的同学不妨效仿此法，通过查词典等方式将学习过程中遇到的常用单词的典型例句摘录下来，进一步扩充自己的表达。有足够的信息输入方能保证信息输出的顺利，多背单词、多记例句、勤查词典，持之以恒地坚持下去，我们相信你的日语能力一定会有大幅的提高。

语法学习（文型の学習）：语法解说在保证通俗易懂的前提下，适当兼顾专业性及系统性，帮助学习者更好地理解语法项目的结构、规律、意义和功能。例句均为常见易懂的句子，同时兼顾了各种接续方式，体现了该项目最具代表性的用法，建议大家通过具体的例句去感受、体会、理解每个项目的意义、功能、接续方式及使用语境。语法条目按照课文中的出现顺序排列，条目下为课文中对应的例句。

练习（練習）：包括四部分，分别为"内容确认"、"词汇练习"、"语法练习"及"应用练习"。其中，前三个部分分别与"课文"、"词汇学习"和"语法学习"这三个环节相对应，既可以在进行各个环节的学习过程中完成，也可以在学完之后集中练习，以便加深理解，融会贯通，巩固所学的知识。应用练习兼具实用性与趣味性，帮助学习者提高日语综合应用能力。应用练习均为自学者可独立完成的形式，也可供助学单位做课堂活动的素材。

自测题（模擬テスト）：仿照北京市高等教育自学考试的考试形式，涵盖各课所有主要学习重点，帮助学习者了解自己掌握的情况，以便及时查漏补缺。

汉字学习（漢字の学習）：每课的末尾附有一个"汉字学习"的小专栏，目的是帮助学习者体会日语汉字读音的规律，培养推测汉字读音的能力。汉字学习以本课出现的主要汉字为线索，拓展部分为常见常用的单词，其中大部分是日语能力考试2级的汉语词汇，同学们可以根据既有知识推测其读音，然后查词典确认。该专栏里所列的单词不作为自学考试的考点。

本教材在卷末配有各部分内容索引，便于学习者在使用过程中查找。同时，我们聘请了专业播音员录制了课文、单词，制成了光盘，建议大家在学习的过程中多听多练。另外，为了给自学的同学更大的帮助，本书作者将词汇学习、语法解说的例句也录制成了声音文件，放在了网站里，请登录使用（http://www.bjbsht.com/）。

完成《实用日语 中级（上册·下册）》的学习后，日语水平可以达到全日制普通高等院校日语专业专科2年级的结业程度，可以参加北京市高等教育自学考试日语（基础阶段）专业"中级日语（一）（二）"的考试。同时达到新日语能力考试3级、2级的水平。

祝你学习顺利！

《实用日语》编委会
2011年5月18日

缩略语、符号一览

N——名詞（名词）

A——形容詞（形容词）

  A_I——Ⅰ類形容詞（Ⅰ类形容词）

  A_{II}——Ⅱ類形容詞（Ⅱ类形容词）

V——動詞（动词）

  V_I——Ⅰ類動詞（Ⅰ类动词）

  V_{II}——Ⅱ類動詞（Ⅱ类动词）

  V_{III}——Ⅲ類動詞（Ⅲ类动词）

  自——自動詞（自动词）

  他——他動詞（他动词）

副——副詞（副词）

連体——連体詞（连体词）

感——感動詞（叹词）

接——接続詞（连词）

助——助詞（助词）

S——文（句子）

⓪①②③——声调符号（有两个声调时，常用者在前）

目　　次

第11課　朝食についてのアンケート結果より ……………………………………… 1
　❀能够理解并分析图表等统计数据及其相关信息
　❀掌握说明图表等数据时常用的表达方式　❀掌握表示关心和慰问的表达方式

第12課　中国人女性の結婚観 ………………………………………………………… 29
　❀掌握口语表达方式的文章的特点　❀能够准确地把握人物的观点、态度
　❀能够对自己了解的事物进行说明

第13課　セラピーロボット …………………………………………………………… 52
　❀掌握说明文的特点　❀能够概括说明文所说明的事物的特点
　❀掌握退换货时的表达方式

第14課　長男のこと …………………………………………………………………… 76
　❀能够读懂记叙文　❀能够根据上下文正确理解词汇的含义
　❀能够准确理解、体会作者的心情　❀能够提出简单的投诉

第15課　やさしい経済講座　円高 …………………………………………………… 97
　❀能够阅读简单的经济题材的文章　❀能够快速准确地从文章中获取必要的信息
　❀能够用得体的表达方式催促、提醒对方

第16課　プラプラ ……………………………………………………………………… 118
　❀能够读懂语言个性较强的文章
　❀能够理解作者通过个性化表达方式阐述的观点
　❀能够完成简单的工作上的协商

第17課　本田宗一郎 …………………………………………………………………… 138
　❀能够读懂传记性文章　❀掌握传记性文章的写作方法
　❀能够简单地介绍、说明产品

第18課　日本のポップカルチャー …………………………………………………… 161
　❀能够读懂专题性的文章　❀能够准确理解文章大意并把握主要信息
　❀能够协商变更约定的事情并说明理由

第19課　南京の旅 ……………………………………………………………………… 180
　❀能够读懂游记类文章　❀理解文章大意并能准确把握作者的感受

❀ 能够用恰当的表达方式提出反对意见

第20课　企業が求める人材は？ 201
　　❀ 能够迅速抓住文章的重点内容　❀ 能够理解论据与论点之间的关系
　　❀ 能够用日语接受一般的面试

词汇解说索引 226
单词索引 227
语法索引 241
参考书目 243
编者后记 244
北京市高等教育自学考试课程考试大纲 245

第11課

朝食についてのアンケート結果より

学习目标

- 能够理解并分析图表等统计数据及其相关信息
- 掌握说明图表等数据时常用的表达方式
- 掌握表示关心和慰问的表达方式

句式

- Nより＜起点、出处＞
- N抜き＜排除＞
- Nに基づいて／に基づき／に基づく＜根据＞
- Vたところ＜发现＞
- ～だけに＜成正比的因果关系＞
- ～（が）ゆえ（に）＜原因＞
- Nならでは＜特有的＞
- ～一方（で）＜不同的方面＞
- ～わりに（は）＜成反比的转折关系＞
- N向き＜适合＞
- ～上で＜判断成立的范围＞
- Vざるを得ない＜唯一的选择＞
- V（よ）うではないか＜号召＞
- に＜累加＞

ユニット1　読解

健康便り

東西大学「若者の食文化を考える会」

朝食についてのアンケート結果より

　「朝食は一日の健康のバロメーター」と言われていますが、最近は「朝食抜きの若者たち」というニュースも目にします。私たち「若者の食文化を考える会」では、東西大学の学生の朝食についての意識と現状を把握するため、学部の1年生～4年生を対象に、朝食についてのアンケート調査を実施しました。調査期間は8月6日～12日、有効回答数は400件です。以下、調査結果に基づいて、問題を分析してみたいと思います。（調査の詳細は東西大学のホームページに掲載しています）

　まず、朝食を食べる頻度について尋ねたところ、「朝食を食べないと一日の活力が出ない」「朝食抜きは考えられない。頭も働かないので…」などの理由で、「ほぼ毎日食べている（73.5%）」と回答した人が7割程度いて、「朝食」をしっかり食べている人が比較的多いことが分かりました。自宅生・寮生・下宿生別に見ると、「ほぼ毎日食べている」人の割合は、自宅生の場合は、親と同居しているだけに、1年生～4年生までいずれ

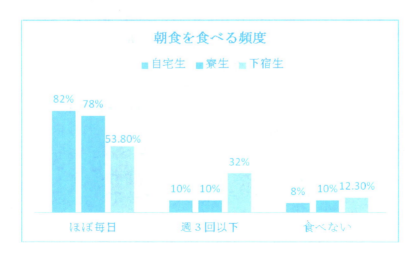

第11課　朝食についてのアンケート結果より

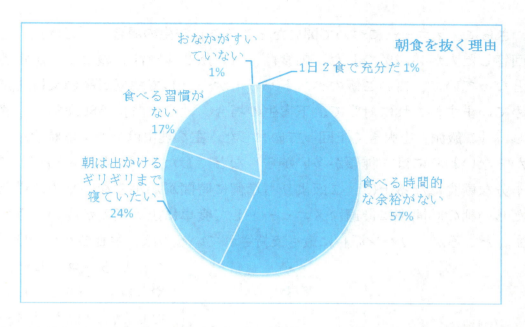

も80％以上で、1年生では91.3％にも達しており、寮生の場合もほぼ同じ傾向が見られました。一方、下宿生の場合は53.8％で、自宅生や寮生に比べて数値がかなり低くなっています。朝食を抜く理由として最も多いのは、「食べる時間的な余裕がないから（57％）」で、以下「朝は出かけるギリギリまで寝ていたいから（23.7％）」、「食べる習慣がないから（17.4％）」などが続き、「朝食」よりも「睡眠」を優先する傾向が見られました。これは、学生生活の忙しさや通学時間の長さゆえだと考えられます。なお、下宿生でも4年生は朝食をしっかりとる傾向が見られました。これは就職活動をする4年生ならではの、自己管理の現れだと言えるでしょう。

　次に、朝食でこだわっていることについて複数回答で聞いたところ、「手軽に食べられること」が68％で最も多く、続いて「毎日食べること」が55％、「栄養のバランスがとれていること」が42％でした。「手軽に食べられる」が最も多かったのは、朝食時は忙しい時間帯だけに、通学などの準備に追われ、「スピード」を優先しているからでしょう。その一方で、栄養や健康を意識していることもうかがえました。

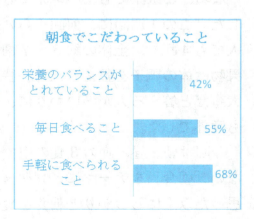

さらに、メニューについて聞いたところ、自宅生の場合、「ご飯派」と回答した人が48.2%でした。朝食は、「ご飯＆味噌汁」のセットが定番となっていて、白いご飯のベストパートナーとして納豆が高い支持を集めています。これに対して、下宿生の場合、「パン派」が80.8％にも達し、「ご飯派」を大きく上回っていました。主な理由は「パンは時間がかからないわりには、種類が多いから」などでした。パンと飲み物だけで十分な朝食になる上に、ご飯よりも準備に時間がかからないため、慌ただしい朝の時間帯に最適なメニューとして食卓に上る頻度が高いようです。ところが、「パン派」に最も支持されているのは、主食のパンではなくむしろ「コーヒー」や「紅茶（56.9％）」でした。2位が「ヨーグルト（48.5％）」、3位が「牛乳・豆乳（41.2％）」で、「乳製品」の人気の高さがうかがえます。また、見逃せないのは、「ご飯派」「パン派」ともに「卵料理」（ご飯派49.8％、パン派34.2％）の人気が高かったことです。

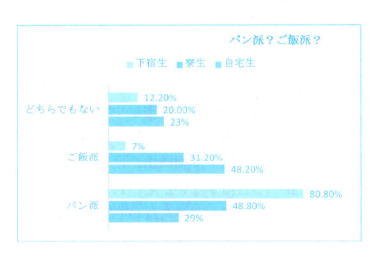

卵料理はバリエーションに富み、「ご飯」にも、「パン」にも合う朝食向きの副食として重宝がられていることが読み取れます。

なお、ご飯派でも、パン派でも、共通して心配されるのが果物の不足でした。この1週間に、何回くらい果物を食べたかを質問したところ、多い人でも4回で、全体の約6～7割がほとんど食べていないと答えました。果物は体の調子を整える上で、特に朝食には欠かせないものです。朝食が大事だと答える人が多いわりに、このような結果が出ていることは、とても意外でした。

今回は朝・昼・晩の3食の中で、特に時間に追われながら食べざるを得ない「朝食」をテーマにアンケート調査を行ないました。この結果から、思った以上にしっかりと朝食を食べている人の多いことが分かりました。

その一方で、特に下宿生の場合、朝食を抜く傾向が見られました。また、果物を食べる回数が全体に少ないという傾向も見られました。これらの点は今後の課題だと言えるでしょう。朝食は準備など時間の関係で、3食の中でも特に「合理性」が求められる食事だとも言えますが、朝食こそ元気の源となるものです。

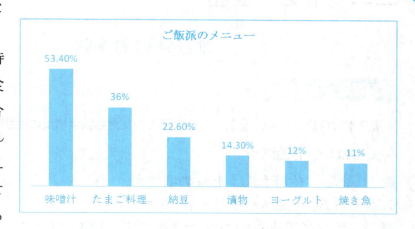

学生のみなさん、朝食をしっかり食べて、パワフルな学生生活を送ろうではありませんか！

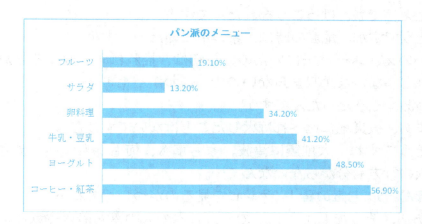

朝食の効果

1. 目覚めがいい　　エネルギー補給で体が目覚める
2. 体にいい　　　　朝ご飯の習慣は肥満防止に役立つ
3. 頭にいい　　　　ブドウ糖が脳の活動を活発にする
4. おなかにいい　　おなかの調子を整える
5. 肌にいい　　　　ビタミンやミネラルを補給できる

ユニット2　会話

地震後のお見舞い

会話機能——見舞い

（東日本大震災3日後、北京にいる中国人の友だち劉が横浜の佐藤久美に電話をかける）

久美：はい、佐藤です。

劉　：あっ、佐藤さん、北京の劉です。

久美：ああ、劉さん、久しぶりですね。

劉　：テレビで震災のニュースを見て、心配になって。この時間に電話していいのか迷ったけれど、思い切ってお電話してみました。

久美：ありがとう。ご心配いただいてすみません。

劉　：横浜は大丈夫でしたか。

久美：ええ。でも、けっこう揺れたんですよ。

劉　：そうですか。地震の時は、家の中にいたのですか。

久美：いいえ、スーパーにいたの。最初は、揺れはすぐ収まると思ったけれど、なかなか収まらないので、こわかった！

劉　：わあ、そうだったんですか。

久美：まあ、被災地に比べれば大したことはないですけどね。

劉　：そうですね。大地震に津波。家も車も、何もかもすべて流され、家族の行方も分からないなんて…。

久美：ほんとうにお気の毒！　テレビを見るのがつらくてね…。

劉　：ああ、そうでしょうね。でも、日本の人の落ち着きや秩序ある行動には頭が下がりました。中国でも話題になっています。

久美：そうですか。被災地が一日も早く復興すると良いんですけど…心配でね。

劉　：そうですね。それでは、お体に気をつけて。

久美：ありがとう。劉さんもお元気でね。

劉　：はい、ありがとうございます。じゃ、また。

★当对方遇到困难、生病时，日本人习惯及时表示慰问。
★表示慰问时：1）表示自己的担心。2）询问对方的情况。3）安慰、鼓励对方。
★表示慰问不宜过长，不宜过多介入对方私人的空间，点到为止即可。

単　語

ユニット1

～より　从……
健康便り（けんこうだより）⑤【名】健康通讯
便り（たより）①【名】通讯；简讯，资讯
バロメーター（barometer）③【名】标准；晴雨表
目にする（めにする）①-⓪ 看见，进入眼帘
現状（げんじょう）⓪【名】现状
有効回答数（ゆうこうかいとうすう）⑦【名】有效问卷
以下（いか）①【名】以下，下面
～に基づいて（～にもとづいて）根据……，基于……
ホームページ（homepage）④【名】主页，网页
掲載（けいさい）⓪【名・他Ⅲ】登载，刊载
頻度（ひんど）①【名】频率，频度
～たところ（做）……之后
活力（かつりょく）②⓪【名】活力
-抜き（-ぬき）去掉；省去；除去
自宅生（じたくせい）⓪【名】住在自己家的学生
寮生（りょうせい）⓪【名】住学生宿舍的学生
下宿生（げしゅくせい）③⓪【名】寄宿生（租别人家房间居住的学生）
-別（-べつ）以……为基准
同居（どうきょ）⓪【名・自Ⅲ】共同居住；共同存在
～だけに ②（表示成正比的因果关系）正是因为
いずれも ⓪【名】哪一个都……
達する（たっする）⓪【名・自Ⅲ】达到
傾向（けいこう）⓪【名】倾向
数値（すうち）①【名】数值
最も（もっとも）③【副】最，尤为
優先（ゆうせん）⓪【名・自他Ⅲ】优先
通学（つうがく）⓪【名・自Ⅲ】上下学；走读

ゆえ ②【名】缘故，原因
こだわる ③【自Ⅰ】拘泥；讲究
ならでは ①……所特有的；独特的
複数回答（ふくすうかいとう）⑤【名】多项选择
複数（ふくすう）③【名】多数，很多
手軽（てがる）⓪【名・形Ⅱ】轻易，容易
～一方で（～いっぽうで）③（一方面……）
-派（-は）……派，……一族
味噌汁（みそしる）③【名】味增汤，日式酱汤
セット（set）①【名・他Ⅲ】套餐，成套
定番（ていばん）⓪【名】固定节目，固定出现的内容，固定菜单
パートナー（partner）①【名】搭档，伙伴
支持（しじ）①【名・他Ⅲ】支持
～に対して（～にたいして）与……相对，与……相反，与……不同
上回る（うわまわる）④【自Ⅰ】超过，超越
～わりに（は）③（表示成反比的转折关系）虽然……，然而……
パン食（パンしょく）⓪【名】面包餐点
一食（いっしょく）⓪【名】一顿饭
慌ただしい（あわただしい）⑤【形Ⅰ】慌乱；忙乱；急急忙忙的
最適（さいてき）⓪【名・形Ⅱ】最适合的，最舒适的
食卓（しょくたく）⓪【名】饭桌，餐桌
主食（しゅしょく）⓪【名】主食
ヨーグルト（Yoghurt）③【名】酸奶，奶酪
豆乳（とうにゅう）⓪【名】豆浆
見逃す（みのがす）⓪③【他Ⅰ】看过，放过
乳製品（にゅうせいひん）③【名】奶制品
卵料理（たまごりょうり）④【名】用鸡蛋做的菜

バリエーション（variation）③【名】变化，
　　变幻
-向き（-むき）适合……；面向……
副食（ふくしょく）⓪【名】副食
重宝がる（ちょうほうがる）⑤【他Ⅰ】当做珍
　　宝，珍视
重宝（ちょうほう）①【名・他Ⅲ】珍宝，至
　　宝；爱用
読み取る（よみとる）③②【他Ⅰ】读取，明
　　白，理解
不足（ふそく）⓪【名・形Ⅱ・自Ⅲ】不足，不
　　够；不满足
整える（ととのえる）④③【他Ⅱ】收拾，整
　　理；齐备
～上で（～うえで）在……方面
～ざるを得ない（～ざるをえない）①-① 不得不
課題（かだい）⓪【名】课题

合理性（ごうりせい）⓪【名】合理性
求める（もとめる）③【他Ⅱ】寻求，追求
パワフル（powerful）①【形Ⅱ】精力充沛的
～（よ）うではないか（表示号召）一起……吧
目覚め（めざめ）③⓪【名】睡醒，醒来
源（みなもと）⓪【名】源泉
エネルギー（德语Energie）②③【名】精力；能
　　量
目覚める（めざめる）③【自Ⅱ】醒来，睁眼
肥満防止（ひまんぼうし）⓪【名】防止肥胖
肥満（ひまん）⓪【名】肥胖
ブドウ糖（ぶどうとう）⓪【名】葡萄糖
活発（かっぱつ）⓪【名・形Ⅱ】活跃；活泼；
　　生机勃勃
ビタミン（德语Vitamin）②⓪【名】维他命，维
　　生素
ミネラル（mineral）①【名】矿物质

ユニット2

震災（しんさい）⓪【名】地震灾难，震灾
心配をかける（しんぱいをかける）⓪-②
　　使……担心
全員（ぜんいん）⓪【名】全体人员
揺れる（ゆれる）⓪【自Ⅱ】摇晃；动摇
揺れ（ゆれ）⓪【名】摇晃
収まる（おさまる）③【自Ⅰ】平息；安静
被災地（ひさいち）②【名】灾区
大地震（おおじしん／だいじしん）③【名】大地震
行方（ゆくえ）⓪【名】下落，行踪
大した（たいした）①【連体】了不起的，非常

気の毒（きのどく）⓪④【名・形Ⅱ】可怜
痛める（いためる）③【他Ⅱ】弄痛；使……疼
　　痛；弄坏
落ち着き（おちつき）⓪【名】平静，安稳
秩序（ちつじょ）②①【名】秩序
頭が下がる（あたまがさがる）③-② 低头；
　　敬佩；认输
一日も早く（いちにちもはやく）④-① 尽
　　早，尽快
復興（ふっこう）⓪【名・他Ⅲ】复兴，重新繁
　　荣，重建

語彙の学習

1. 働く

(1) 正社員並みに働いているのに収入に反映されていない。	工作，劳动
(2) 人間には本能的に生きようとする力が働いている。	起作用

（3）今まで経験したことのないことには、直感も鋭く働いてくれない。	（精神、才能等）活动
（4）客が酔って店員に乱暴を働いた。	做坏事

2．一別

男女別、年齢別、地域別、学年別、国籍別、タイプ別	以某标准进行区分

3．いずれ

（1）北京では、下記いずれの医療機関でも受診できます。 （2）次の中からお好きなものをいずれか一つ選んでください。	哪个，哪一个（其中之一）
（3）うそはいずればれるものだ。	早晚，反正
（4）あの二人はいずれ別れるだろう。 （5）いずれあの人から連絡がくるだろう。	不久，很快

4．余裕

（1）人のことを心配する余裕がない。 （2）あの人は誰に対しても気さくで、常に大人らしく余裕のある態度を見せる。	余裕，从容，有余力
（3）弁護士に依頼したいのですが、経済的に余裕がありません。 （4）時間に間に合うように余裕を持って出かけた。	富余

5．慌ただしい

（1）学校は文化祭の準備で慌ただしい。 （2）年末だから、慌ただしい毎日を送っている。	慌张，忙乱，匆忙
（3）政権交代が頻繁に行なわれ、世の中が慌ただしい。	不稳定

6．整える・調える

（1）整理上手なビジネスマンは自分の仕事を体系づけ、必要な場所に必要なものを整え、てきぱきと仕事をこなします。 （2）当日はなにかと慌しいので、あらかじめ準備を整えておけば安心です。	准备齐全，准备好
（3）面接会場に入る前に、もう一度服装を整えること。	整理
（4）今回は長期にわたる二国間交渉を見事に調えた。	谈妥，谈好

7．揺れる

(1) 白い花が風で静かに揺れている。 (2) 電車は止まるたびに、大きく揺れた。	摇晃、摇曳、摆动
(3) 少子化による受験生の減少で大学が揺れている。 (4) 友人の彼氏にデートに誘われて、心が微妙に揺れた。	不稳定，不安定，有波动

8．収まる

(1) 解答がこの用紙に収まらない時は、A4の別の用紙に書いてください。 (2) 一部屋にちょうど5人ずつ収まった。	容纳，收纳
(3) 夜中から明け方にかけての大雨がやっと収まった。 (4) 理不尽なことをされて、怒りが収まらない。	恢复原来的正常状态

単　語（語彙の学習）

正社員（せいしゃいん）③【名】正式职员，正式员工

-並（-なみ）与……水平一样的，与……一致的

反映（はんえい）⓪【名・他Ⅲ】反映

本能的（ほんのうてき）⓪【形Ⅱ】本能的，下意识的

直感（ちょっかん）⓪【名・他Ⅲ】直感，第六感

鋭い（するどい）③【形Ⅰ】尖锐的，锐利的；敏锐的

乱暴（らんぼう）⓪【名・形Ⅱ・自Ⅲ】粗暴，粗野

男女別（だんじょべつ）⓪【名】男女差别

年齢別（ねんれいべつ）⓪【名】年龄差别

地域別（ちいきべつ）⓪【名】地域差别

学年別（がくねんべつ）⓪【名】年级差别

学年（がくねん）⓪【名】年级

国籍別（こくせきべつ）⓪【名】国籍差别

タイプ別（typeべつ）⓪【名】类型差别

タイプ（type）①【名】类型，形式

医療機関（いりょうきかん）④⓪【名】医疗机构

医療（いりょう）①【名】医疗

機関（きかん）①②【名】机构；机关，装置；发动机

受診（じゅしん）⓪【名・自Ⅲ】接受诊疗，看病

ばれる②【自Ⅱ】暴露，败露，被发现

気さく（きさく）⓪【形Ⅱ】坦率，直爽

弁護士（べんごし）③【名】律师

政権交代（せいけんこうたい）⑤【名】政权更迭

政権（せいけん）⓪【名】政权

交代（こうたい）⓪【名・自他Ⅲ】交替，交换

頻繁（ひんぱん）⓪【名・形Ⅱ】频繁

ビジネスマン（businessman）④【名】白领

体系づける（たいけいづける）⑥【他Ⅱ】建立体系

体系（たいけい）⓪【名】体系，系统

てきぱき（と）①【副】利落，麻利；干脆，爽快，直截了当

長期（ちょうき）①【名】长期，长时间

二国間交渉（にこくかんこうしょう）⑤【名】双边谈判

交渉（こうしょう）⓪【名・自Ⅲ】交涉，谈判

見事（みごと）①【形Ⅱ】出色；巧妙；完美

満員電車（まんいんでんしゃ）⑤【名】满员电车，拥挤不堪的电车
受験生（じゅけんせい）②【名】考生
減少（げんしょう）⓪【名・自他Ⅲ】减少
微妙（びみょう）⓪【名・形Ⅱ】微妙，不可捉摸；难以言表
一部屋（ひとへや）②【名】一个房间；单间
明け方（あけがた）⓪【名】黎明
理不尽（りふじん）②【名・形Ⅱ】不讲理，荒唐，荒谬
怒り（いかり）③⓪【名】怒气，怒火

文型の学習

1．Nより＜起点、出処＞

🔖朝食についてのアンケート結果より

「より」接在表地点、时间等的名词后面，表示起点、出处，多用于书面语。口语中一般用「から」。相当于汉语的"从……"等。

（1）図書館より200メートル離れたところに美術館があります。
（2）コンサートは7時より開演です。
（3）当店は12月29日より1月3日まで休業いたします。
（4）次のグラフは、2011年経済白書より引用したものである。

2．N抜き＜排除＞

🔖最近は「朝食抜きの若者たち」というニュースも目にします。

「抜き」接在名词后面，表示把本应包含或存在的事物排除在外。相当于汉语的"除去……"、"不包括……"。

（1）冗談抜きでまじめにやりましょう。
（2）今晩は、部長・課長抜きで若いメンバーだけで飲もう。
（3）本人の問題は、本人抜きにしては解決できないと思う。
（4）健康のことを考えて、砂糖抜きのコーヒーを飲むことにしている。

3．Nに基づいて／に基づき／に基づく＜基礎＞

🔖以下、調査結果に基づいて、問題を分析してみたいと思います。

「に基づいて」接在表原则、指示、事实、要求、意见等的名词后面，表示后项内容进行的根据。书面中也用「に基づき」，修饰名词时以「N₁に基づくN₂」的形式。相当于汉语的"根据……"、"依据……"等。

（1）参加者たちは、発表者の発表内容に基づいて議論を行った。
（2）この報告書は、歴史的資料に基づいてまとめられたものである。
（3）この映画における物語は、すべて事実に基づいて描かれている。
（4）検査結果に基づく治療計画を立てたほうがいいとの意見があった。

4．Vたところ＜发现＞

まず、朝食を食べる頻度について尋ねたところ、…、「朝食」をしっかり食べている人が比較的多いことが分かりました。

「ところ」接在动词「た」形的后面，表示该动作成为后项所述结果或发现的导因。后项为既成事实，前后项构成偶然性顺接关系。相当于汉语的"（做）……结果（发现）……"。

（1）彼の都合を聞いたところ、水曜日か金曜日がいいとのことです。
（2）参加人数を確認したところ、現在、88名だそうだ。
（3）パソコンの修理を販売店にお願いしたところ、直すのは難しいということだった。
（4）作者をインターネットで調べたところ、作品がたくさんあることが分かった。

5．〜だけに＜成正比的因果关系＞

自宅生の場合は、親と同居しているだけに、１年生〜４年生までいずれも80%以上で、…

「だけに」接在名词或动词、形容词连体形的后面，表示根据前项事实，理所当然地可以得出后项的结果。前项和后项的因果关系在程度上是相当的、成正比的。相当于汉语的"正因为……所以……"。

（1）大事な面接だけに、みんな緊張気味だ。
（2）もっと上の成績を期待していただけに、残念な気持ちでいっぱいだ。
（3）やればやるほど難しいが、難しいだけにやりがいがある。
（4）ネットショッピングは便利なだけに、ついつい買いすぎてしまう。

6．〜（が）ゆえ（に）＜原因＞

これは、学生生活の忙しさや通学時間の長さゆえだと考えられます。

「ゆえ」表示原因，为书面语。有「Nゆえ」、「Nのゆえ（に）」的形式，也常用「がゆえに」接在动词、Ⅰ类形容词连体形后面，或名词、Ⅱ类形容词词干+「である」后再接「（が）ゆえに」。

(1) 社会が混乱するのも政治家の無能さゆえだろう。
(2) 愛するがゆえに、相手を傷つけてしまうことがある。
(3) 経験不足であるがゆえに、ミスを犯してしまった。
(4) 人間は、弱いがゆえに誰かと繋がっていたいと感じる。

7．Nならでは＜特有的＞

🖉これは就職活動をする4年生ならではの自己管理の現れだと言えるでしょう。

「ならでは」接在表示人物、处所、组织等名词的后面，表示只有该事物才具备的品质、特色等。一般用于褒义评价，表示赞赏的心情，多以「N₁ならではのN₂」的形式出现。相当于汉语的"……所特有的"、"只有……才有的"。

(1) 夕食はこの土地ならではの料理で、全員大満足だった。
(2) 古いものを大事にし、新しいものと共存する京都ならではの景色に、みな感動した。
(3) スピーチは、留学生ならではの視点で日本文化や社会を捉えた興味深い内容のものばかりだった。
(4) 学校の展覧会では、子どもならではの表現力に富んだ作品がずらりと並び、親たちから感嘆の声が上がっていました。

8．～一方（で）＜不同的方面＞

🖉その一方で、栄養や健康を意識していることもうかがえました。

「一方（で）」接在"名词＋の／である"、形容词或动词的连体形后面（Ⅱ类形容词时也可接在"Ⅱ类形容词词干＋である"的后面），表示同一事物的两个不同的方面，如例（1）（2）；也可以表示两个相关事物的对比，如例（3）。有时也如例（4）所示，以「その一方（で）」的形式连接两个句子。相当于汉语的"一方面……另一方面……"、"……，同时"等。

(1) 新しい計画は高く評価される一方、問題点も指摘されている。
(2) インスタント食品は便利な一方、栄養が少なく、体にもよくない。
(3) 最近、日本製のものに人気がある一方で、中国製のものもよく売れている。
(4) 山田先生は、普段学生たちに優しく接している。その一方、学問的な面ではとても厳しい。

9. ～わりに（は）＜成反比的转折关系＞

✐主な理由は「パンは時間がかからない<u>わりには</u>、種類が多いから」などでした。

「わりに（は）」接在动词、形容词的连体形或"名词＋の"后面，表示以前项所示的状态或程度为标准进行推测的话，后项所示的实际情况并未达到所预测的程度。前项和后项的转折关系是成反比的。相当于汉语的"虽然……但是……"、"尽管……却……"。

（1）非常に苦労したわりには成果がなかった。
（2）母は62歳という年のわりには、とても若く見える。
（3）そのアルバイトは、作業内容が簡単なわりには、時給が高くて人気がある。
（4）あの美容液は、値段が高いわりには、効果が感じられなかった。

10. N向き＜适合＞

✐卵料理はバリエーションに富み、「ご飯」にも、「パン」にも合う朝食<u>向き</u>の副食として重宝がられていることが読み取れます。

「向き」接在名词后面，表示对该事物来说是合适的。相当于汉语的"适合……"。

（1）このプランは家族向きでいいね。
（2）子ども向きの絵本は、文章がひらがなで書かれている。
（3）このスーツはビジネス向きではないような気がする。
（4）年寄り向きだと思われがちな太極拳だが、若者にも意外と人気がある。

「向き」接在表示方向的名词后面时，意为面向该方向。相当于汉语的"朝（向）……"。

（5）私の部屋は南向きで日当たりがいい。
（6）私はいつも右向きに寝ている。
（7）彼は何事にも前向きで、明るい性格をしている。

11. ～上で＜判断成立的范围＞

✐果物は体の調子を整える<u>上で</u>、特に朝食には欠かせないものです。

「上で」前接动词词典形或"名词＋の"时，表示判断成立的范围。相当于汉语的"在……方面"、"在……上"。

（1）彼はまじめに働き、研究の上でも立派な成果をあげた。
（2）大学を卒業したばかりなので、経験の上では未熟である。

(3) 人間は誰でも生きていく上での知恵が必要である。
(4) パスポートは出入国する上で一番重要な身分証明書だから、海外にいる時は常に携帯しておく必要がある。

12. Vざるを得ない＜唯一的選択＞

🔹今回は朝・昼・晩の３食の中で、特に時間に追われながら食べざるを得ない「朝食」をテーマにアンケート調査を行ないました。

「ざるを得ない」接在动词接「ない」时的形式后面（接「する」时变为「せざるを得ない」），意为虽然动作主体不情愿，但没有其他选择，只能进行该动作。相当于汉语的"不得不……"、"只能……"、"不得已"。

(1) いくら高くても必要だから買わざるを得ない。
(2) 彼女は子育てのために仕事をやめざるを得なかった。
(3) こんな結果になってしまい、運が悪かったと言わざるを得ない。
(4) 大学受験を目指しているので、いやでも英語を勉強せざるを得ない。

13. V（よ）うではないか＜号召＞

🔹学生のみなさん、朝食をしっかり食べて、パワフルな学生生活を送ろうではありませんか！

「ではないか」接在动词的意志形后面，表示向对方提议或建议共同做某事。其敬体形式为「V（よ）うではありませんか」。相当于汉语的"让我们……吧"等。

(1) この問題の解決方法を真剣に検討しようではないか。
(2) 人生を十分に楽しもうではありませんか。
(3) 健康のために毎日もっと野菜を食べようではないか。
(4) ボランティア活動を始めようではありませんか。

14. に＜累加＞

🔹大地震に津波。家も車も、何もかもすべて流され、家族の行方も分からないなんて…。

「に」可以用在名词之间表示累加，意为在前一个事物的基础上又添加上另一个事物，相当于汉语的"……和……"、"……还有……"。

(1) ご飯に味噌汁というのが日本人の食生活の基本である。
(2) 暑いのに、ほとんどの人が長袖のシャツにスーツ姿だ。
(3) ざっと見て、大根にキャベツに白菜、10数種類の野菜がずらりと並んでいる。

（4）世界史に英語に数学に生物、得意な教科はたいしてないけれど苦手な教科ならいっぱいある。

 単　語（文型の学習）

開演（かいえん）⓪【名・自Ⅲ】开演
当店（とうてん）①【名】本店
休業（きゅうぎょう）⓪【名・自Ⅲ】休业，停止营业
グラフ（graph）①⓪【名】图表
白書（はくしょ）①【名】白皮书
引用（いんよう）⓪【名・他Ⅲ】引用
本人（ほんにん）①【名】本人；当事人
販売店（はんばいてん）③【名】销售商店
作者（さくしゃ）①【名】作者；创作者
緊張気味（きんちょうぎみ）⓪【名】有点紧张，显得紧张
ついつい①【副】（「つい」的强调形式）无意中，不由得，不知不觉
経験不足（けいけんぶそく）⑤【名】缺乏经验
犯す（おかす）②【他Ⅰ】犯，违反
傷つける（きずつける）④【他Ⅱ】伤害，诋毁；弄伤，使人受伤；弄坏，损坏
混乱（こんらん）⓪【名・自Ⅲ】混乱
政治家（せいじか）⓪【名】政治家
無能（むのう）⓪【名・形Ⅱ】无能，无用
大満足（だいまんぞく）③【名・形Ⅱ・自Ⅲ】非常满意
共存（きょうそん）⓪【名・自Ⅲ】共存，共同存在
視点（してん）⓪【名】视点；观点
捉える（とらえる）③【他Ⅱ】理解，把握，捕捉；紧紧抓住
展覧会（てんらんかい）③【名】展览会，展会
表現力（ひょうげんりょく）③【名】表现力
ずらり（と）②【副】排成一列
感嘆（かんたん）⓪【名・自Ⅲ】感叹，赞叹；佩服

インスタント食品（instantしょくひん）⑦【名】方便食品
接する（せっする）⓪③【自他Ⅲ】对待，接触
学問（がくもん）②【名】学问，学术
時給（じきゅう）⓪【名】时薪，小时工资
美容液（びようえき）②【名】美容液，乳液
効果（こうか）①【名】效果
プラン（plan）①【名】计划，方案
絵本（えほん）②【名】小人书，漫画书；（江户时代的）绘本，画本
太極拳（たいきょくけん）④【名】太极拳
日当たり（ひあたり）⓪【名】采光，光线
コツコツ①【副】踏实，孜孜不倦，埋头
知恵（ちえ）②【名】智慧
出入国（しゅつにゅうこく）③【名・自Ⅲ】出入境
常に（つねに）①【副】经常，总是
携帯（けいたい）⓪【名・他Ⅲ】携帯，随身带着；手机
子育て（こそだて）②【名・自Ⅲ】育儿，抚养子女
食生活（しょくせいかつ）③【名】饮食生活
長袖（ながそで）⓪【名】长袖
ざっと⓪【副】粗略地，大体；唰地，唰地，迅速
キャベツ（cabbage）①【名】卷心菜，圆白菜
白菜（はくさい）③【名】白菜
世界史（せかいし）②【名】世界史
生物（せいぶつ）①【名】生物
たいして①【副】（与否定形式呼应使用）（不是）那么……

第11課 朝食についてのアンケート結果より

練習

A．内容確認
1．今回の朝食についてのアンケート調査の目的は何ですか。
2．調査の対象はどんな人ですか。
3．朝食を食べる頻度についての結果はどうなっていますか。
4．朝食を食べる頻度の結果から何が分かりますか。
5．朝食でこだわっていることは何ですか。
6．東西大学の学生には「ご飯派」が多いですか、「パン派」が多いですか。
7．調査の結果をまとめてください。
8．この調査から分かったことをまとめてください。

B．語彙の練習
1．次の漢字の読み方を書いてください。

朝食　食卓　副食　納豆　豆乳　乳製品　味噌汁　定番　栄養
健康　睡眠　活力　調子　肥満　現状　対象　期間　有効
回答　詳細　頻度　理由　割合　数値　余裕　効果　傾向
複数　話題　背景　世代別　秩序　津波　復興　震災　被災地
源　割　派　肌　多忙　大地震　合理性　目覚め　落ち着き
悩み　盛り　向き　気の毒　同居　下宿　寮生　現れ　自己管理
意外　共通　最適　意識　防止　把握　実施　掲載　優先
通勤　支持　補給　行動　影響　重宝　活発　活動　疲労
過ごす　尋ねる　富む　続く　流す　整える　達する　見逃す
読み取る　揺れる　上回る　慌ただしい

2．　　　から適当な言葉を選んで、必要なら正しい形に変えて　　　　に書き入れてください。
(1) テーマ　アンケート　バリエーション　バランス
①栄養＿＿＿＿＿＿の良い食事をとりましょう。
②あの店のメニュー数は約100種類で、＿＿＿＿＿＿に富んでいる。
③論文の＿＿＿＿＿＿はまだ決めていません。
④＿＿＿＿＿＿で市民の意識を調査する。

(2) 把握　詳細　優先　最適　源
　①＿＿＿＿＿は会ってから決めるようにしましょう。
　②勉強より就活を＿＿＿＿＿する学生が多い。
　③最新の情報を＿＿＿＿＿するのは重要だ。
　④黄河の＿＿＿＿＿を訪ねて、1か月旅をした。
　⑤これは蒸し暑い夏に＿＿＿＿＿の商品です。

(3) 働く　達する　とれる　上回る　上る
　①人間の脳は限界に＿＿＿＿＿いるかもしれない。
　②先生の家では毎日新鮮な野菜が食卓に＿＿＿＿＿そうだ。
　③疲れて頭が全然＿＿＿＿＿ない。
　④大会は予想を＿＿＿＿＿人出だった。
　⑤栄養バランスの＿＿＿＿＿食事を提供している。

C．文法の練習

1．①は意味を考えて、②③は（　）の言葉を正しい順番に並べ替えて、文を完成させてください。

(1) Nより
　①被災者の方々に心よりお見舞い申し上げます。
　②（を・これより・シンポジウム）
　　＿＿＿＿＿＿＿＿＿＿＿＿＿＿＿＿＿始めさせていただきます。
　③（7月18日・開催される・展覧会は・より）
　　＿＿＿＿＿＿＿＿＿＿＿＿＿＿＿＿＿＿＿＿。

(2) N抜き
　①すし店ではわさび抜きを注文する若者が増えている。
　②（には・抜き・パソコン・なって・できなく）
　　近年の事務は、＿＿＿＿＿＿＿＿＿＿＿＿＿＿います。
　③（の・が・抜き・ダイエット法・炭水化物・はやって）
　　＿＿＿＿＿＿＿＿＿＿＿＿＿＿＿＿＿いる。

(3) Nに基づいて／に基づき／に基づく
　①科学的なデータに基づいて事実を把握しよう。
　②（基づいて・ニュース・事実・に・は）
　　＿＿＿＿＿＿＿＿＿＿＿＿＿＿＿報道しなければならない。
　③（科学・基づく・観察・客観的な・に・は）
　　＿＿＿＿＿＿＿＿＿＿＿＿＿＿＿＿ことが大切だ。

(4) Vたところ
　①ネットで調べたところ、その店はうちの近くにあることが分かった。
　②（確認した・確かに・ところ・担当者・本日から・に）
　　_____発売されるそうです。
　③（インターネット・検索した・ところ・で）
　　_____大学の近くにもチェーン店があることが分かった。

(5) 〜だけに
　①世間の恐さを知らないだけに、思ったことを平気で言う。
　②（彼の発想・官僚出身・官僚的・だけに・は）
　　_____だ。
　③（大渋滞・連休・高速道路・は・だけに）
　　_____だ。

(6) 〜（が）ゆえ（に）
　①地震も放射能も目にみえないがゆえに、不安が増大する。
　②（若さ・ゆえの・だった・過ち）
　　あれは_____。
　③（初心者・味わえる・楽しさ・ゆえに）
　　_____もある。

(7) Nならでは
　①あの新商品には、女性ならではのアイデアや工夫がいっぱい詰まっている。
　②（美しい緑の風景・田舎・ならでは・の）
　　窓をあけると_____が広がっています。
　③（夏・レジャー・楽しみ・ならでは・の・が）
　　これからの季節は花火、海水浴など、_____だ。

(8) 〜一方（で）
　①一人暮らしは自由である一方、不便なこともある。
　②（地球上・豊かな・いる・一方で・人・が・には）
　　_____明日の食べ物もない人もいる。
　③（日本・輸出国・一方・である・は）
　　_____農産物の輸入国でもある。

(9) 〜わりに（は）
　①あの店はサービス料をとっているわりには、気が利かない店員が多い。

② （年・しっかりしている・わりには・の）
あの子は＿＿＿＿＿＿＿＿＿＿＿＿＿＿＿＿＿＿＿＿＿＿＿＿。
③ （値段・高い・が・わりには）
あの店は＿＿＿＿＿＿＿＿＿＿＿＿＿＿＿料理の味は期待はずれだ。

(10) N向き
① 部屋は南向きのほうがいい。
② （初心者・プログラム・を・向き・の）
＿＿＿＿＿＿＿＿＿＿＿＿＿＿＿＿＿＿＿＿＿＿＿＿選んだ。
③ （が・の・家庭・ヨーグルトメーカー・向き）
＿＿＿＿＿＿＿＿＿＿＿＿＿＿＿＿＿＿＿＿＿＿＿＿開発された。

(11) ～上で
① これは中国の歴史を研究する上で重要な発見とされている。
② （市民生活の向上・重要な役割・図る・を・上で）
サービス業は＿＿＿＿＿＿＿＿＿＿＿＿＿＿＿＿＿＿を果たしている。
③ （語学・学ぶ・を・上で）
＿＿＿＿＿＿＿＿＿＿＿＿＿＿重要なのは毎日地道に努力することだ。

(12) Vざるを得ない
① 日本は資源に乏しいので、海外からの輸入に頼らざるを得ないのが現状である。
② （自分・認め・負け・を・ざる・得ない・を・の）
悔しいけど、＿＿＿＿＿＿＿＿＿＿＿＿＿＿＿＿＿＿＿＿＿。
③ （不備・許可せ・ざる・なければ・得ない・が・を）
法的に＿＿＿＿＿＿＿＿＿＿＿＿＿＿＿＿＿＿＿＿＿。

(13) V（よ）うではないか
① 力を合わせて頑張ろうではないか。
② （過ごそう・楽しく・じゃないか）
たった1度の人生、＿＿＿＿＿＿＿＿＿＿＿＿＿＿＿＿＿＿。
③ （を・こと・人の・考えよう・役に立つ・ではないか）
これからは少しでも＿＿＿＿＿＿＿＿＿＿＿＿＿＿＿＿＿＿。

(14) に
① 海水浴にキャンプに花火、夏の楽しみがいっぱいだ。
② （北京・スイカ・ブドウ・メロン・果物天国・に・は）
＿＿＿＿＿＿＿＿＿＿＿＿＿＿＿＿＿＿＿＿＿＿＿＿だ。
③ （残業・毎日・出張・たいへんだ・に）
＿＿＿＿＿＿＿＿＿＿＿＿＿＿＿＿＿＿＿＿＿＿＿＿。

単　語（練習）

黄河（こうが）①【名】黄河
限界（げんかい）⓪【名・他Ⅲ】极限；底线；区分
成田（なりた）①【名】（地名）成田
国際線（こくさいせん）⓪【名】国际航线
炭水化物（たんすいかぶつ）⑤【名】碳水化合物
検索（けんさく）⓪【名・他Ⅲ】检索
チェーン店（chainてん）③【名】连锁店
チェーン（chain）①【名】锁；链条；连锁店
大渋滞（だいじゅうたい）③【名】大堵车
発想（はっそう）⓪【名・他Ⅲ】想法；点子；思维方式
官僚（かんりょう）⓪【名】官僚，官员
放射能（ほうしゃのう）③【名】放射物，核辐射
増大（ぞうだい）⓪【名・自Ⅲ】増大，扩大，増加
過ち（あやまち）③⓪【名】过错，过失
初心者（しょしんしゃ）②【名】初学者，入门者
風景（ふうけい）①【名】风景，景色
海水浴（かいすいよく）③【名】海水浴；在海中游泳、嬉戏

農産物（のうさんぶつ）③【名】农产品
輸入国（ゆにゅうこく）②【名】进口国
輸入（ゆにゅう）⓪【名・他Ⅲ】进口
輸出国（ゆしゅつこく）③【名】出口国
気が利く（きがきく）⓪　伶俐，周到，仔细
期待はずれ（きたいはずれ）④【名】希望落空
-はずれ　偏离……
メーカー（maker）①⓪【名】制作器；生产者，制造商
発見（はっけん）⓪【名・他Ⅲ】发现，找到
図る（はかる）②【他Ⅰ】谋求，寻求
サービス業（serviceぎょう）④【名】服务行业
語学（ごがく）①⓪【名】语言学；学习语言，学习外语
向上（こうじょう）⓪【名・自Ⅲ】向上，进步，提高，改善，増强
不備（ふび）①【名・形Ⅱ】不健全；不完备；不完善的地方
許可（きょか）①【名】许可
法的（ほうてき）⓪【形Ⅱ】法律上的，法律方面的
メロン（melon）①【名】甜瓜，香瓜，白兰瓜

D．応用練習

次のアンケート調査の資料を参考に、調査結果の報告をまとめてください。

大学生の就職に関する意識調査

調査機関：桜大学学生課
調査期間：2011年10月7日～11月6日
調査対象：桜大学1～4年生男女（有効回答数2850）
調査方法：インターネット（複数回答）
調査内容：1．就職先選定の際に重視するポイント
　　　　　2．仕事をするにあたっての不安

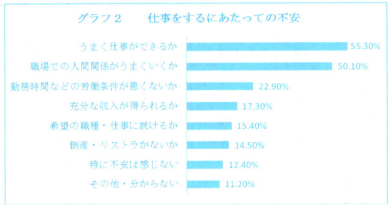

> **調査、分析によく使う表現**
>
> ◎ 調査機関 は 目的内容 のために 対象者 を対象に、〜についてのアンケート調査を実施した。
> ◎ 〜と答えた人は最も多く、続いて（は）〜、〜となっている。
> ◎ 〜について調べた／尋ねた／聞いたところ、〜と回答した／答えた人が〜人／割／〜％で、〜ことが分かった。
> ◎ 〜の理由として最も多いのは〜で、以下〜、〜、〜と続く。
> ◎ 〜の傾向が見られる。
> ◎ 〜が分かった。
> ◎ 〜がうかがえる。
> ◎ 〜が〜を上回った。
> ◎ 〜の現れだと言えるでしょう。

第11課 朝食についてのアンケート結果より

模擬テスト

第11課

一、给下列划线的汉字选择一个正确的读音

1．体の状況を<u>数値</u>で表示してくれる。
　　A．すうち　　　B．すうじ　　　C．かずね　　　D．かずか
2．最近、体の<u>調子</u>が悪いです。
　　A．ちゅうし　　B．ちゅうこ　　C．ちょうし　　D．ちょうこ
3．太陽の光は生命の<u>源</u>である。
　　A．さかり　　　B．みなと　　　C．まちなみ　　D．みなもと
4．大地震でも日本人は<u>秩序</u>を保っている。
　　A．ちしょ　　　B．ちじょ　　　C．ちつしょ　　D．ちつじょ
5．活火山の周辺で地震が<u>活発</u>になったようだ。
　　A．かつはつ　　B．かつぱつ　　C．かっはつ　　D．かっぱつ
6．白い花が風に静かに<u>揺れ</u>ている。
　　A．ゆれて　　　B．あふれて　　C．おそれて　　D．よごれて

二、给下列划线的假名词汇选择一个正确的汉字

7．海外旅行に<u>さいてき</u>な人気デジタルカメラを紹介します。
　　A．最善　　　　B．最適　　　　C．最高　　　　D．最合
8．人間は食べ物から<u>えいよう</u>をとります。
　　A．英養　　　　B．盈養　　　　C．栄養　　　　D．営養
9．ホームページに震災の情報が<u>けいさい</u>されている。
　　A．掲載　　　　B．搭載　　　　C．刊載　　　　D．登載
10．この料理は酢と砂糖の<u>わりあい</u>がポイントです。
　　A．比率　　　　B．比例　　　　C．割合　　　　D．確率
11．欠席の理由を<u>たずね</u>られた。
　　A．尋ね　　　　B．重ね　　　　C．兼ね　　　　D．連ね
12．髪を丁寧に<u>ととのえて</u>から部屋に入った。
　　A．加えて　　　B．超えて　　　C．整えて　　　D．支えて

23

三、给下列句子的划线处选择一个正确答案

13. 電気は家庭や社会になくてはならない重要な＿＿＿＿だ。
    A．パワフル　　　B．メニュー　　　C．エネルギー　　　D．バランス
14. 犬は人間の良い＿＿＿＿だ。
    A．ストレス　　　B．ミネラル　　　C．パートナー　　　D．ヨーグルト
15. うちには車を買う＿＿＿＿がない。
    A．余裕　　　　　B．傾向　　　　　C．背景　　　　　　D．影響
16. トマトサラダは我が家の夏の＿＿＿＿だ。
    A．効果　　　　　B．食卓　　　　　C．調子　　　　　　D．定番
17. 梅雨の間はうっとうしい天気が＿＿＿＿。
    A．続く　　　　　B．続ける　　　　C．持つ　　　　　　D．持てる
18. 世の中の人は学歴に＿＿＿＿傾向がある。
    A．富む　　　　　B．役立つ　　　　C．抱える　　　　　D．こだわる
19. 現代人は公私＿＿＿＿多忙です。
    A．のみならず　　B．ともに　　　　C．をこめて　　　　D．をきっかけに
20. 都会では味わうことのできない、田舎＿＿＿＿楽しさを発見しよう。
    A．による　　　　B．にちなむ　　　C．ならではの　　　D．をはじめの
21. IT業界がすごい勢いで発展しており、つねに＿＿＿＿。
    A．勉強しがちだ　　　　　　　　　B．勉強しかねない
    C．勉強せざるをえない　　　　　　D．勉強するどころではない
22. 転職希望者に＿＿＿＿ところ、会社の将来に不安を感じている人が多いことが分かった。
    A．聞く　　　　　B．聞き　　　　　C．聞いて　　　　　D．聞いた
23. 仕事がきついわりには＿＿＿＿。
    A．給料が高い　　B．給料が安い　　C．つまらない　　　D．やる人がいない
24. 合格するとは思っていなかった＿＿＿＿、合格を知った時は言葉に言い表せないくらいうれしかった。
    A．おかげで　　　B．だけに　　　　C．一方で　　　　　D．というより

四、阅读下列文章，并回答文后单项选择题

　　2008年、財団法人日本青少年研究所・中国青少年研究中心・韓国青少年政策研究院が共同で、日・中・韓・米の中学生と高校生を対象に、「生活と意識」についての調査を行った。その中から、4ヶ国の高校生の休日の過ごし

方について、その特徴を分析してみた。

　次のグラフ、「休日に主にしていること」（以下グラフＡ）と、「休日にとてもしたいこと」（以下グラフＢ）は、日本の内閣府が公表している調査結果のひとつである。なお、ＡとＢのグラフの縦軸の数字は、パーセントを表している。

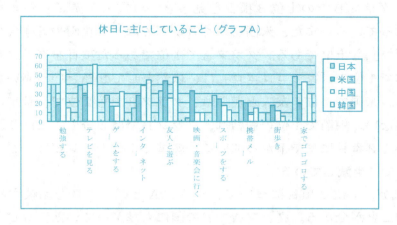

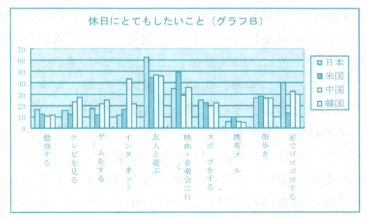

　まず、グラフＡでの上位３項目について見ると、「テレビを見る」が全ての国の上位に入っている。中でも韓国ではこの項目が１位で、60％以上の高い数字を示している。その次に、「家でゴロゴロ」・「友人と遊ぶ」・「インターネット」・「勉強」ときて、各２ヶ国ずつである。家でゴロゴロを１位に挙げたのは日本で、50％に近い数字である。勉強が１位になっているのは中国で、50％を越えている。中国では家でゴロゴロが２位に入っているので、平日は学校中心の生活を送り、休日は終日家で勉強したりゴロゴロしたりして過ごす図が思い浮かぶ。ただし、これは中国だけのことではなく、日

本や韓国もそれに近い結果が出ている。これに対して、米国の１位は「友人と遊ぶ」、２位は「映画や音楽会に行く」となっており、日中韓３ヶ国の高校生とは休日の過ごし方が異なっていることが分かる。米国の高校生は、興味や関心が外に向いた行動的な休日の過ごし方であるが、日中韓の高校生はやや消極的な休日の過ごし方であるということをうかがうことができる。

　次に、グラフＢでの上位３項目を見ると、「友人と遊ぶ」が４ヶ国とも上位に入っている。また、米国を除く３ヶ国では、「映画や音楽会」と「家でゴロゴロ」も上位である。グラフＡで１位であった項目をグラフＢで見ると、日本で１位の「家でゴロゴロ」は、依然として40％という高い数字を示している。米国で１位の友人と遊ぶは、グラフＢでも２位で、数字はほとんど変わらない。中国で１位の勉強は、グラフＢでは５分の１に減り、中国の中で下から２番目にまで下がっている。韓国で１位のテレビは、グラフＢでは４番目で、半減している。

　このほか、上位３項目について、グラフＡとグラフＢを比較すると、おもしろいことが分かる。グラフＡでどの国にも挙がっていたテレビと、２ヶ国にあった勉強が、グラフＢの上位には入っていない。特に、テレビは、各国とも半減または半減以下になっている。逆に、グラフＡにはなかった映画や音楽会と街歩きが上位に入っている。この結果から見ると、本音では休日は友人と遊びたいのだが、学習、親の目、教師の指導、将来への不安などからそれがかなわないために、その代償としてテレビを見たりインターネットをしたりするよりほかしかたがないという現代の高校生の内面が浮かんでくる。その根底には、自己を抑制し、年長者の言動に従順なアジア人の特性が働いているのかもしれない。しかし、よく言えば素直、悪くとれば消極的で主体性に欠ける生活を重ねたのでは、伸びやかでしなやかな心を持つ高校生が、大人に先立って心身をすり減らしかねない。

　現代の若者は、ゲームに熱中し、携帯電話に寄りかかり、友人も少なくて内向きだなどと大人から批判的な目で見られがちである。また、すぐに切れ、人間関係を作るのが下手だとも言われている。しかし、今回の調査では、大人の危惧や批判は的外れのように思われる。むしろ、若者の自立心の養成をせず、必要以上に競争心をあおり、不安感を与えてきた大人や社会に原因があるのではないだろうか。現代の若者も昔の若者と同様に、友人を大切にし、仲間と共に歩みたいと思っていることを読み取ることができる。

25. 次の表を完成してください。

調査機関	
調査対象	
調査内容	

26. 休日にテレビを見る人が最も多いのはどの国ですか。
    A．中国　　　　B．日本　　　　C．韓国　　　　D．アメリカ
27. 家でゴロゴロを1位に挙げたのはどの国ですか。
    A．中国　　　　B．日本　　　　C．韓国　　　　D．アメリカ
28. アメリカでは休日の過ごし方の1位はどれですか。
    A．友人と遊ぶ　　　　　　　B．家でゴロゴロする
    C．テレビを見る　　　　　　D．映画や音楽会に行く
29. グラフAから読み取れることはどれですか。
    A．日中韓の高校生は行動的である。
    B．アメリカの高校生は行動的である。
    C．アメリカの高校生はやや消極的である。
    D．日中韓の高校生は積極的に興味に取り組んでいる。
30. グラフBから読み取れることはどれですか。
    A．日中韓の高校生は勉強を優先している。
    B．どの国の高校生にとってもテレビを見るのが一番楽しい。
    C．アメリカの高校生は自分の思うとおりに休日を過ごしている。
    D．日中韓の高校生はテレビを見たりインターネットをしたりするほうが楽しい。

五、把下列句子翻译成汉语

31. パンと飲み物だけで十分な朝食になる上に、ご飯よりも準備に時間がかからないため、パンは慌ただしい朝の時間帯に最適なメニューとして食卓に上る頻度が高いようです。

32. 見逃せないのは、「ご飯派」「パン派」ともに「卵料理」（ご飯派49.8％、パン派34.2％）の人気が高かったことです。

33. 卵料理はバリエーションに富み、「ご飯」にも「パン」にも合う朝食向きの副食として重宝がられている。

34. こうした背景には、ストレスや疲労を抱える現代人ならではの悩みも少なからず影響していると考えられます。

35. 担当者に確認したところ、新型携帯電話が本日から発売されるそうです。

六、把下列句子翻译成日语

36. 面包不费时间，种类却很多。

37. 日本人的沉稳、守秩序实在令人敬佩。

38. 由于地震和核辐射都是肉眼看不到的，因此更加令人不安。

39. 正因为他是官僚出身，因此看问题的方法就是官僚式的。

40. 这个店收了钱服务却不怎么样。

41. 末班车已经走了，所以只好打车回家。

42. 打开窗户一看，乡下独特的美丽的绿色展现在眼前。

43. 在年轻人中不读书的现象越来越严重。

漢字の学習

特別	性別	送別	別荘	格別	区別	差別	個別		
応対	絶対	対策	対象	対照	対立	反対	相対	対応	対決	対抗
管理	原理	合理	処理	整理	代理	物理	無理	理解	理想	推理
軽快	軽減	軽蔑	軽率	手軽	気軽				
標準	基準	水準	準備						
平和	和服	英和	緩和	調和	飽和	中和	和文		
発達	上達	速達	配達	達成	到達	伝達	達者		
地帯	温帯	寒帯	熱帯	包帯	世帯	連帯	携帯	一帯	
快適	適切	適当	適度	適用	適応	適宜	適性	最適	
労働	苦労	疲労	過労	労力	勤労	労働者			

第12課

中国人女性の結婚観

学习目标

- 掌握口语表达方式的文章的特点
- 能够准确地把握人物的观点、态度
- 能够对自己了解的事物进行说明

句式

- Vつつある＜持续变化＞
- V／Aて（で）ならない ＜极端的心理状态＞
- ～としたら／～とすれば＜假设＞
- Vきる／Vきれる／Vきれない＜动作彻底与否＞
- ～にしては＜判断的依据＞
- ～でいる＜状态保持＞
- ～わけではない＜对推论的否定＞
- ～以上＜推理的根据＞
- Nにとって＜评价的立场、角度＞
- ～に過ぎない＜程度低＞
- ～はともかく（として）＜另当别论＞

ユニット1　読解

中国人女性の結婚観

　若者の結婚観は時代の変化を反映しています。最近、特に高学歴で経済的にも自立している女性で、結婚しない人が増えつつあります。彼女達は結婚についてどのように考えているのでしょうか。中国人女性2人にご登場願い、それぞれの気持ちを話してもらいました。

　劉頴さん　26歳　会社員

　農村に住む両親は伝統的な考え方に縛られているので困っているの。女の子は24〜25歳で結婚するのが普通だと思っていて、26を過ぎてもお嫁に行かない私のことが心配でならないみたい。私は今、両親からの無言のプレッシャーに悩まされていて…。もし「仕事・恋・家族」の3つに順序をつけるとしたら、家族が一番、次が仕事、最後が恋かな。

　私は、今までに3、4度お見合いしたことがあるの。最初の頃は断ったけれど、最近は両親を安心させるためにあきらめて応じているの。特に今北京で働いていてあまり実家に戻らないから、たまに実家に帰ると、両親はすぐにお見合いのセッティングをしたがるの。だから親のことを考えると、お見合いは断りたいけど断りきれないわね。でも、お見合いの席で相手が家のローンとかの具体的な話を持ち出してきたら、私はいやになってしまうわ。今、正直そこまでの心の準備ができていないの。私はまだ若いから、結婚願望はそんなに強くないわ。それに、自分は自由に慣れすぎてしまってるってこと、自分でも分かってるの。そのうえ私の性格は、多分ちょっぴりワガママ。だから結婚するなら、包

容力があって優しい男性がいいわ。今北京で一人暮らしをしているんだけど、切れた電球を換える時とかに、彼氏がいたらなぁって思ったりするの（笑）。休みの日は独身の女の友達や、男の友達と一緒に遊んでるわ。漫画やミステリー小説を読んで過ごすのも、わりと好きね。

王芳さん　29歳　教師

　幼稚園で子どもたちに美術や工作を教える仕事をしています。いつも子どもたちと一緒にいられるこの仕事を、とても気に入っています。趣味は、クロスステッチ、絵を描くこと、花を育てること、ネットサーフィンなど。気心の知れた友達も多く、毎日とても充実しています。彼氏がいない人は、バレンタインやクリスマスには落ち込む人が多いけれど、私はもともと記念日にこだわらないから、その日になったからといって特に慌てることはありません。私の両親は、彼らの年代にしては「開放的」です。特に母親は新しいことをすぐに受け入れる方だから、私がいつまでも独身でいることにも理解を示してくれています。でも、先日友人夫婦の家にお邪魔した時、二人の言わず語らずでも気持ちが通じ合っている様子を見て、「これが夫婦なんだ」って、この時ばかりは結婚に心を動かされました。いま私は一人暮らしをしています。特にすることがない時など、正直、寂しさを感じないわけではありません。友達はみんな結婚して家庭があるから、自分が寂しいからって気楽に友達を私に付き合わせるわけにはいきません。
　結婚についてですが、最近はだんだん、内面を重視するようになりました。相手には、教養があって堅実なことを望んでいます。教養と知識のレベルは自分と同じがいいですね。物質的条件を挙げるとすれば、家があることかな。私は相手の両親と一緒に暮らしてもいいと思っています。女なので、普通の生き方をしたいです。両親を心配させないよう

> に、将来はきっと結婚すると思います。でも「結婚のための結婚」はしません。もうすぐ30になりますが、私は今の生活にすごく満足しています。愛情が今の生活に花を添えるものであればよりいいと思います。30近くまで待った以上、適当な人が現れるまで、自然体でいこうと思っています。

　生活様式が多様化しており、経済的に自立した働く女性にとって、結婚はライフスタイルの選択肢の一つに過ぎません。中国の女性は家庭と仕事を両立させるので、男性よりもはるかに大きなプレッシャーを抱えています。そんな彼女たちに、社会は尊重、理解、包容、関心を与えることが必要です。結婚するしないはともかく、仕事もプライベートも充実してもらいたいと思います。

ユニット2　会話

質問

会話機能——質問、説明、話の切り出し

（張子琳が日本人の学生村井と話している）

張　：日本には、成人の日ってありますね。

村井：はい。1月の第2月曜日です。

張　：どこかで読んだことがあるのですが、以前は1月15日ではなかったでしょうか。

村井：そうです。確かに、1999年まではそうでした。法律の改正で2000年からは、1月の第2月曜日となりました。

張　：そうですか。もう少し詳しくうかがいたいのですが、なぜ法律を改正したのですか。

村井：今は、ほとんど週休2日制でしょう。月曜日を休日にすれば、土曜、日曜と合わせて、3連休にすることができます。そのために法律を改正したというわけです☞①。

張　：ああ、そういうことですか☞②。

村井：はい。

★询问、说明时，询问人和被询问人都要委婉、谦虚，特别是说明的人不要显得自大，以免伤及对方的面子。
★询问时多使用「～ね」「～たいのですが」「～でしょうか」「～のですか」。
★在对方解释说明之后，要有所回应，否则不够尊重对方。
★在平时的聊天、交谈中，应注意彼此间的应答方式。如：「そうですね」「そうですか」「はい」等，在倾听对方谈话时是必不可少的应答。日语称之为「あいづち」。

① 「というわけです」与「なぜ…ですか」提问是相呼应的，是解释说明原因或理由的表达方式之一，意为"之所以是因为……"。
② 「ああ、そういうことですか」是对对方说明的回应。

实用日语 中级（下册）

単　語

ユニット 1

結婚観（けっこんかん）③【名】结婚观，婚姻观
-観（-かん）……观
変化（へんか）①【名・自Ⅲ】变化，改变
高学歴（こうがくれき）④③【名】高学历
～つつある　正在……
登場（とうじょう）⓪【名・自Ⅲ】登场，上场；出现
劉穎（りゅうえい）①【名】（人名）刘颖
お嫁に行く（およめにいく）⓪-⓪　出嫁，嫁人
嫁（よめ）⓪【名】媳妇；新娘
～てならない　……得不得了
無言（むごん）⓪【名・自Ⅲ】沉默，无言；少言寡语
順序をつける（じゅんじょをつける）①-②　排顺序
順序（じゅんじょ）①【名】顺序
～としたら　如果，假如
見合い（みあい）⓪【名・自Ⅲ】相亲
たまに（偶に）⓪【副】偶尔，偶然
セッティング（setting）⓪【名・他Ⅲ】设定，安排
～きれない　做不完……
持ち出す（もちだす）③⓪【他Ⅰ】拿出；提出
正直（しょうじき）③【名・副・形Ⅱ】坦白，直率；说老实话
結婚願望（けっこんがんぼう）⑤【名】结婚愿望，想结婚的想法
願望（がんぼう）⓪【名・他Ⅲ】愿望
多分（たぶん）①【副】大概
ちょっぴり　③【副】一点，有点儿
包容力（ほうようりょく）③【名】包容力
一人暮らし（ひとりぐらし）④【名】单身生活，一个人生活
電球（でんきゅう）⓪【名】电灯泡

独身（どくしん）⓪【名】单身，一个人
ミステリー小説（mysteryしょうせつ）⑥【名】推理小说，侦探小说
わりと（割と）⓪【副】比较，有些
王芳（おうほう）①【名】（人名）王芳
美術（びじゅつ）①【名】美术
工作（こうさく）⓪【名・自Ⅲ】制作，手工；工作，作业
ネットサーフィン（net surfing）④【名】网上冲浪，浏览网页
クロスステッチ（cross stitch）⑤【名】十字绣
飼う（かう）①【他Ⅰ】饲养，喂养
気心（きごころ）②【名】脾气，秉性
彼氏（かれし）①【名】男朋友
記念日（きねんび）②【名】纪念日
～にしては　从……判断的话
開放的（かいほうてき）⓪【形Ⅱ】开放的，自由的，坦率的
～でいる　保持某种状态
言わず語らず（いわずかたらず）⓪-⓪　沉默不语，默默无言
様子（ようす）⓪【名】样子，情况
～わけではない　并不是……
からって　①（「からといって」的省略说法）就算是……
内面（ないめん）⓪【名】内心，内在；内面
教養（きょうよう）⓪【名】教养，修养
堅実（けんじつ）⓪【名・形Ⅱ】稳妥，可靠
望む（のぞむ）⓪【他Ⅰ】期望；眺望
物質的（ぶっしつてき）⓪【形Ⅱ】物质上的，物质方面的
～とすれば　假如……，比方说……
花を添える（はなをそえる）②-⓪　锦上添花

より ⓪【副】更加
～以上（～いじょう）既然……
自然体（しぜんたい）⓪【名】自然体；自然姿态，原有的风格
生活様式（せいかつようしき）⑤【名】生活方式
様式（ようしき）⓪【名】方式，样式
多様化（たようか）⓪【名】多样化
自立（じりつ）⓪【名・自Ⅲ】自立，独立
～にとって 对于……来说
ライフスタイル（lifestyle）⑤【名】生活方式
選択肢（せんたくし）④③【名】选择肢，选项

～に過ぎない（～にすぎない）只不过是……
両立（りょうりつ）⓪【名・自Ⅲ】两不误，兼顾两者
はるか（遥か）①【形Ⅱ・副】遥远；差距大，程度甚远
抱える（かかえる）⓪【他Ⅱ】抱；拥抱
尊重（そんちょう）⓪【名・他Ⅲ】尊重；推崇
包容（ほうよう）⓪【名・他Ⅲ】包容，宽容
ともかく（兎も角）①【副】暂且不论；总之
プライベート（private）④【形Ⅱ】私人的，隐私的

ユニット2

村井（むらい）⓪【名】（人名）村井
成人の日（せいじんのひ）⑥【名】成人节
改正（かいせい）⓪【名・他Ⅲ】改正，修改
週休2日制（しゅうきゅうふつかせい）⓪-⓪【名】每周休两天的制度

-制（-せい）……制
土曜（どよう）②【名】周六
日曜（にちよう）③【名】周日
-曜（-よう）周……，礼拜……
3連休（さんれんきゅう）③【名】三连休

語彙の学習

1. たまに

(1) 社長はたまに顔を出すだけです。 (2) たまにはテレビを消して心地よい音楽でも流せば、お部屋が高級な喫茶店に早変わり。	偶尔，有时

2. 慌てる

(1) 授業中に突然名前を呼ばれて慌ててしまった。 (2) 地震があっても慌てないで、落ち着いて行動してください。	惊慌
(3) 慌てて出かけたので携帯を忘れてしまった。	匆忙

3. はるか

(1) 冬の空気の澄んだ日であれば、はるか遠くに富士山を見ることができる。	遥远

（2）宇宙は人間の想像をはるかに超えている。 （3）チケットの予約に定員をはるかに上回る4万通の応募があった。	差距很大，远远地

4．抱える

（1）彼は大きな花束を抱えてやってきた。	抱着，夹着
（2）今の学生はみんな将来に不安を抱えている。 （3）地方自治体の運営する病院は、ほとんど大きな赤字を抱えている。	承担，负担
（4）この会社は優秀なスタッフを抱えている。 （5）あそこは2000人の従業員を抱える大企業だ。	雇用

単　語（語彙の学習）

顔を出す（かおをだす）⓪－① 露面，出席
高級（こうきゅう）⓪【名・形Ⅱ】高級
早変わり（はやがわり）③【名・自Ⅲ】迅速变化
すむ（澄む）①【自Ⅰ】清澈，澄澈；纯，透明；清净，宁静
宇宙（うちゅう）①【名】宇宙
想像（そうぞう）⓪【名・他Ⅲ】想像
定員（ていいん）⓪【名】定员，额定人员

花束（はなたば）②【名】花束
地方自治体（ちほうじちたい）②－⓪【名】地方政府，地方团体
自治体（じちたい）⓪【名】地方政府，地方公共团体
スタッフ（staff）②【名】工作人员；协作人员
従業員（じゅうぎょういん）③【名】职员，工作人员

文型の学習

1．Vつつある＜持続変化＞

🖉最近、特に高学歴で経済的にも独立している女性で、結婚しない人が増えつつあります。

「つつある」接在表示变化的动词的第一连用形后面，意为该变化在一直持续并将继续下去。相当于汉语的"正在……"、"不断……"。

（1）近年、経済不況を背景に、人々の価値観が変わりつつある。
（2）最近、携帯電話に加え、スマートフォンが普及しつつある。
（3）科学技術の発展に伴い、未知の世界、夢の世界が現実のものとなりつつある。
（4）今多くの改革が進みつつあり、これからの医療システムは根底から変わっていく可能性がある。

2. V／Aて（で）ならない＜极端的心理状态＞

◈26を過ぎてもお嫁に行かないわたしのことが心配でならないようだ。

「ならない」接在表示心理的动词或Ⅰ类形容词的「て」形、"Ⅱ类形容词词干＋で"的后面，表示主体难以控制的强烈的心理状态。相当于汉语的"非常……"、"……得不得了"。

(1) 早くあの人に会いたくてならない。
(2) なぜこんなことが起こるのか不思議でならない。
(3) 一人娘と離れているので、寂しくてならない。
(4) 事件はうまく解決したようだが、私にはまだ気になってならないことがある。

3. ～としたら／～とすれば＜假设＞

◈もし「仕事・恋・家族」の3つに順序をつけるとしたら、家族が一番、次が仕事、最後が恋かな。

◈物質的条件を挙げるとすれば、家があることかな。

「としたら／とすれば」接在简体句子的后面，表示假设，即在此假设条件成立的情况下，后项所表述的说话人的判断、愿望、疑问等也成立。相当于汉语的"如果……的话"、"假设……"。

(1) もし宇宙人がいるとしたら、どんな姿だろう。
(2) 海外に行くとしたら、ヨーロッパに行きたい。
(3) 今、突然地震が起こったとしたら、あなたはどうしますか。
(4) 世界の人口がこのまま増え続けるとすれば、食糧問題など、いずれ何らかの問題が起きるに違いない。

4. Vきる／Vきれる／Vきれない＜动作彻底与否＞

◈だから親のことを考えると、お見合いは断りたいけど断りきれないわね。

复合动词「Vきる」表示彻底进行该动作，相当于汉语的"全部……"、"……光"。其可能形式是「Vきれる」，意为"能全部……"、"能都……"。「Vきれる」的否定形式是「Vきれない」，表示无法彻底地进行该动作，相当于汉语的"……不了"、"无法完全……"。

(1) 午前中にカメラの電池を使い切ってしまったので、午後は写真が撮れなかった。
(2) なかなかのボリュームで、食べ切れるかどうか心配したけれど、いつの間にかすっかり食べてしまった。

(3) 世の中には、数え切れないほどのチャンスがある。
(4) 自分の根底には他人を信じ切れないところがあり、裏切られることに恐怖を感じている。

5．～にしては＜判断的依据＞

✐私の両親は、彼らの年代にしては「開放的」です。

「にしては」前接名词或动词的简体形式，表示以该属性或情况为依据进行判断的话，就可以得出后项所述的结论。相当于汉语的"作为……而言"、"从……这点来看"。
(1) 木村さんは、高校生を持つ親にしては若く見える。
(2) 平日にしては、思ったより参加者が多かった。
(3) あれだけ頑張ったにしては、残念な結果に終わってしまった。
(4) 日本に来たことがないにしては、流暢な日本語を話している。

6．～でいる＜状态保持＞

✐私の両親は、～私がいつまでも独身でいることにも理解を示してくれています。

「でいる」接在名词或Ⅱ类形容词词干后面，表示该状态一直保持。
(1) 仕事を始めるべきか、専業主婦でいるべきか迷っている。
(2) おじいちゃん、おばあちゃんにいつまでも元気でいてほしい。
(3) 誰でもきれいになりたい、いつまでもきれいでいたい、と思っているはずだ。
(4) 早く一人前になって社会に出ようとは思わず、できるならずっと学生でいたいと考える若者もいる。

7．～わけではない＜对推论的否定＞

✐今は一人暮らしをしています。特にすることがない時など、正直、寂しさを感じないわけではありません。

「わけではない」接在动词或形容词连体形的后面，用于对根据前文或当前状况得出来的推论进行否定，强调事实并非如此。经常与「からといって」「別に」等搭配使用。相当于汉语的"并非……"、"并不是……"。也说「わけでもない」，具有让步的含义。
(1) 外国語ができるからといって、簡単に仕事が見つかるわけではない。

(2) 自分で見たわけではないから、確信が持てない。
(3) 甘いものが嫌いなわけではないけれど、それほど好きでもない。
(4) 今の仕事が楽しくないわけではないが、「好きなこと」を仕事にしているわけでもない。

8. ～以上＜推理的根据＞

✎30近くまで待った以上、適当な人が現れるまで、自然体でいこうと思っています。

「以上」接在动词连体形或"名词+である"后面，表示说话人据此进行推测，理所应当得出后项所陈述的结论，后项一般为说话人的判断、要求、愿望、决心等主观表达方式。相当于汉语的"既然……"。

(1) 漢方薬も薬である以上、使い方を間違えれば副作用もでます。
(2) やる以上は、自信を持って思いっきりやりたい。
(3) 人間は生きている以上、悩みを避けて通ることはできない。
(4) こうなった以上、みんなで力を合わせてやるしかない。

9. Nにとって＜评价的立场、角度＞

✎経済的に自立した働く女性にとって、結婚はライフスタイルの選択肢の1つに過ぎません。

「にとって」多接在表人名词的后面，表示从该人物（或事情）的角度、立场来评价某事物。相当于汉语的"对……来说"。

(1) 日本人にとって、中国語の発音は難しいようだ。
(2) 1年生にとって、この文章はちょっと難しいですね。
(3) 中小企業にとっては、優秀な人材の確保は容易でない。
(4) 私にとって、あの人はかけがえのない存在だ。

10. ～に過ぎない＜程度低＞

✎経済的に自立した働く女性にとって、結婚はライフスタイルの選択肢の1つに過ぎません。

「に過ぎない」接在名词、Ⅱ类形容词词干或动词、Ⅰ类形容词连体形后面，表示说话人的评价，即认为该事物或事项数量小、程度低、不重要等。相当于汉语的"只不过……；仅仅……"。

(1) この花が咲くのは年数日に過ぎない。

(2) 今回の試験は運良く合格できたに過ぎない。
(3) 失恋は、運命の人と出会うための準備に過ぎない。
(4) この本は当たり前のことを言っているに過ぎないのに、なぜ人気があるのだろう。

11. ～はともかく（として）＜另当别论＞

🔖結婚するしないはともかく、仕事もプライベートも充実してもらいたいと思います。

「はともかく（として）」接在名词或简体句子后面，表示该事物或事项暂且不予考虑或讨论，后项所述事项才是更为重要的。相应于汉语的"暂且不论……"、"……另当别论"。

(1) 結果はともかく、挑戦することに意義がある。
(2) 来る来ないはともかく、招待状だけは送ることにする。
(3) 事実かどうかはともかくとして、その噂は相当広がっている。
(4) あのホテルなら、値段はともかく、サービスや設備で不満を持つことはないだろう。

単　語（文型の学習）

不況（ふきょう）⓪【名】不景气，萧条
背景（はいけい）⓪【名】背景
スマートフォン（smart phone）⑤④【名】智能手机
未知（みち）①【名】未知
根底（こんてい）⓪【名】根底，根本
一人娘（ひとりむすめ）④【名】独生女儿
宇宙人（うちゅうじん）②【名】外星人
電池（でんち）①【名】电池
ボリューム（volume）⓪【名】量，分量；质感；音量
裏切る（うらぎる）③【他Ⅰ】背叛，出卖
恐怖（きょうふ）①【名】恐怖
流暢（りゅうちょう）⓪【名・形Ⅱ】流畅，流利

専業主婦（せんぎょうしゅふ）⑤【名】家庭主妇，专职太太
副作用（ふくさよう）③【名】副作用
思いっきり（おもいっきり）⓪【名・副】下决心；死心
かけがえ⓪【名】替代
数日（すうじつ）⓪【名】几天时间
失恋（しつれん）⓪【名・自Ⅲ】失恋
運命（うんめい）①【名】命运
意義（いぎ）①【名】意义，重要性；意思
相当（そうとう）⓪【名・形Ⅱ・副・自Ⅲ】相当，非常；与……相当
設備（せつび）①【名】设备

第12課　中国人女性の結婚観

 練習

A．内容確認

1．劉穎さんは、今、どんなことで悩んでいますか。
2．たまに実家に帰る劉穎さんに、両親はどんなことをしますか。
3．「そこまでの心の準備ができていない」とはどんな意味ですか。
4．劉穎さんは休みをどのように過ごしていますか。
5．王芳さんは、なぜ毎日とても充実しているのですか。
6．王さんが「結婚に心を動かされた」時は、どんな時ですか。
7．王さんは結婚相手にどんなことを望んでいますか。また、どんな結婚生活をしたいと思っていますか。
8．王さんは、愛情や結婚に対してどんな姿勢をとっていますか。
9．劉さんと王さんは、それぞれ結婚についてどのように考えているのか、簡単にまとめてください。

B．語彙の練習

1．次の漢字の読み方を書いてください。

順序　実家　内面　教養　物質　条件　普通　気心　趣味　記念日　高学歴
邪魔　様式　様子　電球　漫画　美術　無言　願望　独身　開放的　幼稚園
必要　反映　登場　自立　両立　独立　満足　正直　準備　包容力　見合い
尊重　最初　重視　適当　気楽　充実　堅実　知識　必要　自然体　多様化
嫁　結婚　家庭　彼氏　夫婦　安心　心配　愛情　関心　生き方　具体的
農村　将来　成人　曜日　法律　改正　週休　休日　連休　物質的　選択肢
示す　断る　望む　増える　慌てる　動かす　過ごす　育てる　飼う　縛る
描く　悩む　働く　挙げる　現れる　重ねる　慣れる　切れる　言わず語らず
換える　持ち出す　抱える　感じる　添える　与える　通じ合う　付き合う

2．□から適当な言葉を選んで、必要なら正しい形に変えて＿＿＿に書き入れてください。

（1）┃プレッシャー　セッティング　ローン　ミステリー　ネットサーフィン┃

　①今、中国では＿＿＿＿で家を買う若者がたくさんいます。
　②彼は世界的に有名な＿＿＿＿小説を多数書いた。

41

③ 仕事中、つい＿＿＿＿をしてしまい、気が付いたら何時間も経っていた。
④ 会議の＿＿＿＿は田中さんの仕事です。
⑤ ＿＿＿＿に弱い人は、試合になると緊張してかたくなる。

(2) クロスステッチ　ライフスタイル　プライベート　バレンタイン
① 仕事と＿＿＿＿のどちらを大切にしているのでしょうか。
② 自分で作った＿＿＿＿をネットで販売しています。
③ 好きな先輩に＿＿＿＿のプレゼントをあげた。
④ 子どもを持たない夫婦の＿＿＿＿に注目が集まっています。

(3) つける　入る　抱える　望む　示す
① 住宅ローンを＿＿＿＿いるから、簡単に仕事を辞めるわけにはいきません。
② 日本に残って就職したいと＿＿＿＿留学生は少なくない。
③ 両親が私の国際結婚に理解を＿＿＿＿くれたので幸せです。
④ 証明写真を気に＿＿＿＿まで何枚も撮りました。
⑤ 姓が同じ場合は名前で名薄の順番を＿＿＿＿。

(4) 悩む　断る　切れる　知れる　充実する　通じ合う　こだわる
① 大学では心が＿＿＿＿友人になかなか出会えません。
② 仕事以外で、気心の＿＿＿＿友達を見つけられたらいいと思ったのに。
③ 兄は就職が決まらず、＿＿＿＿ようだ。
④ 人はなぜ学歴に＿＿＿＿のか。
⑤ 長い人生のうちには、結ぶ縁もあれば＿＿＿＿縁もある。
⑥ 母は人の頼みを＿＿＿＿のが苦手な人です。
⑦ ＿＿＿＿夏休みを過ごすためにボランティア活動に参加しました。

(5) それぞれ　もともと　たまに　ともかく　はるかに
① 仏教は＿＿＿＿中国から日本に伝えられたものです。
② 今回のコンサートは素晴らしくて、想像を＿＿＿＿超えていた。
③ どの商品にも＿＿＿＿の特色がある。
④ 娘はいつもメールばかりで、＿＿＿＿しか電話をくれない。
⑤ あの店は、味は＿＿＿＿値段が安い。

C．文法の練習

1．①は意味を考えて、②③は（　）の言葉を正しい順番に並べ替えて、文を完成させてください。

(1) Vつつある
　　① 父は退院してから元気になりつつある。
　　② （大都会・増え・の・人口・つつある・は）
　　　＿＿＿＿＿＿＿＿＿＿＿＿＿＿＿＿＿＿＿＿＿＿＿＿＿。
　　③ （速い・で・発展し・スピード・つつある）
　　　中国の経済は＿＿＿＿＿＿＿＿＿＿＿＿＿＿＿＿＿＿＿＿＿。

(2) V／Aて（で）ならない
　　① 余震がまだ続いているので、みんなは不安でならないようです。
　　② （海外・寂しく・出張している・てならない・ので・へ）
　　　彼が＿＿＿＿＿＿＿＿＿＿＿＿＿＿＿＿＿＿＿＿＿＿＿＿＿。
　　③ （大学院の試験・合格した・に・ので）
　　　息子が＿＿＿＿＿＿＿＿＿＿＿＿＿＿＿＿＿＿＿嬉しくてならない。

(3) ～としたら／～とすれば
　　① このまま不況が続くとしたら、就職はますます難しくなる。
　　② （あなた・どう・私の立場だ・が・としたら）
　　　＿＿＿＿＿＿＿＿＿＿＿＿＿＿＿＿＿＿＿＿＿＿しますか。
　　③ （留学する・いい・どの国・とすれば・が）
　　　＿＿＿＿＿＿＿＿＿＿＿＿＿＿＿＿＿＿＿＿＿＿ですか。

(4) Vきる／Vきれる／Vきれない
　　① 彼女は自分勝手すぎて、僕にはとても付き合いきれない。
　　② （習う・単語・多すぎて・覚え・新しい・きれない・が）
　　　毎日＿＿＿＿＿＿＿＿＿＿＿＿＿＿＿＿＿＿＿＿＿＿＿＿＿。
　　③ （教室・入りきれない・集まっている・学生・ほどの・が・に）
　　　＿＿＿＿＿＿＿＿＿＿＿＿＿＿＿＿＿。とても面白い授業に違いない。

(5) ～にしては
　　① 初めてケーキを作ったにしては上手にできました。
　　② （小学生・しっかりしています・とても・にしては）
　　　この子は＿＿＿＿＿＿＿＿＿＿＿＿＿＿＿＿＿＿＿＿＿＿。
　　③ （一年生・上手です・日本語・にしては・が）
　　　＿＿＿＿＿＿＿＿＿＿＿＿＿＿＿＿＿＿＿＿＿＿＿＿＿＿＿。

(6) 〜でいる
　　① 私たちは常に謙虚でいなければならない。
　　② (の・少女・でいる・まだ・つもり)
　　　　姉はもう30を過ぎているのに、＿＿＿＿＿＿＿＿＿＿のようだ。
　　③ (子ども・いつまでも・でいる)
　　　　人間は＿＿＿＿＿＿＿＿＿＿ことはできない。

(7) 〜わけではない
　　① うちの大学にアフリカの留学生がいないわけではないが、少ないです。
　　② (若いころ・できる・夢・実現・わけではない・の・を)
　　　　すべての人が＿＿＿＿＿＿＿＿＿＿＿＿＿＿＿＿。
　　③ (病気・退院した・治って・わけではない・が)
　　　　＿＿＿＿＿＿＿＿＿＿＿＿＿＿＿んです。

(8) 〜以上
　　① 学生である以上、勉強するべきだ。
　　② (以上・を・約束・した)
　　　　＿＿＿＿＿＿＿＿＿＿、どんなことがあっても守らなければなりません。
　　③ (へ・ぜひ・万里の長城・中国に来た・以上・行きたい)
　　　　＿＿＿＿＿＿＿＿＿＿＿＿＿＿＿＿＿＿。

(9) Nにとって
　　① 外国人にとって納豆は食べにくい。
　　② (私・もの・とって・何よりも・大切・な・に)
　　　　この写真は＿＿＿＿＿＿＿＿＿＿＿＿＿＿＿です。
　　③ (君・場所・とって・安全・いちばん・な・に)
　　　　ここは＿＿＿＿＿＿＿＿＿＿＿＿＿＿＿です。

(10) 〜に過ぎない
　　① それは推測に過ぎないのに、彼は事実であるかのように受け取った。
　　② (言葉・に過ぎない・交流・道具・の・は)
　　　　＿＿＿＿＿＿＿＿＿＿＿＿＿＿＿。気持ちが大切だ。
　　③ (宇宙・に過ぎない・一部分・小さな・の)
　　　　私たちの世界は＿＿＿＿＿＿＿＿＿＿＿＿＿＿＿。

(11) 〜はともかく（として）
　　① この店は雰囲気はともかく味はいい。

② (バランス・好き嫌い・栄養・ともかく・の・は・が)
＿＿＿＿＿＿＿＿＿＿＿＿＿＿＿＿＿＿＿＿＿＿＿何よりも大切だ。
③ (給料・楽しい・ともかく・職場・で・は)
＿＿＿＿＿＿＿＿＿＿＿＿＿＿＿＿＿＿＿＿＿＿＿働きたい。

2．次の（　）に適当な助詞（仮名一文字）を入れてください。
(1) 家族（　）元気な顔を見せて安心させたい。
(2) 私は今、両親からの無言のプレッシャー（　）悩まされている。
(3) 母親は私がいつまでも独身（　）いること（　）理解を示してくれています。
(4) 愛情が今の生活（　）花を添えるものであればいいと思うので、適当な人が現れるまで自然体（　）いこうと思っています。
(5) 親（　）安心させるためにはどうしたらいいですか。
(6) 世界中で戦争（　）なくなるのは夢（　）すぎない。
(7) 今の生活（　）満足している。

単　語（練習）

多数（たすう）②【名】许多，为数众多；多数
国際結婚（こくさいけっこん）⑤【名】跨国婚姻
姓（せい）①【名】姓，姓氏
証明写真（しょうめいしゃしん）⑤【名】证件照片
証明（しょうめい）⓪【名・他Ⅲ】证明
結ぶ（むすぶ）⓪【他Ⅰ】结成；捆扎
縁（えん）①【名】缘，缘分
特色（とくしょく）⓪【名】特色

退院（たいいん）⓪【名・自Ⅲ】出院
余震（よしん）⓪【名】余震
謙虚（けんきょ）①【形Ⅱ】谦虚
実現（じつげん）⓪【名・自Ⅲ】实现
推測（すいそく）⓪【名・他Ⅲ】推测
一部分（いちぶぶん）③【名】一部分
好き嫌い（すききらい）②【名】好恶；挑食
職場（しょくば）⓪【名】职场，工作单位

D．応用練習

あなたが結婚相手に求めている条件は何ですか。まず次の項目であてはまるものにマークしてください。なお、「重視度」の数字は次のとおりです。
　　4は「とても重視している」
　　3は「重視している」
　　2は「どちらともいえない」
　　1は「重視していない」

	重視度			
恋愛感情	4	3	2	1
性格・人柄	4	3	2	1
価値観・相性が合うこと	4	3	2	1
趣味教養	4	3	2	1
共通の趣味の有無	4	3	2	1
健康	4	3	2	1
体型	4	3	2	1
年齢	4	3	2	1
容姿・容貌	4	3	2	1
将来性	4	3	2	1
職業	4	3	2	1
所得など経済力	4	3	2	1
貯金や不動産などの資産	4	3	2	1
親との同居の有無	4	3	2	1
自分の親との相性	4	3	2	1
自分の仕事への姿勢・協力	4	3	2	1
家事・育児の分担・協力姿勢	4	3	2	1
社会的地位	4	3	2	1
体の相性	4	3	2	1
結婚歴（離婚歴の有無）	4	3	2	1

以上の結果を確認して、自分の恋愛観をまとめてください。

一、给下列划线的汉字选择一个正确的读音

1．残業を<u>断</u>るわけにはいかない。
　　A．だんわ　　　B．こたわ　　　C．ことわ　　　D．こだわ
2．恋愛や結婚に<u>悩</u>むのもいい経験だ。
　　A．なや　　　　B．くや　　　　C．くる　　　　D．のう

3．子どもは幼稚園で怪我をしました。
    A．ようじえん   B．ゆうじえん   C．ゆうちえん   D．ようちえん
4．仕事をやめて実家に帰ろうと思う。
    A．じつか   B．じっか   C．じか   D．じいか
5．やめる理由を正直に言います。
    A．まっなお   B．せいじき   C．しょうじき   D．しょうちょく
6．彼は気心の知れたライバルです。
    A．けしん   B．きしん   C．きこころ   D．きごころ
7．堅実な収入を期待しています。
    A．けんじつ   B．げんじつ   C．かんじつ   D．がんじつ
8．たくさんの仕事を抱えてどこへも出られません。
    A．おさ   B．あた   C．こた   D．かか
9．彼女の悲しみは無言でこぼす涙になって現れた。
    A．むごん   B．むげん   C．ぶごん   D．ぶげん
10．結婚に縛られたくない。
    A．しば   B．しぼ   C．くば   D．のぼ

二、给下列划线的假名词汇选择一个正确的汉字
11．試験のじゅんびがまったくできていない。
    A．准备   B．准備   C．準备   D．準備
12．あまり難しく考えないで、要領よくてきとうに生きていこう。
    A．適合   B．適等   C．適当   D．適度
13．国会は多分この不評の法律をかいせいするだろう。
    A．訂正   B．修正   C．改正   D．改訂
14．ほうよう力のある男性が求められています。
    A．抱擁   B．包容   C．奉法   D．包溶
15．彼の夢はアナウンサーとしてテレビにとうじょうすることであった。
    A．搭乗   B．登乗   C．登場   D．当場
16．音楽とか文学とか、もうちょっときょうようを身につけたいです。
    A．強要   B．教育   C．教養   D．養成
17．この会社は学歴より能力をじゅうしている。
    A．重視   B．従事   C．趣旨   D．主旨
18．このコラムでは犬をかうために大切な知識をご紹介しています。
    A．買う   B．飼う   C．養う   D．培う

19. かいほうてきな雰囲気の店内で素敵な時間を過ごしました。
    A．快方的　　　　B．開放的　　　　C．快適的　　　　D．廻報的
20. 本校は教育現場のたようかを求めています。
    A．多用化　　　　B．他用化　　　　C．多元化　　　　D．多様化

三、给下列句子的划线处选择一个正确答案

21. いつも親切に祖父の世話をしてくれる看護士の優しさに心を_____。
    A．打った　　　　B．動かした　　　C．感動した　　　D．動かされた
22. 仕事と子育てを_____させるための社会環境を作ってほしい。
    A．両方　　　　　B．両断　　　　　C．両立　　　　　D．両面
23. 今の若者はやりたいことを考えすぎて大きな_____を抱えてしまう。
    A．ブレーキ　　　B．ブラウス　　　C．プライベート　D．プレッシャー
24. なんだか夏の終わりって_____寂しい気持ちになってしまいますね。
    A．ゆっくり　　　B．ゆとり　　　　C．ちょっぴり　　D．そっくり
25. この写真を見ると私には祖母がまだ生きていると思え_____。
    A．てならない　　B．てたまらない　C．てしかない　　D．てはならない
26. 今年も、あと1日。この1年振り返ると本当に_____1年だった。
    A．充実した　　　B．充実な　　　　C．充実的な　　　D．充実に
27. 大学時代は長い人生から見れば短い一時期に_____。
    A．しかない　　　B．限らない　　　C．過ぎない　　　D．限りだ
28. 祖父は70歳_____驚くほど元気です。
    A．からすれば　　B．としては　　　C．にしては　　　D．にたいして
29. いつまでも子ども_____ことはできない。
    A．いる　　　　　B．でいる　　　　C．にかける　　　D．における
30. 引き受けた_____、責任を持っていい結果を出したいと思います。
    A．以上　　　　　B．せいか　　　　C．ならでは　　　D．だけあって
31. できるかできないかは_____、とにかくやってみてください。
    A．ともかく　　　B．もとより　　　C．もちろん　　　D．もっとも
32. 私の収入では車のローンを_____のであきらめました。
    A．払いきれない　B．払いきらない　C．払わない　　　D．払わなかった

四、阅读下列文章，并回答文后单项选择题

結婚は育った環境も性格も全く異なる二人が共同生活をはじめるわけですから、想像以上に大変なものです。すでに結婚している人は結婚についてど

う思っているのでしょうか。今回は「結婚してよかったこと」について調べました。
　１位は「子どもができた」。厚生労働省の発表によると平成21年の出生率は1.39で、わずかながら前年より上昇。しかし依然少子化傾向は続いており、昔に比べて子どもを持たない夫婦が増えてきています。不況によって収入が減ったり、将来への不安があったりすると、<u>子どもを持つことを躊躇してしまう人</u>も少なくないと思いますが、それでも、子どものいる幸せを感じる人はやはり多いと言えそうです。「この人と結婚したからわが子に会えたのだなぁ」と思うと、結婚してよかったと実感できるようです。
　続く２位は「精神的な支えができた」、７位は「悩みを共有できるようになった」、８位は「つらい時もそばで見守ってくれる」となっている。このようにしっかりと精神的に支えてくれるパートナーがいるという安心感は、結婚しないとなかなか実感できないものです。もちろん恋人も精神的な支えですが、「結婚」というある意味面倒な手続きを乗り越えて一緒になった…という心強さは、結婚のメリットとも言えるかもしれません。
　「毎日が楽しくなった」、「自分の出来ない事をお互いが補える」など、これから結婚したいと思っている独身者からすれば本当にうらやましい話。<u>最近パートナーと衝突することが多いな…なんて思っている人</u>こそ、ランキングを見ながら結婚してよかったことについて考えれば、少しは相手に優しくできる…かもしれません。

結婚してよかったこと

♥	子どもができた
♥	精神的な支えができた
♥	親を安心させることができた
♥	毎日が楽しくなった
♥	自分の出来ない事をお互いが補える
♥	節約を心がけるようになった
♥	悩みを共有できるようになった
♥	つらい時もそばで見守ってくれる
♥	料理や家事がうまくなった
♥	違う価値観を知ることができる

33. 平成21年の出生率は平成20年と比べてどうなりましたか。
    A．少し減少した。
    B．少し増加した。
    C．まったく同じです。
    D．少しも変わっていない。

34. 「子どもを持つことを躊躇してしまう」理由は何ですか。
    A．子どもがほしくないから。
    B．生活の現状に不安だから。
    C．もっと二人だけの生活を楽しみたいから。
    D．子どもを持つことのメリットが分からないから。

35. 第2位、7位、8位から分かることは次のどれですか。
    A．結婚の手続きが面倒だ。
    B．結婚したら心強くなる。
    C．夫婦にはお互い精神的な支えが必要だ。
    D．結婚したら面倒なことを乗り越えられる。

36. 「最近パートナーと衝突することが多いな…なんて思っている人」とはどのような人を指していますか。
    A．結婚したくない人。
    B．すでに結婚している人。
    C．結婚したいと思っている人。
    D．これから結婚する予定のある人。

五、把下列句子翻译成汉语

37. なぜ方言はなくなりつつあるのか。

38. 彼はタクシーの運転手にしては道を知らない。

39. 値段はともかく実用性を先に考えている。

40. この規則は全ての場合に適用されるわけではない。

41. もし「仕事・恋・家族」の3つに順序をつけるとしたら、家族が一番、次が仕事、最後が恋かな。

う思っているのでしょうか。今回は「結婚してよかったこと」について調べました。

　1位は「子どもができた」。厚生労働省の発表によると平成21年の出生率は1.39で、わずかながら前年より上昇。しかし依然少子化傾向は続いており、昔に比べて子どもを持たない夫婦が増えてきています。不況によって収入が減ったり、将来への不安があったりすると、<u>子どもを持つことを躊躇してしまう</u>人も少なくないと思いますが、それでも、子どものいる幸せを感じる人はやはり多いと言えそうです。「この人と結婚したからわが子に会えたのだなぁ」と思うと、結婚してよかったと実感できるようです。

　続く2位は「精神的な支えができた」、7位は「悩みを共有できるようになった」、8位は「つらい時もそばで見守ってくれる」となっている。このようにしっかりと精神的に支えてくれるパートナーがいるという安心感は、結婚しないとなかなか実感できないものです。もちろん恋人も精神的な支えですが、「結婚」というある意味面倒な手続きを乗り越えて一緒になった…という心強さは、結婚のメリットとも言えるかもしれません。

　「毎日が楽しくなった」、「自分の出来ない事をお互いが補える」など、これから結婚したいと思っている独身者からすれば本当にうらやましい話。<u>最近パートナーと衝突することが多いな…なんて思っている人</u>こそ、ランキングを見ながら結婚してよかったことについて考えれば、少しは相手に優しくできる…かもしれません。

結婚してよかったこと

♥	子どもができた
♥	精神的な支えができた
♥	親を安心させることができた
♥	毎日が楽しくなった
♥	自分の出来ない事をお互いが補える
♥	節約を心がけるようになった
♥	悩みを共有できるようになった
♥	つらい時もそばで見守ってくれる
♥	料理や家事がうまくなった
♥♥	違う価値観を知ることができる

33. 平成21年の出生率は平成20年と比べてどうなりましたか。
    A. 少し減少した。
    B. 少し増加した。
    C. まったく同じです。
    D. 少しも変わっていない。

34. 「子どもを持つことを躊躇してしまう」理由は何ですか。
    A. 子どもがほしくないから。
    B. 生活の現状に不安だから。
    C. もっと二人だけの生活を楽しみたいから。
    D. 子どもを持つことのメリットが分からないから。

35. 第2位、7位、8位から分かることは次のどれですか。
    A. 結婚の手続きが面倒だ。
    B. 結婚したら心強くなる。
    C. 夫婦にはお互い精神的な支えが必要だ。
    D. 結婚したら面倒なことを乗り越えられる。

36. 「最近パートナーと衝突することが多いな…なんて思っている人」とはどのような人を指していますか。
    A. 結婚したくない人。
    B. すでに結婚している人。
    C. 結婚したいと思っている人。
    D. これから結婚する予定のある人。

五、把下列句子翻译成汉语

37. なぜ方言はなくなりつつあるのか。

38. 彼はタクシーの運転手にしては道を知らない。

39. 値段はともかく実用性を先に考えている。

40. この規則は全ての場合に適用されるわけではない。

41. もし「仕事・恋・家族」の3つに順序をつけるとしたら、家族が一番、次が仕事、最後が恋かな。

42. 過去にこだわりすぎると前向きに生活できない。

43. 東日本大震災のニュースを聞いて、日本に留学している娘のことが心配でならない。

六、把下列句子翻译成日语

44. 中国的女性工作家庭双肩挑，远比男性的压力大。

45. 我有很多知心朋友，每天都过得很充实。

46. 他为什么要自己提出辞职真让人不可思议！

47. 我们班虽说有男生，但也只不过占全班的5％。

48. 如果中了100万，你打算怎么花？

49. 那里放着用不完的便签。

50. 工资虽然不高，但那个工作对我来说很有意义。

漢字の学習

希望	願望	望む	絶望	失望	望遠鏡					
試験	受験	実験	体験	経験						
集合	都合	連合	会合	合格	合理	合流	組合	具合	合図	割合
内面	家内	内科	内戦	内線	内容	案内	身内			
横断	決断	診断	断水	断定	判断	油断	無断	断言	断る	
様式	模様	様子	王様	様々	ご苦労様					
開放	開会	開始	開通	展開	開催	開発	開拓	開幕式		
独身	独立	独特	孤独	単独	独自	独創	独り言			
活動	感動	行動	運動	動作	動詞	動機	動揺	自動車		
包装	包帯	小包	包容	包む						
学歴	経歴	履歴	歴史							

第13課

セラピーロボット

学习目标

- 掌握说明文的特点
- 能够概括说明文所说明的事物的特点
- 掌握退换货时的表达方式

句式

- Vてか／～からか／～ためか／～せいか＜推測原因＞
- Nにわたり／わたって＜跨度＞
- Nはおろか＜程度差异＞
- だからといって＜转折关系＞
- だからこそ＜强调原因＞
- なぜかというと／なぜかといえば～からだ＜因果关系＞
- Vては＜动作重复＞
- ～わけだ＜说明结果＞
- N向け＜对象＞
- ～とともに＜同时发生＞
- Nをする＜外观＞
- Vたところで＜转折＞

ユニット1　読解

セラピーロボット

　現代はストレスの時代だと呼ばれて久しい。それを反映してか、ここ10数年以上にわたりペット産業は一大ブームとなっている。ペットの生活環境も相当に改善され、ペットの食べ物の質はもとより、住環境も人間と同じ快適さが確保されつつある。ペットの美容院も病院も完備しており、健康管理もはるかによくなった。その結果——種類にもよるが——、10歳はおろか、20歳の長寿を数える犬・ネコたちも今や珍しくない。

　こうなると、ペットはもはやペットではなく、立派な家族の一員となっている。だからといって、いや、だからこそ、大きな不幸が訪れる。なぜかというと、家族とはいえ、ペットとなる動物の寿命は人間よりもはるかに短いからである。ある日突然に別れが訪れ、人はその悲しみに耐えきれない。鬱病や不眠や心身症など、様々な症状に悩むことがある。これが、「ペットロス症候群」である。ペットと人の関わりが深ければ深いほど、ペットを失った事実を受け入れられないのである。写真を眺めては涙にくれ、遺骨をペンダントに収めて常に持ち歩く。

　こうした背景には、ペットに深く癒されてきたという事実がある。つまり、番犬など役に立つ動物としてではなく、愛玩動物として、さらに家族としてともに暮らす中で、人が心を癒されてきたわけである。ペットという名称が「コンパニオン・アニマル」という名称に変わりつつあるのも頷けよう。

　このようにペットは「コンパニオン・アニマル」として注目されるようになったが、さらに最近では、小児病棟に入院する子どもたち

や、生きる希望を失った重病人や、介護老人ホームに住む高齢者向けの「セラピー・アニマル」、つまり「心の癒し」を与える存在としても注目されるようになってきた。国内の様々な医療機関でも、その研究が進み、今や学科を置く大学まで現れている。

　それとともに、「ペットロス」が新たな問題となってきた。すなわち、「セラピーアニマルロス」という問題である。動物に癒されても、それが大きければ大きいほど、失った衝撃は大きい。

　こうした問題に対し、科学の分野から新しい動きが出てきている。すなわち、「セラピーロボット」である。近年一番の人気は、赤ちゃんアザラシの形をした可愛いセラピーロボット「パロ」である。これは、日本産業技術総合研究所で作られた本格的なセラピーロボットで、2002年にギネスブックに「世界一の癒しロボット」として認定された。

　実は、最初にセラピーロボットとして開発されたのは、人間型、イヌ型、ネコ型ロボットであった。しかし、いずれも満足のいくようなものではなかった。なぜかといえば、いくら人間型ロボットの技術を改善したところで、人間のような柔らかい動きは実現できないからだ。また、イヌやネコのような身近な動物のロボットは、本物と比べて反応が違う、さわり心地が違うなど、本物との比較によって違和感が持たれ、厳しく評価される。そこで、身近な動物でないなら先入観も少なく、受け入れられやすいのではないかという発想から、アザラシ型ロボットに目を向けたのだという。

　先の「パロ」の体の中にはさまざまなセンサーが内蔵されており、圧力、熱、光、音声、姿勢を感知できる。背中をなでたり、抱きかかえたりすると、嬉しそうに鳴いたり動いたりして応えてくれるという。叩けば怒り、話しかけると、話し手の方に目を向けて返事をする。カメラのフラッシュを当てると、まばたきをして嫌がる。学習機能も備えており、約50語の単語を識別できる。繰り返し呼ばれる言葉

を「自分の名前」と認識して覚えることもできるのだそうだ。

　こうしたロボットには、そのセラピー効果に期待が集まっている。実際、家庭の中では、一人暮らしの寂しさを紛らわす話し相手になったり、ペットとして愛情を注ぐ対象になったりする。また、実際に触れ合うことによって、「ストレスの低減」「免疫力のアップ」「うつの改善」「血圧や脈も安定する」などの効果も期待できるという。何と言っても、ロボットは突然に別れを告げて、この世を去ることがないのである。

　「生あれば死あり」。これは自然の摂理であり、人間が生きる上での要諦でもある。しかし、心の癒しが必要な人々にとり、愛する者を失う悲しみから解放されることは、真の癒しとなることだろう。これからのセラピーロボットたちの活躍を見守りたい。

ユニット2　会話

返品交渉

会話機能——交渉

（久美がデパートの衣料品売り場でコートの返品をする）

店員：いらっしゃいませ。

（久美が品物を袋から取り出しながら言う）

久美：ちょっと、お願いがあるんですが。このコートは、きのう買ったのですが、サイズが合わないので返品したいのですが…

店員：レシートをお持ちですか。

久美：はい、あります。

（久美がレシートを店員に渡して、店員が確認する）

店員：これはセール品ですね。

久美：ええ、確か10％オフでした。

店員：申し訳ございませんが、セール品は通常返品ができないことになっておりまして☞①、…

久美：そうですか。実は、もうすぐおばの誕生日なのでプレゼントになるものを探していたところ、きのうこの店のバーゲンで手ごろなコートが見つかったので買ったんです。おばのサイズは11号だったと思い込んでいましたが、ゆうべ、電話でいろいろ話していて、13号だと分かったんです。それで、きょう朝一番に、急いで来たんです。なんとかしていただけないでしょうか☞②。

店員：そうですか。分かりました、このデザインの13号はございませんが、ほかのデザインでもよろしければ、そちらの方とお取り替えいたします☞③。

久美：ありがとうございます。お手数をおかけしますが、ちょっと見せていただけますか。

店員：はい、かしこまりました。こちらへどうぞ。

（店員が久美を案内して取替え可能なコートを探す）

第13課 セラピーロボット

★在交涉时一般需要说明原因、表示自己的愿望、提出请求、表示谢意。
★「～のですが」用来说明事情的缘由；「実は～」「～ので」表明具体原因；「～たいのですが」提出自身的要求；「～ていただけないでしょうか」表示恳求。

① 「ことになっておりまして」意为"我店的规定是……"
② 「なんとかしていただけないでしょうか」是非常客气的请求的表达方式。意思是"麻烦您帮我想想办法吧"。
③ 「そちらの方とお取り替えいたします」意为"可以调换其他款式。"「そちらの」指文中提到的「ほかのデザイン」。

単　語

ユニット1

セラピーロボット（therapy robot）⑤【名】医疗用机器人
セラピー（therapy）①【名】医疗，疗法
～てか　也许是由于……
～にわたり　表示时间空间范围、跨度大
ブーム（boom）①【名】热潮，流行
改善（かいぜん）⓪【名・他Ⅲ】改善
住環境（じゅうかんきょう）③【名】居住环境
快適（かいてき）⓪【名・形Ⅱ】舒适，舒服
～はおろか　别说是……（就连），不用说……
長寿（ちょうじゅ）①【名】长寿
今や（いまや）①【副】当今，当前
だからといって①　就算如此
だからこそ①　正因为如此
不幸（ふこう）②【名・形Ⅱ】不幸
なぜかというと　之所以如此
寿命（じゅみょう）⓪【名】寿命
身近（みぢか）⓪【名・形Ⅱ】身边，近处
動物（どうぶつ）⓪【名】动物
訪れる（おとずれる）④【他・自Ⅱ】到来，来

临；来访，访问
耐える（たえる）②【自Ⅱ】忍受，忍耐
鬱病（うつびょう）⓪【名】忧郁症，抑郁症
不眠（ふみん）⓪【名】失眠；不眠，不睡
心身症（しんしんしょう）⓪【名】身心疾病；因心理因素或精神紧张引起的疾病
ペットロス症候群（pet lossしょうこうぐん）⑧【名】宠物离世后遗症
症候群（しょうこうぐん）③【名】综合症，后遗症
～ては　反复（做某事）；如果
涙にくれる（なみだにくれる）①-⓪　沉浸在伤心落泪中，以泪洗面（度日）
くれる⓪【自Ⅱ】沉浸，陷入；踌躇，犹豫不决
遺骨（いこつ）⓪【名】遗骨
ペンダント（pendant）①【名】挂件，挂饰；吊灯
癒やす（いやす）②【他Ⅰ】治疗，医治，慰藉
番犬（ばんけん）⓪【名】看门狗
愛玩動物（あいがんどうぶつ）⑤【名】玩赏动物

～わけである　意味着……，是因为……
名称（めいしょう）⓪【名】名称
コンパニオン・アニマル（companion animal）
　　⑦【名】（强调精神层面的）伴侣动物
小児病棟（しょうにびょうとう）④【名】儿科病房
病棟（びょうとう）⓪【名】病房
重病人（じゅうびょうにん）⓪【名】重病患者
介護老人ホーム（かいごろうじんhome）⑧
　　【名】老年护理中心
介護（かいご）①【名・他Ⅲ】护理
老人（ろうじん）⓪【名】老人
-向け（-むけ）面向……的
～とともに　伴随着……
ペットロス（pet loss）④【名】失去宠物
セラピーアニマルロス（therapy animal
　　loss）⑨【名】针对失去宠物人群的治疗法，
　　医治"宠物离世后遗症"
衝撃（しょうげき）⓪【名・他Ⅲ】打击，冲击
分野（ぶんや）①【名】领域
アザラシ　②【名】海豹
～をする　长着……；呈……
パロ　①【名】（机器人名）帕罗
日本産業技術総合研究所（にほんさんぎょうぎ
　　じゅつそうごうけんきゅうじょ）②-⑤-⓪
　　【名】日本产业技术综合研究所
ギネスブック（Guinness Book）④【名】吉尼
　　斯大全，吉尼斯事典
癒し（いやし）⓪【名】治疗；慰藉；治愈
認定（にんてい）⓪【名・他Ⅲ】认定；承认
～たところで　即使……，就算是……
反応（はんのう）⓪【名・自Ⅲ】反应
さわり心地（さわりごこち）⓪【名】触感，触
　　摸的感觉
比較（ひかく）⓪【名・他Ⅲ】比较
違和感（いわかん）②【名】不协调，别扭
先入観（せんにゅうかん）③【名】成见，先入
　　为主的意见

センサー（sensor）①【名】感应器
内蔵（ないぞう）⓪【名・他Ⅲ】内部装有，内
　　部包藏，配置
圧力（あつりょく）②【名】压力
光（ひかり）③【名】光，光线，光束
音声（おんせい）①【名】音声，声音
感知（かんち）①【名・他Ⅲ】感知，察觉
なでる（撫でる）②【他Ⅱ】抚摸，轻抚
抱きかかえる（だきかかえる）⑤【他Ⅱ】抱
　　住，搂住
鳴く（なく）⓪【自Ⅰ】（动物）鸣叫
叩く（たたく）②【他Ⅰ】敲，扣击
フラッシュ（flash）②【名】闪光灯
まばたき（瞬き）②【名・自Ⅲ】眨眼
機能（きのう）①【名・自Ⅲ】机能，功能
備える（そなえる）③【他Ⅱ】具备，设置，备置
識別（しきべつ）⓪【名・他Ⅲ】识别
紛らわす（まぎらわす）④【他Ⅰ】排遣；蒙
　　混，掩饰
注ぐ（そそぐ）⓪【他Ⅰ】注入，倾注
触れ合う（ふれあう）③【自Ⅰ】互相接触
低減（ていげん）⓪【名・他Ⅲ】减少，减低
免疫力（めんえきりょく）④【名】免疫力
うつ（鬱）①【名・形Ⅱ・副】忧郁，郁闷
脈（みゃく）②【名】脉搏
安定（あんてい）⓪【名・形Ⅱ・自Ⅲ】安定，
　　平稳，稳定
告げる（つげる）⓪【他Ⅱ】宣告，告知
去る（さる）①【自Ⅰ】离开，离去；过去
生あれば死あり（せいあればしあり）①-①　有
　　生就有死
摂理（せつり）①【名・他Ⅲ】自然法则，天
　　命；支配，管理
要諦（ようてい）⓪【名】要谛，要义
解放（かいほう）⓪【名・他Ⅲ】解放，解脱
見守る（みまもる）⓪【他Ⅰ】关注，注视；照
　　料，关怀

ユニット2

返品（へんぴん）⓪【名・他Ⅲ】退货
サイズ（size）①【名】尺寸，大小
レシート（receipt）②【名】小票，收据
セール品（saleひん）⓪【名】特卖品，降价销售商品
-品（-ひん）……物品
オフ（off）①【名】减价
おば ⓪【名】阿姨，姑姑，姐姐，舅妈
手ごろ（手頃・てごろ）⓪【名・形Ⅱ】合适的，价格适中的
思い込む（おもいこむ）④【自Ⅰ】片面认为，深信，确信
それで ⓪【接】因此，因而
朝一番（あさいちばん）①-②【名】早晨最早，一大早
なんとかする ①-⓪ 想方设法
なんとか ①【副】想办法，设法
取り替える（とりかえる）⓪【他Ⅱ】更换；交换

第13課

 語彙の学習

1．訪れる

(1) 今まで京都を訪れたことがありますか。 (2) ここは有名な観光地ですから、毎年多くの観光客が訪れます。	（书面语）访问，走访
(3) 彼の待ち望んでいた日がついに訪れた。 (4) ここは日本でいちばん早く春が訪れる街です。	到来，来临

2．心地

(1) 当社はホッとできる心地いい部屋作りを目指しています。 (2) 赤ちゃんが心地よさそうに眠っている。	情绪，心情
(3) この靴は履き心地がいい。	感觉

3．叩く

(1) 彼のことを懐かしく思いながら、キーボードを叩いている。 (2) くじけそうになった時、友だちが肩を叩いて励ましてくれた。	敲，打，拍
(3) 子どもの時、よく父にお尻を叩かれたものだ。	殴打，打
(4) 今回の発言で、首相はまたマスコミに叩かれるだろう。	指责，攻击

4．当てる・充てる

(1) 壁にボールを当てるのをやめてください。	碰，撞
(2) 母親は子どもの額に手を当てて熱を計った。	触碰
(3) 布団は日に当ててよく干してください。	晒，淋

(4) 今週の歌のランキングを当ててみてください。	猜，猜測
(5) 余った時間を準備に充てようと思っている。	分配，指派
(6) 復習していない時に限ってよく先生に当てられた。	指名
(7) ボーナスを全部家のローンにあてた。	用于

5．備える

(1) 普段から地震に備えましょう。地震が起こった時は、あわてず、落ち着いて行動することが大切です。	准备，防备
(2) 控え室にはシャワーやトイレなどが備えられています。	设置，备置
(3) このパソコンは最新の機能を備えている。	具有，具备

6．注ぐ

(1) お湯を注ぐだけで、おいしいお茶を楽しめます。 (2) 秋の日差しが庭に注いでいる。	注入，倒入，照射
(3) 学生時代、趣味や部活動に思い切り情熱を注いだ。 (4) わが社は新商品の開発に力を注いでいる。	傾注，集中

7．思い込む

(1) てっきり無料だと思い込んでいた。 (2) あの人はいつも自分が正しいと思い込んで、人の意見に耳を傾けようとしない。	误以为，自认为，深信

単　語（語彙の学習）

待ち望む（まちのぞむ）⓪【他Ⅰ】盼望已久
カナダ（Canada）①【名】（国名）加拿大
バック ①【名】女士用手提包
履き心地（はきごこち）⓪【名】穿上（鞋）后的感觉
キーボード（keyboard）③【名】键盘
くじける（挫ける）③【自Ⅱ】受挫折，气馁，沮丧
お尻（おしり）⓪【名】屁股
マスコミ（mass communication的缩略说法）⓪
　　【名】大众媒体，新闻媒体；大众传媒

額（ひたい）⓪【名】额头
干す（ほす）①【他Ⅰ】弄干，晾干，晒干
ランキング（ranking）①⓪【名】排名，顺序
控え室（ひかえしつ）③②【名】等候室，休息室
日差し（ひざし）⓪【名】日光，光线
思い切り（おもいきり）⓪【名・副】尽情，充分，痛快
てっきり ③【名・副】必定，肯定
耳を傾ける（みみをかたむける）②-④ 侧耳倾听
傾ける（かたむける）④【他Ⅱ】倾注；使倾听

 文型の学習

1．Vてか／～からか／～ためか／～せいか＜推測原因＞

✎現代はストレスの時代だと呼ばれて久しい。それを反映してか、ここ10数年以上にわたりペット産業は一大ブームとなっている。

「か」接在动词「て」形的后面，或「からか」「ためか」「せいか」接在简体句子的后面，表示对原因、理由的推测，后项叙述作出该推测的事实依据。相当于汉语的"也许是（因为）……吧"。

（1）周りの目を気にしたからか、彼は小さな声で返事をした。
（2）出張に行った彼は、私のことを心配してか、毎日メールをくれた。
（3）帰りは疲れたためか、新幹線の中で寝てしまった。
（4）暑さのせいか、最近あまり元気が出ない。

2．Nにわたり／わたって＜跨度＞

✎…ここ10数年以上にわたりペット産業は一大ブームとなっている。

「にわたり／わたって」接在表示时间名词、处所名词、数量名词或抽象名词后面，表示范围、跨度或规模大。相当于汉语的"持续……"、"横跨……"。

（1）その問題をめぐって、理事会では数時間にわたり検討が行なわれた。
（2）今回の地震では、東北地方で広い地域にわたって停電した。
（3）今年度は、「日本近代文学」というテーマで、10回にわたって講座が開かれる。
（4）近年、両国間は様々な分野にわたって交流が盛んになってきている。

3．Nはおろか＜程度差异＞

✎…10歳はおろか、20歳の長寿を数える犬・ネコたちも今や珍しくない。

「はおろか」接在名词后面，用于举出程度较高或较低的事物，意为该事物自不用说，还有程度更低或更高的事物也符合谓语所述情况。后项多为「～も／さえ／すら／まで～ない」等否定表达形式，表达说话人吃惊、不满的语气。用于书面语。相当于汉语的"别说……了，连……"、"……自不用说，即使……也……"。

（1）父は、パソコンはおろか、携帯のメールさえ打てない。
（2）公園には、大人はおろか、子どもたちの姿もほとんど見られない。
（3）当時の私は、海外旅行はおろか、飛行機すら乗ったことがなかった。
（4）都会生活では、近所の住人の名前はおろか、顔さえ知らない。

4．だからといって＜转折关系＞

📝だからといって、いや、だからこそ、大きな不幸が訪れる。

「だからといって」用在两个句子之间，意为不能以前句所述事实为理由，就得出后句所述的结论。后项一般为否定的表达方式。相当于汉语的"虽然这么说，但是……"。

(1) 日本語は勉強すればするほど難しい。だからといって、途中であきらめてはいけない。
(2) 寂しくて誰かと話がしたくてたまらない。だからといって、誰でもいいわけではない。
(3) 暑さが厳しくなると、食欲が落ちてしまう。だからといって、朝食を抜くと、体や脳に、さまざまな影響を与えてしまう。
(4) 確かにお金を持っていればいろいろなことができる。しかし、だからといって、それでいいのかというと、僕は違うと思う。

5．だからこそ＜强调原因＞

📝だからといって、いや、だからこそ、大きな不幸が訪れる。

「だからこそ」用在表示因果关系的两个句子之间，用于对前句所述的原因、理由进行特别强调。相当于汉语的"正因为……所以……"。

(1) 夢を持って精一杯努力してきた。だからこそ、今がある。
(2) 人間は自然を前にして無力である。だからこそ、自然との共存が必要である。
(3) 人生はやり直すことができない。だからこそ、毎日を大切にすべきだ。
(4) あの時の失敗があったから、今の輝きがある。だからこそ、人生はすばらしい。

6．なぜかというと／なぜかといえば～からだ＜因果关系＞

📝なぜかというと、家族とはいえ、ペットとなる動物の寿命は人間よりもはるかに短いからである。

📝なぜかといえば、人間は自分の動作がよく分かるから、いくら人間型ロボットの技術を改善したところで、人間のような柔らかい動きは実現できないからだ。

「なぜかというと／なぜかといえば」与句末的「からだ」搭配使用，用于对前面提出的结果或结论进行解释，说明原因。相当于汉语的"为什么这么说，是因为……"、"之所以这么说，是因为……"。

(1) 僕はよく京都へ行く。なぜかというと、お寺が好きだからだ。
(2) 新卒は学歴が重要視される。なぜかというと、学歴以外での比較が難しいからだ。
(3) あの人は信頼を失っている。なぜかといえば、自分に都合の良いことばかり言っているからだ。
(4) 12月から2月ころまでは、めちゃくちゃ忙しい。なぜかというと、いろいろなところで忘年会や新年会があるからだ。

7．Vては＜动作重复＞

✏写真を眺めては涙にくれ、遺骨をペンダントに収めては常に持ち歩く。

动词的「ては」的形式，表示多次重复做该动作，或该现象反复发生。相当于汉语的"每（做）……，就……"、"（做）了……，（做）了……"。

(1) 姉は海外旅行に行っては、ブランド品を買ってくる。
(2) 妹は何か仕事をしたいと思い、求人情報を見ては電話をかけている。
(3) ここ数日、雨が降ってはやみ、降ってはやみの繰り返しだ。
(4) 3人で笑っては泣き、泣いては笑い、学生時代の思い出話をした。

8．～わけだ＜说明结果＞

✏…さらに家族としてともに暮らす中で、人が心を癒されてきたわけである。

「わけだ」接在动词、形容词连体形的后面，用于说明事情发展的必然结果，也表示对因果关系的认同。

(1) 体に悪いと思って、たばこをやめたわけだ。
(2) 何度もミスをしたから、上司に怒られたわけだ。
(3) 彼は明日から出張だから、パーティーに来られないわけだ。
(4) A：彼女は日本に5年ほど留学していたらしい。
　　B：なるほど、日本の事情に詳しいわけだ。

9．N向け＜対象＞

✏…生きる希望を失った重病人や、介護老人ホームに住む高齢者向けの「セラピー・アニマル」、つまり「心の癒し」を与える存在としても注目されるようになってきた。

「向け」接在表示人物、团体、组织等的名词后面，表达"面向……"、"适合于……"的意思。修饰名词时，用「N_1向けのN_2」的形式，修饰动词时用「N向けにV」的形式。

(1) 今週留学生向けの就職説明会がある。
(2) このお酒は女性向けに開発されたものだ。
(3) 彼は初心者向けの英語教室で英語を教えている。
(4) この商品は海外向けなので、表示も説明書も英語だ。

10. ～とともに＜同时发生＞

✎それとともに、「ペットロス」が新たな問題となってきた。

「とともに」接在表示动作、变化的名词或动词词典形后面（此处接在指示代词后面），意为一方发生变化，另一方也同时发生变化。相当于汉语的"……的同时"、"随着……"。

(1) 春が近づくとともに、気分も軽くなってきた。
(2) パソコンの普及とともに、情報化の時代を迎えた。
(3) 結婚に対する意識や価値観が変わるとともに、女性の社会的地位も変化した。
(4) 近年、生活が便利になるとともに、エネルギーが大量に消費され、地球温暖化も進んでいる。

11. Nをする＜外观＞

✎近年一番の人気は、赤ちゃんアザラシの形をした可愛いセラピーロボット「パロ」である。

「をする」前接表示颜色、形状、样态、容貌、表情等的名词，表示人或事物的外观。多以「Nをしている」或「N₁をしたN₂」的形式使用。

(1) 彼女は青い目をしている。
(2) うさぎは長い耳をしている。
(3) 彼は今にも泣き出しそうな顔をしている。
(4) この店では、赤い色をしたお酒がいちばん人気がある。

12. Vたところで＜转折＞

✎人間は自分の動作がよく分かるから、いくら人間型ロボットの技術を改善したところで、人間のような柔らかい動きは実現できないからだ。

「ところで」接在动词「た」形的后面，表示即使实施该动作，也得不到期待的结果。后项一般为说话人否定意义的判断或评价。多与「たとえ」「いくら」「どんなに」等搭配使用。相当于汉语的"即使……也……"。

（1）今さら勉強を始めたところで、もう手遅れだ。
（2）焦ったところで、どうにもならないよ。
（3）いくら説明したところで、分かってもらえないだろう。
（4）どんなに頑張ったところで、夢がかなわないこともある。

単　語（文型の学習）

理事会（りじかい）②⓪【名】理事会
当時（とうじ）①【名】当时
住人（じゅうにん）⓪【名】居民，住户
無力（むりょく）①【名・形Ⅱ】无力，没有能力
新卒（しんそつ）⓪【名】应届毕业生
重要視（じゅうようし）③【名・他Ⅲ】重视
めちゃめちゃ　⓪【名・形Ⅱ】乱七八糟，一塌糊涂
ブランド品（brandひん）⓪【名】名牌商品，高级商品
思い出話（おもいでばなし）⑤【名】回忆，过去的事
時差（じさ）①【名】时差
表示（ひょうじ）⓪【名・他Ⅲ】表示，显示
手遅れ（ておくれ）②【名】为时已晚
焦る（あせる）②【自Ⅰ】着急，焦急
かなう（叶う）②【自Ⅰ】愿望实现

 練 習

A．内容確認

1．犬や猫などのペットが長寿になったのはなぜですか。
2．ペット産業がブームになった理由は何ですか。
3．「ペットロス症候群」とはどういうことですか。
4．ペットが「コンパニオン・アニマル」として注目されている理由は何ですか。
5．ペットを飼っている家庭にとってペットはどんな存在ですか。
6．犬型や猫型の代わりにアザラシ型のセラピーロボットが開発された理由は何ですか。
7．「パロ」の体の中にあるセンサーの用途は何ですか。
8．「パロ」のようなセラピーロボットにはどんな効果が期待されていますか。
9．「パロ」のようなセラピーロボットについてどう思いますか。
10．筆者は「真の癒し」を何だと考えていますか。

B．語彙の練習

1．次の漢字の読み方を書いてください。

涙　常　質　形　熱　光　真　世　生　死　脈　約
身近　科学　技術　総合　研究　開発　学科　分野　認定
現代　時代　反映　数年　以上　産業　生活　相当　住環境
改善　完備　快適　立派　確保　健康　管理　結果　美容院
種類　番犬　愛玩　動物　長寿　不幸　寿命　突然　症候群
鬱病　不眠　名称　症状　写真　遺骨　事実　背景　心身症
注目　小児　病棟　入院　希望　重病　介護　老人　高齢者
存在　国内　医療　機関　冒頭　衝撃　近年　人気　人間型
満足　動作　実現　本物　反応　心地　比較　評価　違和感
返事　発想　内蔵　圧力　音声　姿勢　感知　背中　先入観
学習　機能　単語　識別　認識　効果　期待　実際　家庭
家族　愛情　対象　低減　安定　血圧　免疫力　一人暮らし
自然　摂理　要諦　必要　解放　活躍　通常　確認　衣料品
手数　品物　返品　交渉　案内　可能　百貨店　売り場　動き
別れ　関わり　新た　本格的　久しい　珍しい　悲しい　可愛い　嬉しい
厳しい　寂しい　柔らかい　進む　数える　訪れる　手渡す　取り替える
鳴く　動く　叩く　頷く　注ぐ　急ぐ　思い込む　触れ合う
済む　悩む　失う　癒す　怒る　去る　生きる　抱きかかえる
手渡す　与える　現れる　述べる　嫌がる　耐える　眺める　収める
応える　当てる　告げる　愛する　見守る　備える　紛らわす　繰り返す

2．□から適当な言葉を選んで、必要なら正しい形に変えて＿＿＿＿に書き入れてください。

(1) 触る　なでる　叩く　話しかける　抱きかかえる　眺める

　① 母親は心配そうに窓の外を＿＿＿＿＿いた。
　② みんなは歌のリズムに合わせて手を＿＿＿＿＿いる。
　③ 子どもを＿＿＿＿＿急いで病院に行った。
　④ 商品に＿＿＿＿＿ないでください。
　⑤ うちの猫は頭を＿＿＿＿＿＿＿れると、気持がよさそうです。
　⑥ 片思いの彼に＿＿＿＿＿られてうれしかった。

(2) 備える　応える　紛らわす　嫌がる　耐える　悩む　癒す

　① 彼は一人暮らしの寂しさを酒で＿＿＿＿＿いる。

② 彼は妻の病気のことで大いに_____いる。
③ 私はここの寒さには_____られない。
④ 将来に_____何か資格を取っておきたいと思います。
⑤ 部下が_____のは、叱られることではなく無視されることだ。
⑥ 新しいニーズに_____ために、日々研究開発に努めています。
⑦ 失恋や心の傷は、時間が_____くれるはずだ。

(3) ブーム　ロボット　ストレス　アップ
① この作業はもうちょっとスピード_____できないかなあ。
② スポーツをやって_____を解消します。
③ 中国語が静かな_____を呼んでいる。
④ 人間が嫌がる仕事を_____が代わりにする。

(4) はるか　もはや　今や　いずれも
① 今になって申し込みをしても_____手遅れだ。
② アニメは_____日本文化を担う存在となった。
③ ここの天気は予測したより_____悪かった。
④ 音楽、歌、絵、_____芸術と言えるでしょう。

C．文法の練習

1. ①は意味を考えて、②③は（　）の言葉を正しい順番に並べ替えて、文を完成させてください。

(1) Ｖてか
① この車はデザインを優先してか、乗り心地が悪い。
② （が・か・顔・緊張して・真っ赤）
　　_____になっている。
③ （に・直面してか・プレッシャー・大きな）
　　_____、鈴木さんは最近ストレスがたまっているようだ。

(2) Ｎにわたり／わたって
① 先週台風は広い地域にわたって大雨を降らせた。
② （3週間・明日・約・から・にわたって）
　　オリンピックは、_____開かれる。

③（海・広い範囲・汚染・にわたる・の・が）
＿＿＿＿＿＿＿＿＿＿＿＿＿＿＿＿＿＿＿＿＿＿問題になった。

(3) Nはおろか
① こんな成績では大学院への進学はおろか、卒業だって危ない。
②（手紙・おろか・電話・さえ・は）
結婚した息子は、＿＿＿＿＿＿＿＿＿＿＿＿＿＿＿＿かけてこない。
③（電話・水道・電気・ない・はおろか・も・も）
この島には、＿＿＿＿＿＿＿＿＿＿＿＿＿＿＿＿＿＿＿。

(4) だからといって
① 人づきあいが苦手だ。だからといって、人とつきあわないわけにはいかない。
②（卒業した・大学・無事に・有名な・を）
＿＿＿＿＿＿＿＿＿＿＿＿＿＿＿＿＿＿＿。だからといっていい就職ができるとは限らない。
③（は・今すぐ・つもり・辞める・ない）
忙しくて給料は少ない。だからといって、＿＿＿＿＿＿＿＿＿＿＿＿＿＿。

(5) だからこそ
① 仕事と育児の両立は確かに大変だ。だからこそ、充実感もある。
②（の・が・雰囲気・古い町・味わえる）
この町には高い建物がほとんどない。だからこそ、＿＿＿＿＿＿＿＿＿＿。
③（寝る・惜しんで・時間・勉強してきた・も）
彼は＿＿＿＿＿＿＿＿＿＿＿＿＿＿＿＿。だからこそ、合格できたんだよ。

(6) なぜかというと／なぜかといえば～からだ
① 寂しいです。なぜかといえば、友達もいないし、言葉も通じないからです。
②（なぜか・から・勉強・といえば・が・足りない）
成績が良くない。＿＿＿＿＿＿＿＿＿＿＿＿＿＿＿＿＿＿＿です。
③（彼女・忘れていた・誕生日・すっかり・から・の・を）
なぜ喧嘩したかというと、＿＿＿＿＿＿＿＿＿＿＿＿＿＿＿＿＿です。

(7) Vては
① 子どもの時、ヨーグルトを飲んではおなかをこわしていた。

② （かわいい・からかっては・女の子・喜んでいる・を）
　悪い男の子たちは、＿＿＿＿＿＿＿＿＿＿＿＿＿＿＿＿＿＿＿。
③ （猫・死んだ・写真・見ては・の・を）
　母は＿＿＿＿＿＿＿＿＿＿＿＿＿＿＿＿＿＿＿＿＿＿泣いていた。

(8) ～わけだ
　① 彼は子どもが４人もいるんですか。だからあんなに頑張って働いているわけだ。
　② （には・北京に・月曜日・戻れる・わけだ）
　　会議は２日で終わるから、＿＿＿＿＿＿＿＿＿＿＿＿＿＿＿。
　③ （売れる・よく・だから・わけだ）
　　これは安くて便利ですね。＿＿＿＿＿＿＿＿＿＿＿＿＿。

(9) N向け
　① これは外国人学生向けの教科書である。
　② （高校生・辞書・向け・の・よい）
　　これは＿＿＿＿＿＿＿＿＿＿＿＿＿＿＿＿＿＿＿だ。
　③ （の・子ども・料理番組・向け）
　　この＿＿＿＿＿＿＿＿＿＿＿＿＿＿＿＿＿＿は楽しい。

(10) ～とともに
　① 人口が増えるとともにいろいろな問題が起きた。
　② （春・暖かくなり・訪れる・が・とともに）
　　＿＿＿＿＿＿＿＿＿＿＿＿＿＿＿＿＿＿、美しい花が咲く。
　③ （円高・とともに・が・進む）
　　＿＿＿＿＿＿＿＿＿＿＿＿＿＿＿＿＿留学生の生活も苦しくなってきた。

(11) Nをする
　① アザラシって、かわいい目をしてるんだね。
　② （を・は・魚の形・あの雲・している）
　　＿＿＿＿＿＿＿＿＿＿＿＿＿＿＿＿＿＿＿。
　③ （した・女の子・かわいい髪型・は・妹・を）
　　あの＿＿＿＿＿＿＿＿＿＿＿＿＿＿＿＿＿＿＿＿＿＿です。

（12） Vたところで
　　① 約束の時間が1時間も過ぎているから、行ってみたところで誰もいないだろう。
　　② （ところで・意味が・議論した・ない）
　　　　いまさら_____でしょう。
　　③ （彼氏・説明した・は・いくら・ところで）
　　　　_____許してくれないと思う。

単　語（練習）

リズム（rhythm）①【名】节奏；律动
無視（むし）①【名・他Ⅲ】无视，忽视
ニーズ（needs）①【名】需要，需求
解消（かいしょう）⓪【名・他Ⅲ】消除，解消
予測（よそく）⓪【名・他Ⅲ】預測
芸術（げいじゅつ）⓪【名】艺术
水道（すいどう）⓪【名】自来水管道

D．応用練習
1．あなたにとって、一番ストレス解消になる癒やし法は何ですか。

「ストレス解消」・「癒やし」…こんな言葉を最近良く耳にします。
　ストレス社会だといわれる今日、私たちは毎日を仕事・勉強・人間関係など、多くのストレスに囲まれて生活しています。精神的なストレスに加え、生活環境などから肉体的にも負担のかかることが多くなってきました。ストレスを避けることができない時は、ストレスを解消して、心と身体を癒やしましょう。手近にできる癒やし法はたくさんあります。例えば、

○休養：休むことは、心身を癒やし、次への活力となります。
○入浴：血行促進・新陳代謝を促し、心身の緊張を和らげ、癒やします。
○運動：適度に身体を動かすことは、ストレスの解消となり、心身の健康に不可欠です。
○食事：バランスの取れた食事を楽しく食べることはストレスの解消になります。
○音楽：リラックス効果があります。歌うこともストレスの発散になります。

ストレスを解消して、心と体を癒やし、楽しく暮らしたいですね。

2．あなたは電気メーカーの営業マンです。あなたの会社では、今度世界で初の、夢のような携帯電話を発売することになりました。お客さんにその電話がどんな機能を持っているかを説明してください。

3．あなたは「21世紀のロボット開発研究所」の研究員です。あなたの研究所では、今、家庭用お手伝いロボットの開発をしています。これは人間の代わりにどんなことでもしてくれるロボットです。あなたならこのロボットにどんな機能をつけますか。

一、给下列划线的汉字选择一个正确的读音

1．寂しさを紛らわすために小説を読む。
　　A．はぎ　　　　B．ちぎ　　　　C．さわぎ　　　　D．まぎ

2．携帯は通信だけではなくＧＰＳなどの機能も備えている。
　　A．そび　　　　B．そな　　　　C．かな　　　　D．かま

3．最近の研究によれば、日本人の平均寿命はまだ伸びているそうだ。
　　A．じゅみょう　B．じゅうみょう　C．じゅめい　　D．じゅうめい

4．幸せなら手を叩こう。
　　A．たた　　　　B．な　　　　　C．うご　　　　D．うなず

5．政治や歴史関連といった話題より身近な話題が好きです。
　　A．みぢか　　　B．みじか　　　C．しんぢか　　　D．しんきん

6．新しい薬の効果が注目されている。
　　A．おうか　　　B．こうか　　　C．そうか　　　　D．とうか

二、给下列划线的假名词汇选择一个正确的汉字

7．どちらの言い方が相手にやわらかい印象を与えますか。
　　A．柔　　　　　B．柔ら　　　　C．和　　　　　D．和ら

8．相手のはんのうを見ながら話す内容を決める。
　　A．反映　　　　B．反響　　　　C．反応　　　　D．判応

9．夕べ、せなかが痛くて死にそうだった。
　　A．背中　　　　B．夜中　　　　C．世中　　　　D．腹中

71

10. 課長はかていの事情で退職をした。
    A．仮定　　　　B．過程　　　　C．課程　　　　D．家庭
11. 地方出身の私は、都会の生活にいわかんを感じる。
    A．違和観　　　B．違和感　　　C．異和感　　　D．遺和感
12. 面接ではきびしい質問をされた。
    A．厳　　　　　B．乏　　　　　C．悔　　　　　D．激
13. 私たちが泊まったホテルはとてもかいてきだった。
    A．適合　　　　B．快適　　　　C．快摘　　　　D．開適
14. 本当のことを教えていただけるとうれしいです。
    A．嬉　　　　　B．久　　　　　C．楽　　　　　D．詳
15. 生活様式は人の価値観や生活へのしせいを反映する。
    A．私性　　　　B．性質　　　　C．姿勢　　　　D．死生

三、给下列句子的划线处选择一个正确答案

16. 子どもの一生懸命な表情、真剣な＿＿＿＿に、親として涙が出ました。
    A．まばたき　　B．まなざし　　C．かたむき　　D．あしあと
17. 半年以上付き合った彼が、突然メールで別れを＿＿＿＿きた。
    A．訪れて　　　B．告げて　　　C．訪ねて　　　D．訴えて
18. 失恋の悲しみを＿＿＿＿のは新しい恋です。
    A．癒す　　　　B．治す　　　　C．治療する　　D．医療する
19. 周囲の期待に＿＿＿＿ように頑張っています。
    A．応える　　　B．加える　　　C．支える　　　D．注ぐ
20. 運命に文句を言って＿＿＿＿何にもならない。
    A．みたつもりで　　　　　　　B．みたからこそ
    C．みたところで　　　　　　　D．みたどころか
21. 妹は内気で、人の前でスピーチすることは＿＿＿＿挨拶もできない。
    A．かまわず　　B．ひきかえ　　C．おろか　　　D．とにかく
22. いくら働いたところで、こう物価が高くては生活は楽には＿＿＿＿だろう。
    A．なる　　　　B．なった　　　C．しない　　　D．ならない
23. 小さい時、兄にお菓子を＿＿＿＿よく泣いた。
    A．とられては　B．とっては　　C．とった　　　D．とるから
24. 彼は日本に来て5年になるのに、漢字はおろか＿＿＿＿。
    A．平仮名が書ける　　　　　　B．平仮名も書ける
    C．平仮名さえ書けない　　　　D．平仮名しか書けない

四、从A～D的选项中选择与例句意思相同的句子

25. 子どもの時、赤い血が流れるのを見てはよく大声で泣いた。
    A. 子どもの時、赤い血を見てはいけない。
    B. 子どもですから、赤い血を見るのは危ない。
    C. 子どもの時、赤い血を見るたびに泣いた。
    D. 子どもの時、赤い血を見て泣いたのは一回だけだった。

26. お金を貸してくれるのを頼むとしたら、彼しかいないだろう。
    A. いくら頼んでも彼はお金を貸してくれないだろう。
    B. 仮に頼むとしたら彼はお金を貸してくれるだろう。
    C. 無理に頼んだらお金を貸してくれないこともないだろう。
    D. 一回ではだめかもしれないが、三回頼んだらお金を貸してくれるだろう。

27. 彼女は怒っているのか、挨拶はおろか、私の方を見ようともしなかった。
    A. 彼女は怒った顔で挨拶してくれた。
    B. 彼女は私の方を見ないで挨拶をした。
    C. 彼女は私の方を見たけれど挨拶をしてくれなかった。
    D. 彼女は私の方を見ようともしないし、挨拶もしてくれなかった。

五、阅读下列文章，并回答文后单项选择题

> 人は誰でもいつか必ず死にます。しかし、「いつ死ぬか」は神様でない限り分かりません。明日かもしれないし、来年かもしれません。多くの人が「死ぬのが怖い」と思うのは、「その日」が一体いつ来るのかが全く分からないからです。では、もしあなたがあと何年生きられるかが分かったとしたら、どうでしょうか。あなたにとってそれは幸せなことですか、それとも不幸せなことですか。

28. 人々はなぜ死ぬのが怖いのですか。
    A. 神様ではないから。
    B. 明日死ぬのは怖いから。
    C. 誰が死ぬか分からないから。
    D. いつ死ぬか分からないから。

六、把下列句子翻译成汉语

29. いくら後悔したところで、どうにもならない。後の祭りだ。

30．彼はその後、老人ホームで暮らしていたが、時々、子どもがそこを訪ねた。

31．彼女を誘っても断られるから、あきらめるしかないよ。

32．海外に向けた食品の輸出は農業関連産業の柱の一つです。

33．来週、社員旅行があるとか。本当ですか。

34．ペットと人の関わりが深ければ深いほど、ペットを失った事実が受け入れられないのである。

35．実際、家庭の中では、一人暮らしの寂しさを紛らわす話し相手になったり、ペットとして愛情を注ぐ対象になったりする。

七、把下列句子翻译成日语

36．这样的成绩别说考学，就是毕业都危险。

37．有一天宠物会突然离你而去，人们大都忍受不了失去宠物的悲伤，出现忧郁、失眠、身心不佳等症状，这就是所谓的"宠物离世后遗症"。

38．只要你抚摸一下它的背部或抱一抱它，它就会有反应。有时高兴地叫一声或动一动。敲打它，它就会生气，跟它打招呼它就会把目光转向你以示交流。

39．说到底宠物机器人与猫、狗这样的动物宠物是不一样的。它不会突然离你而去也不会有"死亡"一说。

40．我想不管我怎么解释老师都不会原谅我的。

41．这个款式的服装是专为欧美人设计的。

第13課 セラピーロボット

漢字の学習

不満　満員　満足　満点　満月　円満　満ちる
関心　感心　苦心　決心　心身　心中　心臓　心配　心理　中心　安心　都心
用心　肝心　野心　心地　心得　心掛け　下心　真心
違反　相違　違法　違和感　勘違い　すれ違い　食い違い
出発　蒸発　発見　発車　発射　発想　発表　発達　発展　発育　発明　発音
発電　発売　爆発　開発　活発　再発　始発
批評　評価　評判　評論　不評　好評　書評
返事　返済　返還　返答　裏返し　若返り
感想　空想　思想　理想　想像　連想　予想　構想　愛想　発想
病院　病棟　病人　看病　病気　発病　臆病　病　病む
護衛　介護　保護　弁護　養護　看護士
気分　分野　区分　成分　水分　部分　分解　分数　分析　分担　分量　身分
改善　改札　改造　改革　改正　改修　改悪　改定　改訂　改良

第14課

長男のこと

学习目标

- 能够读懂记叙文
- 能够根据上下文正确理解词汇的含义
- 能够准确理解、体会作者的心情
- 能够提出简单的投诉

句式

- Vたものだ＜回想过去＞
- ～に違いない＜有把握的判断＞
- Vた拍子に＜起因性的动作＞
- ～に決まっている＜确信无疑的推测＞
- VかVないかのうちに＜同时进行＞
- Vないではいられない＜无法控制的行为＞
- Nもかまわず＜无视＞
- ～あげく（に）＜消极的结果＞
- Vっぱなし＜放置不理；状态持续/动作行为反复＞
- ～かのようだ＜印象＞
- ～ものだ＜客观真理；普遍事实＞

ユニット1　読解

長男のこと

　うちの長男トッくんは子どものころは女の子のようなやさしい顔立ちだったので、誰もが女の子だと勘違いした。実際はなかなかやんちゃで、大人をずいぶん手こずらせたものである。

　4、5歳のころ、トッくんは高い所から飛び降りるのが好きで、その上、いろんな高さを試してみたがった。いつしかピアノの上や和だんすの上くらいの高さなら平気で飛び降りるようになった。鳥にでもなった気分で飛び降りていたに違いない。トッくんの足はおじいちゃん似で、短足ながら丈夫そうであったから、あの程度の高さなら心配ないと、誰も気にとめなかった。しかし、ある日、和だんすの上から飛び降りた拍子に、下にあったプラスチックのゴミ箱にあごが当たり、幾針か縫うけがをしてしまった。トッくんは泣いたが、それほど痛くはなかったに決まっている。なぜなら、泣くのは赤い血が流れているのを見ている時だけだったからだ。目をそこからそらすと、涙はこぼれていなかった。血を見てアーンと泣き、よそを見て普通の顔にもどり、また血を見てアーンと泣いた。私は、今でもその時の様子を思い出すと、おかしくて笑いがこみ上げてくる。

　幼稚園へは、毎朝お迎えの先生が集合場所にやってきた。そこから幼稚園まで、きちんと列を作って先生と一緒に徒歩で登園するのがきまりであった。しかし、息子は朝のあいさつを済ますか済まさないかのうちに一人でどんどん駆け出さないではいられないようだ。皆より先に到着することに快感を覚える子になってしまった。足がムズムズするらしい。どんな制止もかまわず、それを振り切って行ってしまう。「道路から飛び出してはいけませんよ。」などと、何度となく言

い聞かせはしたものの、毎朝心配で、トッくんの後を追いかけるのが日課となった。そのうち、もっと困った事態になった。私の息子に習って走り出す子がふたりも現れた。トッくん、アッちゃん、ミッちゃん、この３人は、先生や保護者から暴走族と呼ばれた。先生が心配して、主犯格のトッくんの手首を握って一緒に歩いてくれた。ところがトッくんは、先生の手をガブリとやって、そのあげく、やっぱり走り出してしまった。親としては、頭の下げっぱなしであった。

　小学校にあがってからは、そうした暴走は少しずつおさまってきたが、行動を枠にはめられるのは苦手であった。トッくんの我慢と焦燥を物語るかのように、自分の鉛筆はどれも、頭の部分にガリガリと歯でかじった跡がついていた。

　高学年になるにつれて、こうしたことは次第におさまってきた。少年ソフトボールチームに入り、陸上部の選手にもなった。マラソン大会では、後方からごぼう抜きでトップに躍り出て、クラスの仲間や保護者から拍手喝采を浴びた。そうした長男のりりしい姿を、特に孫を目に入れても痛くないほどかわいがったおじいちゃんが、目を細めて眺めていたのを思い出す。

　長男は成人して、看護士となった。現在は結婚して、自分にそっくりな子どもを持ち、子育てに追われている。血はあらそえないものだ。彼の子どもも、なかなか大人をてこずらせるやんちゃ坊主である。

　本文是以一位母亲的口吻，回忆儿子童年趣事和成长过程的文章。为了使描写更加生动，使用了一些夸张的表达方式。例如：「暴走族、主犯格、焦燥」等，但这些表达方式又充满了母亲对儿子的爱。请大家仔细阅读，慢慢体会。

ユニット2　会話

業者からのおわび

会話機能——クレーム

（佐藤が宅配会社の問い合わせセンターへ未着の苦情電話をかける）

佐藤：きのうそちらの宅配便で荷物を送ったんだけれど、まだ届いていないって向こうから電話が来たんですが、どうなってますか☞①。

受付：申し訳ありません。伝票の番号を教えていただけますか。

佐藤：51の39です。

受付：横浜市中区の佐藤翼さまでのご依頼でございますね。

佐藤：そうです。

受付：宛先は長野県松本市の鈴木勉さまでございますね。

佐藤：はい。

受付：こちらの記録では、ご依頼の品物はきのう横浜の営業所から発送して、今、松本市の支店から配達しているところだと思います。

佐藤：配達の途中ということですね。

受付：はい。

佐藤：出すとき、翌日の午後と指定したのに、もうすぐ7時でしょう？

受付：ご迷惑をかけて、申し訳ございません。担当の営業所と連絡し、お電話でご連絡をさし上げるよう、申し伝えます。

佐藤：とにかく、早くしてくださいよ☞②。

受付：はい、かしこまりました。では、失礼いたします。

★投诉时一定要保持冷静，语言不宜过于激烈，但同时可以适当地表明自己的不满。

★应对投诉的得体的处理方式是：
1）确认情况。
2）主动地对情况进行说明，积极与客户沟通。
3）确认己方有过失时，要坦率地承认，表示歉意。
4）积极地采取补救措施，表示设法进行解决的诚意。

第14課

①「どうなってますか」是投诉时要求对方解释原因的表达方式，既不过于强硬，又有一定的威慑力。意思是"到底怎么回事啊？"。
②「とにかく、～てくださいよ」是最后提出自己要求的表达方式。意思是"总之，请……"。

単　語

ユニット１

長男（ちょうなん）①③【名】长子，大儿子
顔立ち（かおだち）⓪【名】脸庞，长相，眉眼
誰もが（だれもが）①【名】谁都，任何人都
勘違い（かんちがい）③【名・他Ⅲ】误会，判断错误
やんちゃ⓪【名・形Ⅱ】调皮，不听管束
手こずる（てこずる）③【自Ⅰ】棘手，难对付
～たものだ　曾经……
飛び降りる（とびおりる）④【自Ⅱ】跳下
いろんな⓪【連体】各种各样的
試す（ためす）②【他Ⅰ】尝试，试验
いつしか①【副】不知不觉
和だんす（わだんす）②【名】日式衣柜
平気（へいき）⓪【名・形Ⅱ】冷静，镇静；无动于衷；不介意
～に違いない（～にちがいない）一定……
おじいちゃん似（おじいちゃんに）⓪【名】像爷爷，遗传爷爷的特点
短足（たんそく）⓪【名】腿短
気にとめる（きにとめる）⓪　理会，留心
ある①【連体】某……，有一个……
～拍子に（～ひょうしに）③　当……的时候
あご（顎）②【名】下巴
幾針（いくはり）①【名】（好）几针
縫う（ぬう）①【他Ⅰ】缝；缝补
～に決まっている（～にきまっている）一定是……，肯定……
そらす（逸らす）②【他Ⅰ】移开；遗失，错过
こぼれる（零れる）③【自Ⅱ】洒，洒落，溢出
アーン（と）①【副】（小孩子哭泣）哇哇
よそ①【名】其他地方，别处
こみ上げる（込み上げる・こみあげる）④⓪
　【自Ⅱ】涌现，油然而生；往上涌
集合場所（しゅうごうばしょ）⑤【名】集合地点
集合（しゅうごう）⓪【名・自他Ⅲ】集合
やってくる④【自Ⅲ】来，到来
列（れつ）①【名】队列
徒歩（とほ）①【名】徒步，走路，步行
登園（とうえん）⓪【名・自Ⅲ】上幼儿园
きまり⓪【名】决定，规定；结束，了结
済ます（すます）②【他Ⅰ】弄完，使……结束；还清（欠债）
～か～ないかのうちに　刚……，还没……时
駆け出す（かけだす）③⓪【自Ⅰ】跑出去；开始跑
～ないではいられない　不做……不行，忍不住做……
快感（かいかん）⓪【名】快感，舒服
ムズムズ①【副・自Ⅲ】跃跃欲试；痒痒
制止（せいし）⓪【名・他Ⅲ】制止
～もかまわず　不顾……，……也无所谓

第14課　長男のこと

振り切る（ふりきる）③【他Ⅰ】甩开，挣脱；断然拒绝
何度となく（なんどとなく）①−①【副】多次，好几次
言い聞かせる（いいきかせる）⑤【他Ⅱ】说给……听，劝说
追いかける（おいかける）④【他Ⅱ】追赶，追上
日課（にっか）⓪【名】每日必做的事情
そのうち⓪【副】不久之后，那以后
走り出す（はしりだす）④【自Ⅰ】开始跑；跑出去
保護者（ほごしゃ）②【名】家长，监护人
暴走族（ぼうそうぞく）③【名】暴走族，超速驾驶者
主犯格（しゅはんかく）②【名】主犯
手首（てくび）①【名】手腕
握る（にぎる）⓪【他Ⅰ】握住，抓住
ガブリ（と）②【副】一口咬住
～あげく　……的结果
-っぱなし　一味地……
あがる（上がる）⓪【自Ⅰ】升学，上学；长进，变好；上升
暴走（ぼうそう）⓪【名・自Ⅲ】超速驾驶
少しずつ（すこしずつ）④【名】一点一点
枠（わく）②【名】框架；规则；边框
はめる（嵌める）⓪【他Ⅱ】镶嵌；嵌入
焦燥（しょうそう）⓪【名・自Ⅲ】焦躁，着急
物語る（ものがたる）④【他Ⅰ】讲述；说明
～かのように　就像是……
ガリガリ①⓪【副・形Ⅱ】咬、嚼东西的声音；骨瘦如柴
かじる（齧る）②【他Ⅰ】咬，啃；一知半解
高学年（こうがくねん）④③【名】高年级
次第に（しだいに）⓪【副】慢慢，逐渐
ソフトボール（soft ball）④【名】垒球
陸上部（りくじょうぶ）③【名】田径队
マラソン大会（marathonたいかい）⑤【名】马拉松比赛，长跑比赛
マラソン（marathon）⓪【名】马拉松
後方（こうほう）⓪【名】后方，后面
ごぼう抜き（牛蒡抜き・ごぼうぬき）⓪【名】一个个地超过；一下子抜出
躍り出る（おどりでる）④【自Ⅱ】跃进到，跳到
拍手（はくしゅ）①【名・自Ⅲ】鼓掌，拍手
喝采（かっさい）⓪【名・自Ⅲ】喝彩，叫好
りりしい③【形Ⅰ】威风凛凛，威严可敬
目に入れても痛くない（めにいれてもいたくない）①−③−②　十分疼爱
かわいがる（可愛がる）④【他Ⅰ】喜爱，疼爱
細める（ほそめる）③【他Ⅱ】弄细，使……变细
成人（せいじん）⓪【名・自Ⅲ】成人，满20岁；大人
血はあらそえない（ちはあらそえない）⓪−④　一脉相传
～ものだ　表示客观真理
あらそう（争う）③【自Ⅰ】争夺；奋斗，斗争
やんちゃ坊主（やんちゃぼうず）④【名】调皮的男孩子
坊主（ぼうず）①【名】男孩子；僧人，和尚

ユニット2

クレーム（claim）②⓪【名】投诉
宅配便（たくはいびん）⓪【名】快递
伝票（でんぴょう）⓪【名】单据，记账单
中区（なかく）②【名】（地名）中区
宛先（あてさき）⓪【名】收信人，收货人
長野県（ながのけん）③【名】（地名）长野县
松本市（まつもとし）④【名】（地名）松本市
鈴木勉（すずきつとむ）⓪-⓪【名】（人名）

鈴木勉

記録（きろく）⓪【名・他Ⅲ】记录

営業所（えいぎょうしょ）⓪【名】営業所，营业点

発送（はっそう）⓪【名・他Ⅲ】发送，寄送

支店（してん）⓪【名】支店，分店

翌日（よくじつ）⓪【名】第二天

指定（してい）⓪【名・他Ⅲ】指定

後ほど（のちほど）⓪【副】随后，过后

配送状況（はいそうじょうきょう）⑤【名】发货情况

配送（はいそう）⓪【名・他Ⅲ】发送，配送

 語彙の学習

1．平気

(1) あの人はどんな時でも平気でいられる。	冷静，镇静
(2) 食べられるものを、平気で捨てる人がいる。 (3) 誤解されても平気だ。	不在乎，不介意
(4) 若い時は、ワインを一本飲んでも平気だった。	没问题，没关系

2．こぼれる

(1) 缶が倒れてビールがこぼれてしまった。	洒，溢出
(2) 彼の言葉を聞いて思わず涙がこぼれた。 (3) 会場から笑いがこぼれ、拍手が起こった。	（感情等）流露

3．こみ上げる

(1) あの音楽を聴くと、懐かしさがこみ上げてくる。 (2) 娘の姿を見て熱い気持ちになり、涙がこみ上げてきた。	涌起（感情），涌现

4．物語る

(1) 恵子さんは涙ながらにその夜の事件を物語った。	讲述
(2) 万里の長城は中国の悠久の歴史を物語っている。 (3) 父の手は、その努力と苦労を物語っている。	说明，表示

5．跡

(1) 人が歩いた跡がある。 (2) フローリングの床に家具の跡や傷を残さないようにする。	痕迹，印迹
(3) 伊豆を旅して、川端康成が辿った跡を訪ねた。	足迹，踪迹
(4) 父の跡を継いでラーメン屋になったのは10年前のことだ。	家业

6．次第に

（1）知らない土地での生活にも次第に慣れて充実した毎日を送っています。 （2）万里の長城が見えてくると、車内は次第にテンションが上がってきた。	逐渐，慢慢地

7．眺める

（1）大切な人と夜景を眺めながら素敵な時間を過ごしたい。	眺望
（2）母親は赤ちゃんがかわいくて、一日中眺めていても飽きない。	凝视，注视
（3）祖母はいつもここに座って、ぼんやりと外を眺めていた。	心不在焉地看

単　語（語彙の学習）

恵子（けいこ）① 【名】（人名）惠子
涙ながら（なみだながら）④ 边流泪边……
悠久（ゆうきゅう）⓪ 【名・形Ⅱ】悠久
フローリング（flooring）⓪ 【名】木地板
床（ゆか）⓪ 【名】地板
家具（かぐ）① 【名】家具
傷（きず）⓪ 【名】伤痕，划痕，瑕疵；伤口
辿る（たどる）② 【他Ⅰ】寻找，追寻；摸索

着走
継ぐ（つぐ）⓪ 【他Ⅰ】继承，接替；添加，续上；缝补
車内（しゃない）① 【名】车内，车厢内
テンション（tension）① 【名】紧张，不安；张力
ぼんやり ③ 【副・自Ⅲ】发呆，愣神儿；无所事事，无精打采；模糊，不清楚

文型の学習

1．Vたものだ＜回想过去＞

✐実際はなかなかやんちゃで、大人をずいぶん手こずらせたものである。

「ものだ」接在动词的「た」形后面，表示回想过去的事情，该事情通常为过去经常发生的习惯性事情或者过去曾经存在的事情。相当于汉语的"常常……"、"经常……"、"曾经……"等。

（1）大学受験の前は、よく徹夜して勉強したものだ。

(2) 小学生の時、毎週の金曜日によく友達と一緒にドラえもんを見たものだ。
(3) 子どものころ、週末になると、父とよく山登りしたものだ。
(4) 高校時代は、ラジオで英語のニュースをたくさん聞いたものだ。

2．～に違いない＜有把握的判断＞

✎鳥にでもなった気分で飛び降りていたに違いない。

「に違いない」接在名词、Ⅱ类形容词词干或简体句子后面，表示说话人基于某种根据、非常有把握的判断。「～に違いない」不仅用于结句，也可后接名词作定语，如例（4）。相当于汉语的"肯定……"、"一定……"等。

(1) ここはおそらく神戸でも一流のレストランに違いない。
(2) ここから頂上までの道は、今までよりもさらに険しいに違いない。
(3) このまま不景気が続けば、失業者はさらに増加するに違いない。
(4) 昔、賑やかだったに違いないこの町の様子を勝手に想像してみた。

3．Ｖた拍子に＜起因性的动作＞

✎しかし、ある日、和だんすの上から飛び降りた拍子に、下にあったプラスティックのゴミ箱にあごが当たり、幾針か縫うけがをしてしまった。

「拍子に」接在动词的「た」形后面（有时也接在词典形后面），表示由于该动作的发生而招致意外的结果。相当于汉语的"一……就……"等。

(1) 大声で笑った拍子に、顎が外れた。
(2) 立ち上がった拍子に、足に載せていたコートが落ちた。
(3) キーを押した拍子に、画面に表示されていた字幕が消えてしまった。
(4) 彼女は子どもを抱き上げた拍子に腰を痛めた。

4．～に決まっている＜确信无疑的推测＞

✎トッくんは泣いたが、それほど痛くはなかったに決まっている。

「に決まっている」接在名词、Ⅱ类形容词词干或简体句子后面，表示说话人确信无疑的推测，语气十分强烈。相当于汉语的"肯定……"、"一定……"等。

(1) いろいろと説明しているが、嘘に決まっている。
(2) 春になればツバメたちがまた家に戻ってくるに決まっている。

（3）あいつは失敗するに決まっている。
（4）テレビを壊しちゃった。お母さんに怒られるに決まっている。

5．VかVないかのうちに＜同时进行＞

📖 しかし、息子は朝のあいさつを済ますか済まさないかのうちに一人でどんどん駆け出さないではいられないようだ。

「～か～ないかのうちに」中的「か」接在动词的词典形后面（有时也接在「た」形后面），「かのうちに」接在"同一动词＋ない"的后面，Ⅲ类动词「～する」则省略词干直接接「しない」），表示前项的完成与后项的发生几乎同时进行，后项不能为表达说话人意志、命令等的形式。相当于汉语的"刚一……就……"等。

（1）ベッドに横になるかならないかのうちに、眠ってしまった。
（2）部屋を片付けるか片付けないかのうちに、子どもがまた散らかした。
（3）「乾杯！」の言葉が終わるか終わらないかのうちに、飲みほしてしまった。
（4）ゴールインするかしないかのうちに、転んでしまった。

6．Vないではいられない＜无法控制的行为＞

📖 しかし、息子は朝のあいさつを済ますか済まさないかのうちに一人でどんどん駆け出さないではいられないようだ。

「ではいられない」接在"Vない"后面，表示不受动作主体的意志控制，自然而然地，不由自主地进行该动作，书面语为「～ずにはいられない」。相当于汉语的"不由得……"等。

（1）あまりにも面白いストーリーなので、笑わないではいられなかった。
（2）記念写真を見ると、あの時のことを思い出さないではいられない。
（3）ハッピーエンドかどうかを知りたくて、物語を最後まで読まないではいられない。
（4）人の噂をしないではいられない人がいる。

7．Nもかまわず＜无视＞

📖 どんな制止もかまわず、それを振り切って行ってしまう。

「もかまわず」接在名词或"动词连体形＋の"的后面，表示动作主体（一般为第三人称）对该事物或现象的存在熟视无睹或毫不介意。多带有贬义。相当于汉语的"不管……"、"不顾……"。

（1）恋に落ちたあの二人は、場所もかまわずいちゃいちゃしている。

(2) 人目**もかまわず**、彼女は大声を出して泣いていた。
(3) 雨で濡れるの**もかまわず**、子どもたちは庭ではしゃいでいる。
(4) 料理が冷めるの**もかまわず**、2人は話に夢中になっていた。

8．～あげく（に）＜消极的结果＞

*ところがトッくんは、先生の手をガブリとやって、その**あげく**、やっぱり走り出してしまった。*

　　「あげく（に）」接在"名词＋の"或动词的「た」形后面，表示动作的结果，该结果通常为消极的结果。「～あげくに」为书面语，「に」可省略。有时也如课文中所示，以「そのあげく」的形式连接两个句子。相当于汉语的"……的结果，最后……"等。
(1) 長年の苦労の**あげく**、母はとうとう倒れてしまった。
(2) 色々と悩んだ**あげくに**、せっかくのチャンスを逃してしまった。
(3) 東京駅で迷いに迷った**あげく**、逆方向の電車に乗ってしまった。
(4) さんざん待たされた**あげく**、とうとう顔も見せてくれなかった。
(5) 長い間交渉した**あげく**、結局、話はまとまらなかった。

9．Vっぱなし＜放置不理；状态持续/动作行为反复出现＞

*親としては、頭の**下げっぱなし**であった。*

　　「っぱなし」接在动词的第一连用形后面，表示①进行完该动词所表达的动作之后本应进行另一相关动作，但对此却置之不理，放置不管，如例（1）（2）；②某个状态一直持续或者某个情况反复出现，如例（3）～（5），相当于汉语的"一直……"、"总是……"等。课文中的例句属于第②种用法。
(1) **脱ぎっぱなし**のパジャマを母が畳んでくれた。
(2) 家に**置きっぱなし**にしてある粗大ゴミは、早く処分した方がいい。
(3) 彼は診察室で一日中**坐りっぱなし**であった。
(4) 山田さんにはお世話に**なりっぱなし**で、とても感謝しています。
(5) 最近の試合で**負けっぱなし**の彼は、相当落ち込んでいる。

10．～かのようだ＜印象＞

*トッくんの我慢と焦燥を**物語るかのように**、自分の鉛筆はどれも、頭の部分にガリガリと歯でかじった跡がついていた。*

　　「かのようだ」接在简体句后面，表示从外表上观察所得到的印象，而此印象

往往与事实并不相符，多用于比喻。相当于汉语的"仿佛……"、"似乎……"、"好像……"等。

(1) 指がまるで自分のものではないかのように、動かなくなった。
(2) 彼はそれが自分とは全く無関係であるかのように、平気な顔をしていた。
(3) 前を行く人は、誰かに追いかけられているかのように、必死に走っていた。
(4) 何でも自分が正しいかのような話し方は好ましくない。
(5) 彼女は最近、急に痩せた。何か重い病気にでもかかっているかのようだ。

11. ～ものだ＜客观真理；普遍事实＞

🖉血はあらそえないものだ。

「ものだ」接在动词的基本形、"Vない"、形容词的非「た」形连体形后面，表示事物的本质、真理、客观规律等。

(1) 季節は自然と移り変わるものだ。
(2) 大地震は突然人間に被害をもたらすものだ。
(3) 水は本来低いところに流れるものだ。
(4) 外国語を母語のように身につけるのは難しいものだ。

単　語（文型の学習）

ドラえもん（どらえもん）⓪【名】多啦A梦，机器猫
おそらく（恐らく）②【副】恐怕，保不准
神戸（こうべ）①【名】（地名）神户
険しい（けわしい）③【形Ⅰ】艰险，崎岖
失業者（しつぎょうしゃ）③【名】失业者，失业人员
失業（しつぎょう）⓪【名・自Ⅲ】失业
大声（おおごえ）③【名】大声
外れる（はずれる）⓪【自Ⅱ】脱落，掉下；偏离；落空，不准
載せる（のせる）⓪【他Ⅱ】放置；装载；刊登
画面（がめん）①⓪【名】画面；荧光屏

抱き上げる（だきあげる）④【他Ⅱ】抱起
ツバメ（燕）⓪【名】燕子
散らかす（ちらかす）⓪【他Ⅰ】乱扔，使凌乱，弄得乱七八糟
飲みほす（飲み干す・のみほす）③⓪【他Ⅰ】喝干，一饮而尽
ゴールイン（和製英語goal in）③【名・自Ⅲ】到达终点；达到目的；有情人终成眷属
ストーリー（story）②【名】故事，情节
ハッピーエンド（和製英語happy end）⑤【名】欢喜结局
いちゃいちゃ①【副・自Ⅲ】调情，男女嬉戏打闹

人目（ひとめ）⓪【名】旁人眼目，旁人看法
はしゃぐ⓪【自Ⅰ】欢闹，玩闹；干燥
逃す（のがす）②【他Ⅰ】放过，放跑
逆方向（ぎゃくほうこう）③【名】反方向
逆（ぎゃく）⓪【名・形Ⅱ】相反
さんざん⓪③【形Ⅱ・副】悲惨，狼狈；（指程度甚）狠狠地
結局（けっきょく）⓪【名・副】最终，结果
とうとう①【副】终于，最终
処分（しょぶん）①【名・他Ⅲ】处理，处置，扔掉；处分
診察室（しんさつしつ）④【名】诊室
無関係（むかんけい）②【名・形Ⅱ】无关
必死（ひっし）⓪【名・形Ⅱ】拼命，拼死
移り変わる（うつりかわる）⑤【自Ⅰ】变迁，变化，推移

A．内容確認

1．「誰もが女の子だと勘違いした」のはなぜですか。
2．「あの程度の高さなら心配ない」と思ったのは誰ですか。また、なぜそう思うのですか。
3．「おかしくて笑いがこみ上げてくる」とありますが、それはなぜですか。
4．「我慢と焦燥を物語るかのような」というのは、具体的にどんな行動ですか。
5．この文章全体から筆者の息子さんに対するどんな気持ちが読み取れますか。

B．語彙の練習

1．次の漢字の読み方を書いてください。

長男	坊主	少年	成人	選手	仲間	高学年	看護士	保護者
短足	行動	道路	手首	日課	幼稚園	暴走族	主犯格	顔立ち
拍子	気分	後方	陸上	現在	鉛筆	子育て	和だんす	
姿	孫	血	涙	歯	跡	枠	快感	宅配便
荷物	品物	伝票	宛先	支店	翌日	途中	営業所	後ほど
状況	事態	徒歩	登園	集合	到着	我慢	拍手	喝采
依頼	記録	発送	配達	指定	担当	配送	平気	勘違い
苦手	焦燥	次第	制止	縫う	済ます	流れる	覚える	握る
試す	追う	届く	現れる	物語る	走り出す	駆け出す	振り切る	
細める	浴びる	眺める	思い出す	追いかける	躍り出る	飛び降りる		

2．□から適当な言葉を選んで、必要なら正しい形に変えて＿＿＿に書き入れてください。

(1) |次第に　りりしい　平気　きちんと|
　①坂本竜馬の＿＿＿＿姿に見ほれた。
　②悪い誘いは＿＿＿＿断る勇気を持つことも大切だ。
　③理由を聞いているうちに＿＿＿＿怒りが収まってきた。
　④自分は正しいという自信があるから、誤解されても＿＿＿＿だ。

(2) |試みる　そらす　こぼす　こみ上げる|
　①うっかりして、ジュースを＿＿＿＿しまって、先輩に怒られた。
　②10年ぶりに先生のお話を聞いて、懐かしさが＿＿＿＿きた。
　③イメージチェンジを＿＿＿＿が、失敗だったみたいだ。
　④李さんはそれ以上話をしたくないらしく、話題を＿＿＿＿。

(3) |はめる　かじる　物語る　握る|
　①母はりんごを＿＿＿＿ながらテレビを見ている。
　②我が家の財布は妻が＿＿＿＿いる。
　③手袋を＿＿＿＿まま握手をするのは失礼だ。
　④遠くから流されてきた家が被害の大きさを＿＿＿＿いる。

(4) |下げる　とめる　入れる　あらそう　手こずらせる|
　①孫は目に＿＿＿＿ても痛くないほどかわいい。
　②あの子は声からものの食べ方まで父親にそっくりで、やっぱり血は＿＿＿＿ないものだ。
　③あいつに頭を＿＿＿＿助けを求める気にはなれない。
　④あの時、誰にも気に＿＿＿＿もらえず、寂しかった。
　⑤息子はなかなか泣き止まず、医者を＿＿＿＿。

C．文法の練習

1．①は意味を考えて、②③は（　）の言葉を正しい順番に並べ替えて、文を完成させてください。
(1) Vたものだ
　①田舎で暮らしていた時、夏休みによく海岸で遊んだものだ。

② （夏・海・へ・には・行った・よく）
東京に引越した後、＿＿＿＿＿＿＿＿＿＿＿＿＿＿＿＿＿ものだ。
③ （日記・学生・頃・英語・つけた・で・の・を）
ぼくは＿＿＿＿＿＿＿＿＿＿＿＿＿＿＿＿＿＿＿＿＿ものだ。

(2) ～に違いない
① あの時、彼のプロポーズを素直に受け入れていれば今は幸せだったに違いない。
② （実力・合格する・あの人・なら・の・に違いない）
＿＿＿＿＿＿＿＿＿＿＿＿＿＿＿＿＿＿＿＿＿＿＿。
③ （今日も・乗り遅れた・電車に・また・に違いない）
彼は＿＿＿＿＿＿＿＿＿＿＿＿＿＿＿＿＿＿＿＿＿。

(3) Vた拍子に
① 走ってきた自転車をよけた拍子に捻挫してしまった。
② （が・お皿・ぶつかった・しまった・拍子に・割れて）
＿＿＿＿＿＿＿＿＿＿＿、＿＿＿＿＿＿＿＿＿＿＿。
③ （が・小さな猫・ドアを開けた・拍子に・飛び込んで）
＿＿＿＿＿＿＿＿＿＿＿、＿＿＿＿＿＿＿＿＿＿＿きた。

(4) ～に決まっている
① ぜんぜん勉強しなかったので、試験は不合格になるに決まっている。
② （に・に・なんて・親・結婚・反対される・決まっている）
まだ学生だから、＿＿＿＿＿＿＿＿＿＿＿＿＿＿＿＿。
③ （に・を・おいしい・いい材料・決まっている・使っている）
＿＿＿＿＿＿＿＿＿＿から、＿＿＿＿＿＿＿＿＿＿＿。

(5) VかVないかのうちに
① 父は横になったかならないかのうちに、いびきをかき始めた。
② （の・が・試合・終わらないか・終わるか・うちに）
＿＿＿＿＿＿＿＿＿＿＿＿＿＿＿、雨が降り出した。
③ （に・のうちに・現地・着くか・着かないか）
初めての海外旅行で、＿＿＿＿＿＿＿＿＿＿財布を盗まれてしまった。

(6) Vないではいられない
　①　元彼にそっくりだったので、話しかけないではいられなかった。
　②　(では・笑わない・いられなかった)
　　　おかしくて、＿＿＿＿＿＿＿＿＿＿＿＿＿＿＿＿＿＿＿＿＿＿＿＿＿＿。
　③　(しない・感動・ではいられない)
　　　決して夢をあきらめない彼の生き方を見ていると、＿＿＿＿＿＿＿＿＿＿。

(7) Nもかまわず
　①　人の迷惑もかまわず、電車の中で携帯電話で話している人がいる。
　②　(も・女性・人目・化粧を・かまわず・している)
　　　電車の中で、＿＿＿＿＿＿＿＿＿＿＿＿＿＿＿をよく見かける。
　③　(が・に・ズボン・泥・はねる・のもかまわず)
　　　＿＿＿＿＿＿＿＿＿＿＿＿＿＿＿＿＿＿＿＿走り続けた。

(8) 〜あげく(に)
　①　毎日遅くまで働かされたあげく、倒れてしまった。
　②　(の・は・話・あげく・交渉・まとまらなかった)
　　　＿＿＿＿＿＿＿＿、＿＿＿＿＿＿＿＿＿＿＿＿＿＿。
　③　(への・大学院・進学・迷った・あげく)
　　　妹はさんざん＿＿＿＿＿＿＿＿＿＿、＿＿＿＿＿＿＿を諦めた。

(9) Vっぱなし
　①　弟はいつも出したものは出しっぱなしで、とにかく片付けない。
　②　(を・テレビ・一日中・つけっぱなし)
　　　＿＿＿＿＿＿＿＿＿＿＿＿＿＿＿＿＿＿＿＿＿＿だった。
　③　(を・っぱなしで・写真・撮り)
　　　＿＿＿＿＿＿＿＿＿＿＿＿＿＿＿、全然整理していません。

(10) 〜かのようだ
　①　10月なのに暑くて、まるで夏に戻ったかのようだ。
　②　(を・何も・すべて・知らないか・知っているのに・のような)
　　　あの人は＿＿＿＿＿＿＿＿＿＿＿＿＿＿＿＿＿＿＿顔をしている。
　③　(が・であるか・自分・まるで・専門家・のような)
　　　あいつは＿＿＿＿＿＿＿＿＿＿＿＿＿話し方をするから嫌われている。

（11）～ものだ
　①世の中は自分の思い通りにならないものだ。
　②（を・育つ・見て・親の背中・ものだ）
　　子どもは_____。
　③（は・不思議な・人と人の縁・ものだ）
　　_____。

2．次の（　）に適当な助詞（仮名一文字）を入れてください。
　①トッくんは鳥に（　）（　）なった気分で飛び降りていたに違いない。
　②あの程度の高さなら心配ない（　）、誰も気にとめなかった。
　③下（　）あったプラスチックのゴミ箱にあごが当たってしまった。
　④張さんはいつも皆（　）（　）先に出勤して、掃除をしていた。
　⑤息子に習って走り出す子が二人（　）現れた。
　⑥行動を枠（　）はめられるのは苦手であった。
　⑦車には泥の跡（　）ついていた。
　⑧こちらの記録（　）（　）会員はすでに１万人に達しています。

単　語（練習）

見ほれる（みほれる）⓪【自Ⅱ】爱恋，迷恋；入迷；钦佩

イメージチェンジ（image change）⑤【名・自Ⅲ】改变形象

チェンジ（change）①【名・他Ⅲ】改变，变换

泣き止む（なきやむ）③【自Ⅰ】停止哭泣

素直（すなお）①【形Ⅱ】淳朴，诚实；纯正

乗り遅れる（のりおくれる）⑤【自Ⅱ】没赶上车船等，跟不上，落伍

よける②【他Ⅱ】闪躲，躲避

捻挫（ねんざ）⓪【名・自Ⅲ】崴，挫伤

ぶつかる⓪【自Ⅰ】碰撞，面谈，碰到

横になる（よこになる）④ 躺下

いびき（鼾）③【名】鼾声，呼噜

いびきをかく ③-①打呼噜，打鼾

元彼（もとかれ）⓪【名】前男友

泥（どろ）②【名】泥，泥巴

はねる②【自Ⅱ】飞溅；弹跳

整理（せいり）①【名・他Ⅲ】整理

D．応用練習

自分にとって最も大切な人について作文を書いてください。

模擬テスト

一、给下列划线的汉字选择一个正确的读音

1．<u>事態</u>は意外と深刻だった。
　　A．したい　　　　B．しだい　　　　C．じたい　　　　D．じだい
2．毎日<u>徒歩</u>で通勤している。
　　A．とほ　　　　　B．とぽ　　　　　C．どほ　　　　　D．どぼ
3．これから<u>先</u>のことを考えると不安でならない。
　　A．せん　　　　　B．ぜん　　　　　C．さき　　　　　D．まえ
4．出費は予算の<u>枠</u>を超えそうだ。
　　A．すい　　　　　B．わ　　　　　　C．わく　　　　　D．に
5．みなさん、日本代表を大きな<u>拍手</u>でお迎えしましょう。
　　A．ひょうて　　　B．ひょうしゅ　　C．はくて　　　　D．はくしゅ
6．姉は<u>看護士</u>です。
　　A．かんごうし　　B．かんごし　　　C．かんごうしい　D．かんごしい
7．わたしたちは中国の<u>陸上</u>選手を応援している。
　　A．りくじょう　　B．りくうえ　　　C．ろくじょう　　D．ろくうえ
8．布を<u>縫</u>って服を作る。
　　A．う　　　　　　B．く　　　　　　C．ぬ　　　　　　D．ふ

二、给下列划线的假名词汇选择一个正确的汉字

9．悩みを抱えている時、<u>なかま</u>が支えてくれた。
　　A．中間　　　　　B．仲間　　　　　C．中真　　　　　D．仲真
10．<u>ほごしゃ</u>の理解が必要だ。
　　A．抱負者　　　　B．抱负者　　　　C．保护者　　　　D．保護者
11．朝、弁当を作るのがわたしの<u>にっか</u>です。
　　A．日科　　　　　B．日貨　　　　　C．日課　　　　　D．日華
12．<u>てくび</u>の痛みはなかなか収まらない。
　　A．手足　　　　　B．手首　　　　　C．手腕　　　　　D．手骨
13．ペットの運命は飼い主が<u>にぎ</u>っている。
　　A．追　　　　　　B．縫　　　　　　C．握　　　　　　D．去
14．<u>かんちがい</u>しないでほしい。
　　A．観違　　　　　B．繊違　　　　　C．感違　　　　　D．勘違

15. 勇気を出してかけだそう。
    A. 掛け出   B. 掻け出   C. 懸け出   D. 駆け出

三、给下列句子的划线处选择一个正确答案

16. 就職しても学生_____が抜けない。
    A. 顔立ち   B. 気分   C. 心配   D. 快感
17. 中学に_____から、英語に興味を持つようになった。
    A. きまって   B. あがって   C. 物語って   D. かじって
18. 医者に言われたとおり、毎日_____薬を飲んでいる。
    A. かすかに   B. 正直に   C. きちんと   D. あきらかに
19. _____音楽に感動したことがあるだろう。
    A. 誰がも   B. 誰もが   C. 誰が   D. 誰か
20. 夏も終わり、_____秋になった。
    A. いつ   B. いつか   C. いつも   D. いつしか
21. 弟は家族の心配_____、危険な仕事を続けている。
    A. 次第に   B. からこそ
    C. もかまわず   D. にともなって
22. 一応_____はしたが、見つからなかった。
    A. 捜し   B. 捜して   C. 捜した   D. 捜さない
23. _____あげく、就職することにした。
    A. 悩み   B. 悩んで   C. 悩んだ   D. 悩まない
24. 水を30秒間_____っぱなしにすると、約6リットルが無駄になる。
    A. 流し   B. 流して   C. 流した   D. 流さない
25. 時間がたつ_____いやなことは忘れてしまうだろう。
    A. につれて   B. に応じて
    C. にのみならず   D. にかかわらず

四、阅读下列文章，并回答文后单项选择题

　　父は昔から、しつけについてはほとんど何も言いませんでした。進路についても、大学に行けとも、行くなとも言いませんでした。ただ一度だけ、私が大学の修士からドクター課程に進む時、電話で私にこう言ったんです。「自分で決めた以上は最後までやり通せ」と。（a）父の言葉だからこそ、深く私の心に刻まれました。

26. （a）に入るのに最も適切なものはどれですか。
    A. 普段何も言わない
    B. いろいろ言っている
    C. 大学に行けと言っている
    D. 大学に行くなと言わない

> ある時、ふとしたことから友達に怪我を負わせてしまったことがあり、夜に母と二人、その友達のお宅まで謝りに出かけました。その時母は、床に頭をこすりつけるようにして先方の親に謝罪したんです。子ども心に、態度の悪い先方の親に対して、何故そこまで謝らなくてはならないのかと思う気持ちもありました。しかし、あの時、母に言葉で怒られただけだったら、（b）と思います。私のために、必死に頭を下げて謝る母の姿を見て、「自分は悪いことをしたんだ。こんなふうに母を悲しませてはいけない」と悟らされました。言葉で叱られるよりも、あのような母の姿を見せられるほうが、よっぽどこたえました。

27. （b）に入るのに最も適切なものはどれですか。
    A. おそらく謝った
    B. おそらく謝らなかった
    C. おそらく反発心は生まれなかった
    D. おそらく反発心しか生まれなかった

28. この文章で筆者が最も言いたいことは何ですか。
    A. 友達に怪我を負わせてはいけない。
    B. 子どもは親の背中を見て育つものだ。
    C. 先方が態度の悪い場合、謝らなくてもいい。
    D. 子どもが悪いことをしたら、母親が謝るべきだ。

五、把下列句子翻译成汉语

29. いつしかピアノの上や和だんすの上くらいの高さなら平気で飛び降りるようになった。

30. あの程度の高さなら心配ないと、誰も気にとめなかった。

31. 「道路から飛び出してはいけませんよ。」などと、何度となく言い聞かせはしたものの、毎朝心配で、彼の後を追いかけるのが日課となった。

32. マラソン大会では、後方からごぼう抜きでトップに躍り出て、クラスの仲間や保護者から拍手喝采を浴びた。

33. 血はあらそえないもので、やんちゃ坊主だった彼の子どもも、なかなか大人を手こずらせるやんちゃ坊主である。

六、把下列句子翻译成日语

34. 他肯定今天还得迟到。

35. 他肯定这次还会反对我的意见的。

36. 爸爸刚躺下就打起呼噜了。

37. 有些人在电车里打手机，根本不顾给别人带来的困扰。

38. 妹妹犹豫再三，最后决定不去留学了。

漢字の学習

不足	満足	足跡	足元	補足	発足		
可決	決断	否決	決意	決勝	採決	対決	多数決
制限	制度	体制	規制	強制	抑制	制服	制約
中止	停止	防止	禁止	廃止	静止	阻止	
態度	形態	実態	態勢				
大陸	内陸	上陸	陸上	着陸			
保護	弁護	養護	介護				
教育	育児	体育	保育	育成	飼育		

第15課

やさしい経済講座　円高

学习目标

- 能够阅读简单的经济题材的文章
- 能够快速准确地从文章中获取必要的信息
- 能够用得体的表达方式催促、提醒对方

句式

- ～というわけだ＜解释说明＞
- Ｖかねない＜可能性＞
- ～と同時に＜同时＞
- ～がため＜原因＞
- Ｖ（よ）うにもＶ（能动动词）ない＜无法实现＞
- ～のみ＜限定＞
- ～限りだ＜强烈的心情＞
- Ｖ／Ａものだ＜感叹＞

ユニット1　読解

やさしい経済講座　円高

円高って何？

　円高、円安というのは文字通り「円が高い、円が安い」ということである。では、
　1ドル＝100円
　1ドル＝90円
どちらが円高か。答えは90円。
　コーラ1本の値段が90円或いは100円であれば、確かに100円のほうが高いが、この場合は違う。「円高」とは、外貨に対して円の価値が高い状況を示す。1ドルが100円から90円になることを「円高ドル安」という。「1ドル＝○○円」という表示方法は、「1ドルには何円分の価値があるのか」を表しているので、1ドルが100円から90円になるということは、ドルの価値が低く（そして円の価値が高く）なっている状態をいう。したがって、この場合、数字が小さくなるほど円高、大きくなるほど円安というわけである。

解説

　為替の変動は、経済活動全体に大きな影響を与える。円相場は、今年3月11日に発生した東日本大震災の前には1ドル＝82円前後で推移していたが、大震災後の17日に、一時1ドル＝76円25銭まで上昇し、15年11か月ぶりに円高の最高値を更新した。急激な円高は、日本経済に深刻な打撃を与えると懸念され、日本経済が悪化すれば、世界経済にも悪影響を与えかねないと報道されている。

日本には輸出に頼る企業が多く、円高になると、輸出関連企業が大きなダメージを受ける。例えば、1台1万ドルの車を10台売ると、日本の自動車会社の収益は10万ドルになる。1ドル＝100円だと収益は、10万ドル×100＝1000万円である。ところが、1ドル＝90円だと収益は、10万ドル×90＝900万円に減る。すなわち、円高になると、日本の輸出企業の収益は減ってしまうのである。大企業にとっては、1円の円高によって数十億円の収益が吹き飛ぶ。ある民間シンクタンクが試算したところ、1円の円高によって各業種が被る利益の減少額は、自動車が1,127億円、電気機器が248億円、精密機器が150億円、鉄鋼が85億円となっている。輸出面における収益が減少すると同時に、国際的な競争力も低下してしまうのである。また、円高に向かえば、輸出関連企業の経営が悪化するがため、従業員の給与やボーナスの減額、個人消費の低迷、景気の悪化にもつながる。

　このように円高が輸出企業にとってマイナスである一方、内需や輸入企業にとってはプラスであるとも言われている。円高により原材料が海外から安く手に入り、日本国内における生産コストが低下するからである。特に鉄鋼や紙、石油、電力会社など、輸入、国内消費型企業の業績が上向く。

　また、日本国内の企業が海外企業の買収などを行なう際には、「高い円」、つまり「強い円」は買収競争力を高めることになる。為替変動リスクを避けたい企業が海外展開をするには、絶好の機会だという考え方もある。

　ところで、日本では生活の大部分が輸入に頼っているだけに、日本人にとって円高という問題は、日々の暮らしと切り離そうにも切り離せないものである。

　例えば、日本の食卓に欠かせない豆腐や納豆。その原料である大豆の自給率はたったの5％のみ。食料自給率の低い日本では、円高が進むと身近な食料品が安くなり、日本の消費者にとってはうれしい限り

の状況になる。また、スーパーや百貨店では円高還元セールも行なわれ、「円高」による燃料輸入価格の下落により、電力・ガス料金も引き下げられる可能性がある。

　もう一つ円高のメリットを実感させてくれるのは海外旅行である。2008年秋から円高ウォン安が進んだことで、ちょっとした韓国旅行ブームが起こった。世界的な景気の後退や燃油サーチャージの値上がりによって苦戦を強いられてきた観光業も、ウォン安による割安な旅行費用が功を奏し、韓国旅行の予約は数か月先までいっぱいになったという。

　逆に円高によって厳しい状況に立たされているのが日本で暮らす外国人である。ある韓国留学生は、「国から仕送りをしてもらっても、送金手数料や為替手数料を差し引くと、１年前のほぼ半分以下だよ。円高は困ったものだ」と嘆いていた。また、国内の観光地では、「宿泊客の８割が外国人」という旅館も珍しくなかったが、今では終わりの見えない円高不況に頭を抱えているという。

　このような円高の時代を乗り越えるためには、そのメリットやデメリットを理解して、ライフスタイルを変えながら、円高と上手に付き合っていく必要がある。

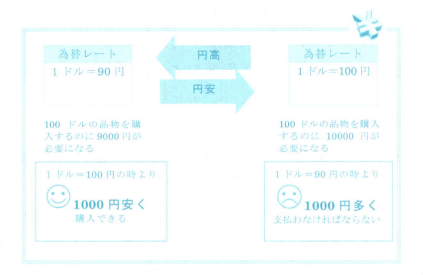

第15課　やさしい経済講座　円高

ユニット2　会話

催促

会話機能——返事の催促

（学校の保護者会の幹事を務める久美が電話で山田に役員会の会議時間についての返事を催促する）

久美：あのう、役員会の期日の件、**確か**今週中にお返事いただく**ことになっていたと思いますが**☞①、…。

山田：あっ、連絡が遅れて、すみません。

久美：いえいえ、**すみません、催促がましくて**☞②…、それでご都合のいい日はいつごろでしょうか。

山田：それが、実は来週会社で大事な会議があるんですが、その時間がなかなか決まらなくて…。

（山田は、自分の都合ばかりを説明して、はじめから予定を聞く姿勢がない）

久美：はあ…。

山田：**申し訳ありません。**もう、2、3日待っていただけませんか。

久美：2、3日ですか…、他の皆さんにも、もう一度連絡をして決めなければなりませんし、もう日がありませんから、早急にお願いします。

山田：分かりました。**できるだけ早く連絡します。**

久美：では、お返事をお待ちしております。

★请求、催促对方答复或者做某件事情时，一般可以分为以下几个阶段：
1）谦虚、委婉、客观地说明情况。
2）谦和，但明确地进行催促。
3）对方推脱时，强化催促。
4）临别时表示自己在等待结果，以给对方一定的压力。

① 「ことになっていたと思いますが」是用「ことになっていた」这种客观的形式提醒对方想起彼此的约定，最大限度地减轻自己的责任。
② 当对方表示歉意时，用「いえいえ、すみません、催促がましくて」表示歉意，尽量给对方保留面子。

単　語

ユニット1

円高（えんだか）⓪【名】日元升值
円安（えんやす）⓪【名】日元贬值
文字通り（もじどおり）③ 正如字面意义
ドル（dollar）①【名】美元
コーラ（Cola）①【名】可乐
外貨（がいか）①【名】外币，外汇
～というわけである　意味着……
為替（かわせ）⓪【名】外汇汇兑；银行汇兑
変動（へんどう）⓪【名・自Ⅲ】变动，变化
円相場（えんそうば）③【名】日元汇率
東日本大震災（ひがしにほんだいしんさい）⑤-③ 东日本大地震
大震災（だいしんさい）③【名】大地震
前後（ぜんご）①【名】前后
推移（すいい）①【名・自Ⅲ】推移，波动
一時（いちじ）②【名】一时，暂时
上昇（じょうしょう）⓪【名・自Ⅲ】上升
急激（きゅうげき）⓪【形Ⅱ】急剧
深刻（しんこく）⓪【名・形Ⅱ】严峻，严重
打撃（だげき）⓪【名】打击
懸念（けねん）⓪【名・他Ⅲ】担忧；挂念，惦记
悪影響（あくえいきょう）③【名】恶劣影响，不良影响
～かねない　有可能……
頼る（たよる）②【自Ⅰ】依靠；仰仗，依赖
ダメージ（damage）②①【名】破坏，损坏
収益（しゅうえき）⓪【名】收益，成效
すなわち（即ち）②【接】即，也就是说

吹き飛ぶ（ふきとぶ）③【自Ⅰ】消散；吹跑
民間（みんかん）⓪【名】民间
シンクタンク（think tank）④【名】智囊团，研究分析团队
試算（しさん）⓪①【名・他Ⅲ】试算，概算
業種（ぎょうしゅ）⓪【名】工作种类，工种
被る（こうむる）③【他Ⅰ】蒙受，遭受；受到
利益（りえき）①【名】利益，收益
減少額（げんしょうがく）③【名】减少数额
電気機器（でんきき）④【名】电子仪器
機器（きき）①【名】机器
精密機器（せいみつきき）⑤【名】精密仪器
精密（せいみつ）⓪【名・形Ⅱ】精密
鉄鋼（てっこう）⓪【名】钢铁
～と同時に（～とどうじに）与……同时
～がため　由于……，因为……
減額（げんがく）⓪【名・自他Ⅲ】减额，削减
消費（しょうひ）⓪【名・他Ⅲ】消费
低迷（ていめい）⓪【名・自Ⅲ】低迷
景気（けいき）⓪【名】景气；经济状况好
マイナス（minus）⓪【名・他Ⅲ】减少；负面；消极
内需（ないじゅ）①【名】内需
原材料（げんざいりょう）③【名】原材料
コスト（cost）①【名】成本
石油（せきゆ）⓪【名】石油
電力（でんりょく）①【名】电力
国内消費型企業（こくないしょうひがたきぎょう）⑥ 国内消费型企业

第15課　やさしい経済講座　円高

業績（ぎょうせき）⓪【名】业绩
上向く（うわむく）③⓪【自Ⅰ】好转；向上
買収（ばいしゅう）⓪【名・他Ⅲ】全买下；收买，买通
為替変動リスク（かわせへんどうrisk）⑧　外汇浮动风险
リスク（risk）①【名】风险
海外展開（かいがいてんかい）⑤（产品）进军海外
展開（てんかい）⓪【名・自他Ⅲ】展开，开展
切り離す（きりはなす）④⓪【他Ⅰ】切开；截断
原料（げんりょう）③【名】原料
大豆（だいず）⓪【名】大豆
自給率（じきゅうりつ）②【名】自给自足率
たった⓪【副】仅仅，只
～限りだ（～かぎりだ）非常……；无尚……
百貨店（ひゃっかてん）③⓪【名】百货店
還元セール（かんげんsale）⑤【名】返利销售
還元（かんげん）⓪【名・他Ⅲ】返利；还原
セール（sale）①【名】销售；促销
燃料（ねんりょう）③【名】燃料
下落（げらく）⓪【名・自Ⅲ】下跌，下落
料金（りょうきん）①【名】费用
引き下げる（ひきさげる）④【他Ⅱ】下调；使降低

メリット（merit）①【名】优点，长处
ウォン①【名】（韩国货币）韩元
後退（こうたい）⓪【名・自Ⅲ】后退，倒退
燃油サーチャージ（ねんゆsurcharge）⑥【名】（机场）燃油费
燃油（ねんゆ）⓪【名】燃油
サーチャージ（surcharge）③【名】附加费
値上がり（ねあがり）⓪【名】涨价，升值
苦戦（くせん）⓪【名・自Ⅲ】苦战，艰苦的战斗
強いる（しいる）②【他Ⅱ】强迫，迫使
観光業（かんこうぎょう）③【名】旅游业
ウォン安（ウォンやす）⓪【名】韩元贬值
割安（わりやす）⓪【名・形Ⅱ】比较便宜
功を奏する（こうをそうする）①-③　奏效
仕送り（しおくり）⓪【名・他Ⅲ】寄送生活费
送金（そうきん）⓪【名・自Ⅲ】汇款，寄钱
差し引く（さしひく）④③【他Ⅰ】扣除
半分（はんぶん）③【名】一半
嘆く（なげく）②【自他Ⅰ】感叹；感慨
宿泊客（しゅくはくきゃく）④【名】住宿的客人，房客
宿泊（しゅくはく）⓪【名・自Ⅲ】住宿，下榻
頭を抱える（あたまをかかえる）③-⓪　挠头；棘手，伤脑筋
デメリット（demerit）②【名】缺点，短处

ユニット2

役員会（やくいんかい）③【名】理事会，董事会
期日（きじつ）①【名】日期；期限
-がましい　有……的倾向

催促（さいそく）①【名・他Ⅲ】催促
早急（そうきゅう）⓪【名・形Ⅱ】赶紧，抓紧时间

实 用 日 语　中级（下册）

語彙の学習

1．急激

（1）10月に入ると、気温が急激に変化するせいか、体調を崩す人が多くなります。 （2）薄型テレビの需要は近年急激に伸びてきました。	急剧，陡然

2．頼る

（1）登山地図に頼って山に登り、ルートを失いかけた経験を持つ人は意外に多いようです。 （2）経験やカンに頼って何が悪い！	依靠，借助
（3）今の彼に全てを頼ってよいのか迷っています。 （4）君以外に頼れる人はいない。	依赖

3．つながる

（1）2つの島は橋でつながっている。 （2）ウイルスに感染したせいか、インターネットに繋がらなくなった。	（物）连接
（3）あの人とは不思議な縁でつながっている。 （4）自己成長につながらないような仕事は時間の無駄だ。	相关，牵连
（5）わたしたちは血のつながらない兄弟ですが、仲はいいですよ。	有血缘关系
（6）東京の実家に電話を何回かけてもつながらず、心配でした。	（电话）通

4．避ける

（1）自信のない人はできるだけ人の視線を避けようとする。 （2）これは避けて通れない問題だ。 （3）公務員の給与カットは避けられない。	逃避，躲避，回避，避免
（4）人の好みを批判するのは避けたほうがいい。	顾忌

5．たった

（1）たった1週間で3キロも痩せた。 （2）たった一言で人の心を温めることができる。 （3）たった一度の人生だから悔いのないように送ろう。	只，仅，就

6．進む

（1）渋滞でなかなか車が進まない。	前进

104

第15課 やさしい経済講座 円高

（2）プロジェクトは順調に進んでいる。 （3）開店の準備が着々と進んでいる。	進展（順利）
（4）大学院に進んだにもかかわらず、就職できない人が大勢いる。	升入，（地位等）上升，（能力等）进步
（5）娘は最近自分から進んで家事を手伝ってくれるようになった。	主动做某事
（6）翻訳とは、外国の進んだ考え方や技術などを母語に取り入れるために行われるものだ。	先进
（7）地球温暖化が進むと、気温が上昇するだけでなく、地球全体の気候が変化します。	恶化
（8）あの時計は2分進んでいるようだ。	（钟表）快

7．乗り越える

（1）門限をすぎると、塀を乗り越えて入ってくる学生がいる。	越过，跨过
（2）失敗を乗り越えて、前向きに生きよう。 （3）みんなで力を合わせて震災を乗り越えましょう。	战胜，克服

8．-がましい

催促がましい、説教がましい、恩着せがましい、差し出がましい	近似，类似

単　語（語彙の学習）

崩す（くずす）②【他Ⅰ】使崩溃；使凌乱；连笔，草写，草体；破开，换成零钱

薄型テレビ（うすがたtelevision）⑤【名】超薄电视

需要（じゅよう）⓪【名】需要，需求

登山（とざん）①【名・自Ⅲ】登山

ルート（root）①【名】路径，途径

失いかける（うしないかける）⑥【他Ⅱ】开始失去，开始迷失

カン（勘）⓪【名】直觉，第六感

自己成長（じこせいちょう）③【名】自我成长

血がつながる（ちがつながる）⓪　一脉相连

視線（しせん）⓪【名】視線

給与カット（きゅうよcut）④【名】削減薪水，減薪

批判（ひはん）⓪【名・他Ⅲ】批评，批判

悔い（くい）①【名】后悔；遗憾

開店（かいてん）⓪【名・他Ⅲ】开店

着々（ちゃくちゃく）⓪【副】顺利，按部就班

母語（ぼご）①【名】母语

地球温暖化（ちきゅうおんだんか）⓪【名】地球温室效应

温暖化（おんだんか）⓪【名】温室效应

全体（ぜんたい）⓪【名】全体，整体

門限（もんげん）③【名】关门时间；归宿时间，必须从外面返回的时限

实用日语 中级（下册）

塀（へい）⓪【名】围屏，院墙
説教がましい（せっきょうがましい）⑦【形Ⅰ】
　爱教育人，爱说教
説教（せっきょう）③【名】说教，规劝；教导

差し出がましい（さしでがましい）⑥【形Ⅰ】
　多事，多嘴多舌
恩着せがましい（おんきせがましい）⑦【形Ⅰ】
　施恩图报的，硬使人感恩的

 文型の学習

1．～というわけだ＜解释说明＞

✐したがって、この場合、数字が小さくなるほど円高、大きくなるほど円安というわけである。

　「というわけだ」接在简体句后面（以名词或者Ⅱ类形容词结句时可省略「だ」），承接前文，换一种方法对前面的内容解释说明，多以「つまり／要するに……というわけである」的形式出现。相当于汉语的"（也就是说）……"等。

(1) 日本が15時のとき中国は14時で、つまり、日本と中国の時差は１時間というわけである。

(2) 李さんは日本での留学が終わり、そろそろ帰国するらしい。しばらくは会えないというわけだね。

(3) 「天気予報によると、あしたは一日中雨だよ」「というのは明日の試合は中止というわけだ。」

(4) 彼は来月から仕事でアメリカに行くそうだ。つまり転勤するというわけだ。

2．Ｖかねない＜可能性＞

✐急激な円高は、日本経済に深刻な打撃を与えると懸念され、日本経済が悪化すれば、世界経済にも悪影響を与えかねないと報道されている。

　「かねない」接在动词的第一连用形后面，其形式虽为否定形式，但表达肯定的意义，用于推测某种很有可能发生的事情，且该事情往往是消极的、不好的事情。相当于汉语的"有可能……"等。

(1) この古い建物は、建て直さなければ地震で倒れかねない。

(2) 就職率が下がると、社会不安を招きかねない。

(3) 最初に十分考えなければ、後になって後悔することになりかねません。

(4) 子どもは叱られてばかりいると、自信を失いかねません。

3．～と同時に＜同时＞

📎輸出面における収益が減少すると同時に、国際的な競争力も低下してしまうのである。

「と同時に」接在动词的词典形、名词后面（Ⅲ类动词「～する」可直接接词干），表示在前项发生或者变化的同时后项发生或者变化。相当于汉语的"……的同时……"等。

（1）彼は大学を卒業すると同時に就職が決まった。
（2）それを見てびっくりすると同時に不思議にも思った。
（3）試合終了と同時に、勝ったチームの選手たちは喜びの声を上げた。
（4）経済発展と同時に、様々な社会問題も出てくるだろう。

4．～がため＜原因＞

📎また、円高に向かえば、輸出関連企業の経営が悪化するがため、従業員の給与やボーナスの低下、個人消費の低迷、景気の悪化にもつながる。

「がため」接在名词、"名词／Ⅱ类形容词词干＋である"、动词或Ⅰ类形容词的连体形后面，表示原因，与「～ために」意思相同，语气较强。相当于汉语的"正因为……"、"由于……"等。

（1）雨が降ったがため、運動会は予定通りに行うことができなかった。
（2）彼女は、どうしても試験に合格して留学したいがため、必死になって勉強している。
（3）外国の生活を一度体験したいがため、海外旅行することにした。
（4）たった一つのミスがあったがため、彼は人々の信頼を失った。

5．V（よ）うにもV（能动动词）ない＜无法实现＞

📎日本人にとって円高という問題は、日々の暮らしと切り離そうにも切り離せないものである。

在「V（よ）うにもVない」这个句型中，前后为同一个动词，前项为该动词的意志形「V（よ）う」，后项为该动词的能动动词的否定形式，表示即使想做该事情也无法做到，强调该事情无法实现。相当于汉语的"即使想……也无法/不能……"等。

（1）少し疲れたので休みたいけれど、仕事がいっぱいで休もうにも休めない。
（2）こんなに遠くまで来てしまったのでは帰ろうにも帰れない。
（3）あまりにも恐ろしい事件なので、忘れようにも忘れられない。
（4）道に雪が積もっていて、車は走ろうにも走れない。

6. ～のみ＜限定＞

🖋その原料である大豆の自給率はたったの５％のみ。

「のみ」接在名词或形容词、动词的连体形后面，表示限定。如例（4）（5）所示，「のみ」后可接格助词，当「のみ」后接「が／を」时，「が／を」有时可省略；当「のみ」后接「に／で／と」等时，「に／で／と」等一般不省略。「のみ」为书面语，口语中一般用「だけ」「ばかり」。相当于汉语的"只……"、"仅……"等。

（1）バーゲンの対象となるのは化粧品のみである。
（2）彼は事実を述べたのみである。
（3）この法律は国内においてのみ効力を有する。
（4）部屋に私と父のみが残されている。
（5）入会希望の方にのみ会員になってもらいたい。

7. ～限りだ＜强烈的心情＞

🖋食料自給率の低い日本では、円高が進むと身近な食料品が安くなり、日本の消費者にとってはうれしい限りの状況になる。

「限りだ」接在"名词＋の"、形容词的连体形后面（有时也接在一部分心理动词的词典形后面），强调此种心情程度之高，达到极限。相当于汉语的"……至极"、"……极了"等。

（1）せっかくのチャンスを逃してしまうなんて、考えてみると悔しい限りだ。
（2）アニメ大国の日本へ留学できるのは、アニメ好きな人から見たら羨ましい限りだ。
（3）大統領にお目にかかることができ、光栄の限りです。
（4）この数年の上海の変化は驚く限りです。

8. V／Aものだ＜感叹＞

🖋円高は困ったものだ。

「ものだ」接在动词、形容词的连体形后面，表示说话人吃惊、感叹、咏叹等的心情。此种心情的对象往往是新发现的普遍的客观事实或真理。相当于汉语的"真是……"等。

（1）冬の北海道は美しいものだ。
（2）子供の頃の遊びは懐かしいものだ。

（3）24時間営業のコンビニというのは便利なものだ。
（4）人生って、いろいろあるものだ。

単　語（文型の学習）

建て直す（たてなおす）④⓪【他Ⅰ】重建，重新建造
社会不安（しゃかいふあん）④【名】社会不安定
効力（こうりょく）①【名】效力
有する（ゆうする）③【他Ⅲ】具有；拥有；所有
入会（にゅうかい）⓪【名・自Ⅲ】入会
会員（かいいん）⓪【名】会员
アニメ大国（animationたいこく）④【名】动漫大国

A．内容確認

1．「1ドル＝100円」とはどういう意味を表していますか。
2．円高になると日本の輸出企業の収益はどうなりますか。
3．収益の減少は日本にどんな影響をもたらしますか。
4．円高が輸出企業にとってマイナスである一方、内需や輸入企業にとってはプラスであるとも言われています。それはどうしてですか。
5．円高は日本人の日常生活とは切り離せないものです。その理由を例を挙げて説明してください。
6．日本における円高によるメリットとデメリットを簡単にまとめてください。

B．語彙の練習

1．次の漢字の読み方を書いてください。

状況	価値	価格	給与	為替	前後	円高	円安	円相場
上昇	下落	低下	低迷	推移	後退	変動	変更	更新
景気	企業	収益	機器	海外	鉄鋼	業績	機会	競争力
大豆	納豆	食卓	原料	電力	料金	燃料	燃油	原材料
期日	都合	姿勢	予定	宿泊客	保護者	役員会	最高値	従業員
観光業	自給率	渡航費	手数料	幹事	旅館	逆	銭	消費型

一時	不況	悪化	影響	懸念	打撃	内需	生産	各業種
輸出	苦戦	報道	関連	還元	実感	送金	試算	仕送り
展開	急激	深刻	精密	絶好	割安	連絡	催促	早急
決定	嘆く	頼る	減る	伴う	進む	被る	高める	避ける
強いる	切り離す	値上がる	引き下げる	功を奏す				
上向く	吹き飛ぶ	差し引く	乗り換える	打ち合わせ	勤める	決まる		

2．☐から適当な言葉を選んで、必要なら正しい形に変えて_____に書き入れてください。

(1) コスト　リスク　セール　ブーム　ライフスタイル
　① 6万円の商品を＿＿＿＿＿で3万円安く買いました。
　② インターネットのおかげでわたしたちの＿＿＿＿＿が変わった。
　③ 今は不景気だから、店を出すのは＿＿＿＿＿が高い。
　④ 予算を検討し、＿＿＿＿＿を削減することにした。
　⑤ 健康＿＿＿＿＿が広まるにつれて、健康に関する本が注目を集めています。

(2) メリット　デメリット　ボーナス　ダメージ
　① ＿＿＿＿＿を受けた企業はどう立て直すのか。
　② 夏の＿＿＿＿＿で海外旅行をしようと考えています。
　③ ネットの＿＿＿＿＿は、情報収集が速くて便利なことです。
　④ ネットの＿＿＿＿＿は、信頼できない、間違った情報が多いことです。

(3) 切り離す　欠かす　値上がる　高める　吹き飛ぶ　引き下げる
　① そのありがとうの言葉一つで、疲れが＿＿＿＿＿ような気がしました。
　② 政府は物価を＿＿＿＿＿ことができなかった。
　③ 集中力を＿＿＿＿＿には適当な練習が必要です。
　④ スーパーは私たちの生活に＿＿＿＿＿ものとなっています。
　⑤ 知らないうちにガス、電気料金が＿＿＿＿＿。
　⑥ 政治と宗教を＿＿＿＿＿ことを考えるべきではないか。

(4) すなわち　ところで　逆に　ところが　ほぼ
　① 会議はこれで終了します。＿＿＿＿＿林さん、君の出張はいつ？
　② その仕事は＿＿＿＿＿終わった。
　③ 東京オリンピック以後、＿＿＿＿＿1964年以後、東京の町は変わった。

④将来を考えて就職しました。＿＿＿＿＿＿＿給料が少なすぎます。
⑤ここは夏はむし暑く、＿＿＿＿＿＿冬は寒い。

C．文法の練習

1．①は意味を考えて、②③は（　）の言葉を正しい順番に並べ替えて、文を完成させてください。

(1) ～というわけだ
　①なるほど。まとめて買ったら、安く買えるというわけだ。
　②（に・というわけだ・わたしのお兄さん・なった）
　　鈴木先輩は姉と結婚しました。つまり、＿＿＿＿＿＿＿＿＿＿＿＿＿＿＿＿。
　③（これから・というわけだ・会える・毎日）
　　彼と同じクラスに入った。＿＿＿＿＿＿＿＿＿＿＿＿＿＿＿＿。うれしい。

(2) Vかねない
　①人間は困ったら、どんなひどいこともやりかねない。
　②（若者・与えかねない・悪い影響・を・に）
　　このような雑誌は、＿＿＿＿＿＿＿＿＿＿＿＿＿＿＿＿＿＿＿＿。
　③（自転車・を・に・置いたら・盗まれかねない・ここ）
　　＿＿＿＿＿＿＿＿＿＿＿＿＿＿＿＿＿＿＿＿＿＿＿＿＿＿＿。

(3) ～と同時に
　①留学生にとってテレビを見ることは、楽しみであると同時に、日本語の勉強にもなる。
　②（よい製品・価格・と同時に・を・下げる・を・作る）
　　我々の会社では、＿＿＿＿＿＿＿＿＿＿＿＿＿＿＿努力もしています。
　③（自分の意見・と同時に・他の人の考え・も・を・聞く・言う）
　　＿＿＿＿＿＿＿＿＿＿＿＿＿＿＿＿＿＿＿＿＿ことが大切だ。

(4) ～がため
　①個性が強いがため、損ばかりしている。
　②（経験・がため・が・少ない）
　　＿＿＿＿＿＿＿＿＿＿＿＿＿＿＿＿＿、採用してもらえなかった。
　③（人気・がため・ノートパソコン・ある・を・が）
　　＿＿＿＿＿＿＿＿＿＿＿＿＿＿＿＿＿、盗まれる事件がしばしばある。

(5) V（よ）うにもV（能動動詞）ない
　　① あの時のつらい経験は忘れようにも忘れられない。
　　②（痛くて・頭が・起きられなかった・起きようにも）
　　　_____、_____。
　　③（みんな・クラスメートは・優秀で・追いつけない・追いつこうにも）
　　　_____。

(6) 〜のみ
　　① やむを得ないと認められた場合にのみ追試験が認められる。
　　②（を・今は・のみ・祈る・奇跡）
　　　_____だ。
　　③（の・者・資格を・翻訳関連・有する・のみ）
　　　_____採用する。

(7) 〜限りだ
　　① いいパートナーに恵まれて、幸せの限りだ。
　　②（あいつ・悔しい・負ける・なんて・に・限りだ）
　　　_____。
　　③（恥ずかしい・間違い・だらけで・限り）
　　　_____です。

(8) V／Aものだ
　　① 子どもの成長ははやいものだ。
　　②（は・不思議な・縁・ものだ）
　　　_____。
　　③（は・の・気持ち・女・分からない）
　　　_____ものだ。

2．次の（　）に適当な助詞（仮名一文字）を入れてください。
(1) 為替の変動は経済活動全体（　　）大きな影響を与える。
(2) 日本では輸出（　　）頼る企業が多い。
(3) たった1円の円高（　　）よって数十億円の収益（　　）吹き飛ぶ。
(4) 円高により原材料が海外（　　）（　　）安く手に入り、日本国内における生産コスト（　　）低下する。

(5) 日本人にとって「円高」は日々の暮らし（　　）切り離せないものだ。
(6) 円高の時代（　　）乗り越えるためには、そのメリットやデメリットを理解して、ライフスタイルを上手に変え（　　）（　　）（　　）、円高（　　）上手に付き合っていく必要がある。
(7) 円高の影響で、今年の利益が去年の5億から3億（　　）減ってしまって、2億も減少した。
(8) 去年は5億、今年は3億だから、利益が2億（　　）減少したわけだ。

単　語（練習）

削減（さくげん）⓪【名・他Ⅲ】削減　　　　やむを得ない（やむをえない）④ 无可奈何
追いつく（おいつく）③【自Ⅰ】追上　　　　追試験（ついしけん）③【名】补考

D．応用練習
円高で中国人の生活は何か変わったと思いますか。円高がもたらした変化について話してください。

一、给下列划线的汉字选择一个正确的读音
1．急速な円高が懸念されている。
　　A．けねん　　B．げねん　　C．けんねん　　D．げんねん
2．この映画は見る価値がある。
　　A．かち　　　B．かね　　　C．ねうち　　　D．かねち
3．毎日為替の相場を見ています。
　　A．あいば　　B．あいじょう　C．そうば　　　D．そうじょう
4．みんなは業績を出すために頑張っている。
　　A．ぎょせき　B．ぎょうせき　C．ぎょせい　　D．ぎょうせい

5．今内需の拡大に期待ができません。
   A．ないじゅ　　　B．うちじゅ　　　C．ないじょ　　　D．うちじょ
6．スーパーでは「円高還元セール」が行なわれている。
   A．へんげん　　　B．へんかん　　　C．かんげん　　　D．かんがん
7．牛乳の価格が下落した。
   A．からく　　　　B．げらく　　　　C．したらく　　　D．したおち
8．このストーブは石油を燃料とする。
   A．ぜんりょう　　B．もえりょう　　C．ねんりょう　　D．ねんりゅう
9．不景気では経営が上向くはずがない。
   A．うわむ　　　　B．うえむ　　　　C．じょうむ　　　D．じょうこう
10．旅行は工夫次第で割安になる。
   A．わりあん　　　B．われあん　　　C．わりやす　　　D．われやす

二、给下列划线的假名词汇选择一个正确的汉字

11．初めての一人の旅で、スケジュールを立てるのにくせんしています。
   A．工戦　　　　　B．駆先　　　　　C．久戦　　　　　D．苦戦
12．彼はいつも前向きのしせいをとります。
   A．市勢　　　　　B．志勢　　　　　C．姿勢　　　　　D．資勢
13．電力不足で日本企業がこうむる損失は想像以上だ。
   A．被る　　　　　B．遭る　　　　　C．遇る　　　　　D．受る
14．あの会社は業績がていめいしている。
   A．低命　　　　　B．低迷　　　　　C．低下　　　　　D．降低
15．2月14日こそ愛する気持ちを告白するぜっこうのチャンスだ。
   A．恰好　　　　　B．是当　　　　　C．絶好　　　　　D．頂好
16．家族全員でしょくたくを囲んで食事をすることが少ない。
   A．食炊　　　　　B．食鉢　　　　　C．食桌　　　　　D．食卓
17．このソフトで24時間かわせの動きをチェックできる。
   A．為替　　　　　B．変替　　　　　C．交替　　　　　D．代替
18．このふきょうは、少なくとも5年ほど続くだろう。
   A．不興　　　　　B．無強　　　　　C．不況　　　　　D．不振
19．海面じょうしょうで日本の国土はどうなるのか。
   A．上昇　　　　　B．上長　　　　　C．常況　　　　　D．常状
20．この売店は、年間500万円のしゅうえきがある。
   A．集益　　　　　B．収益　　　　　C．収集　　　　　D．収益

三、给下列句子的划线处选择一个正确答案

21. 人材育成のために大学で行なわれた改革が_____を奏した。
    A．歌　　　　　B．効　　　　　C．功　　　　　D．利
22. 会社の業績が伸びず、社長は_____を抱えているようだ。
    A．頭　　　　　B．首　　　　　C．腹　　　　　D．腕
23. 田中さんは3年前、_____高校を卒業した18歳の時に東京に出てきた。
    A．もっとも　　B．たいてい　　C．だから　　　D．すなわち
24. うまくいくだろうと思った。_____、失敗した。
    A．ところが　　B．ところで　　C．おまけに　　D．したがって
25. 家庭に_____消費電力のうち、冷蔵庫やエアコンなどが8割ぐらいを占めている。
    A．おいて　　　B．おく　　　　C．おけた　　　D．おける
26. 人間は誰でも死ぬ。生まれてきたからには避けられない_____。
    A．までだ　　　B．わけだ　　　C．ものだ　　　D．ところだ
27. 火災が起こる_____ベルが鳴り、電気が消えた。
    A．と同時に　　B．同時に　　　C．と一緒に　　D．途中に
28. これは生活習慣によって_____病気です。
    A．引き上げられる　　　　　　B．引き出される
    C．引き入れられる　　　　　　D．引き起こされる
29. 実際に日本へ行って_____、想像以上に素晴らしかった。
    A．みたどころ　B．みたところで　C．みたところ　D．みたどころか
30. このような曖昧な言い方では誤解を_____。
    A．招きかねる　B．招きかねない　C．招ききる　　D．招ききれない
31. バッグは毎日使う物_____、少々高くてもいい物を選びたい。
    A．きりに　　　B．ばかり　　　C．だけに　　　D．からに
32. 彼は何でも自分の思う_____しようとする。
    A．向けに　　　B．だけに　　　C．とおりに　　D．わりに
33. 私の仕事は夏になると忙しくなる一方、_____。
    A．冬は暇になる　　　　　　　B．冬は暇になった
    C．冬も忙しい　　　　　　　　D．冬も忙しかった

四、阅读下列文章，并回答文后单项选择题

> 東京の都心では、普通のサラリーマンには「猫の額」ほどの土地も買えない。その結果、マンションなどの集合住宅や超高層住宅に住む人の割合が大きい。集住による住民間のトラブル、管理、ごみ処理など様々な問題が深刻化しているので「集住の快適な住み方と管理」をテーマにした国際フォーラムが開かれた。

34．国際フォーラムが開かれた理由はどれですか。
　　A．都心の地価が高いから。
　　B．マンションに住む人は多いから。
　　C．マンションは「猫の額」のように狭いから。
　　D．集住による住民間の様々な問題が深刻化しているから。

五、把下列句子翻译成汉语

35．セールスマンが説明したとおりにやってみたらうまくできた。

36．交通の発達に伴ってライフスタイルが変わった。

37．会社における彼の地位はそれほど高くないが、彼の能力は高く評価されている。

38．担当者に確認したところ、社員旅行の申し込みはもう終わったそうだ。

39．妹は甘いものが大好きだから、もらったチョコレートを全部食べてしまいかねない。

40．大きいスーパーができた一方、小さな八百屋も頑張って店を続けている。

41．血液型によって人それぞれ性格が違うものだという考えがある。

42．小さいころから練習を続けてきただけに、彼女のピアノの演奏は素晴らしい。

六、把下列句子翻译成日语

43. 就是因为他小时候在日本生活过，所以日语发音这么标准。

44. 汇率变动会带来风险，当日元升值时，要想避免这一风险，企业选择海外发展是绝好的机会。

45. 日元升值引起的经济不景气，至今未出现好转，令人头痛。

46. 查了一下电话簿，发现竟然没有这家公司的名字。

47. 一方面大家对他的成绩评价很高，另一方面也有人指出他缺乏执行能力。

48. 我按照总经理的交代又重新确认了一遍。

59. 我之所以拍这么多照片是为了给家里人看，讲给他们听。

50. 他既是科学家，同时也是音乐家。

漢字の学習

欠陥　欠席　欠点　欠かす
高価　高級　高校　高層　高速　高等　高度　最高　高める
給料　原料　材料　食料　資料　送料　有料　料金　調味料
消費　消化　消耗　消毒　消防署　消極的　打ち消す　取り消す　消しゴム
苦心　苦情　苦痛　苦労　苦戦　苦い　苦しい
定価　評価　高価　価値　物価　価格
景気　風景　景色　光景　景品
精神　神経　神話　神社　神秘　神様
感激　急激　激増　刺激　激安　激励　激しい
試合　試験　試算　試食　試着室　試す
落第　転落　墜落　落下　下落　落葉　お洒落　落ちる　落とす
悪口　悪魔　悪人　悪化　意地悪
給料　供給　支給　月給　給与　補給　給食　自給率
進学　進歩　前進　進路　進行　進化　昇進　進出　進展　進度　進む

第16課

プラプラ

学习目标

- 能够读懂语言个性较强的文章
- 能够理解作者通过个性化表达方式阐述的观点
- 能够完成简单的工作上的协商

句式

- Nとともに＜共同动作的主体＞
- Vたとたん（に）＜同时进行＞
- ～とのことだ＜传闻；传话＞
- -ぶり＜样态＞
- ～この上ない＜最高程度＞
- Vようがない＜无能为力＞
- Vた／ているところへ＜意外情况的发生＞
- ～ことに＜评价＞
- ～限り＜限定条件＞
- Nに応えて＜响应；反应＞

ユニット１　読解

プラプラ

　連休中、久しぶりに横浜の実家に帰った。そこで奇怪な言葉「プラ」に遭遇。台所で夕食を作っている時の、母と妹の会話を聞いていただきたい。
　妹「こっち、プラ？」
　母「うん、そこ、プラ」
　実家で台所に立つのは母と妹。私は彼女たちの仕事に協力するため、あえて父、義弟らとともに、居間でプロ野球を見たり、姪の機嫌をとったりする「ご飯はまだかチーム」で待機している。さては「プラ」っていうのは「お料理チーム」の合言葉か…ちょっと疎外感を感じた。にぎやかな食事が終わったとたん、父と母の会話にまたあのなぞの言葉「プラ」が！
　父「これ、プラね」
　母「うん、プラプラ」
　二人が何を話題にしているかまったく分からない。いったいなんだろう、プラって。
　賢明なみなさんにはもうお分かりですね☞①。「プラ」って「プラスチック」のことだったんです。
　聞くところによると、2007年４月１日から横浜市はゴミの本格的な分別収集を始めたとのこと。2001年から10年間でごみ排出量を30％削減するという運動の一環らしい。「資源となるものの分別を徹底し、リサイクルルートにのせていく」ため、これまで５分類だったゴミを10分類することになっている。いきなりその数、２倍である。母や妹は「市の人が来る説明会にも行った。迷ったときはチームリサイクルハンドブックを見てやっている」と、よき市民ぶりをアピール☞②。
　なかでも「そこまでやるの？」と思ったのが「プラスチック製容器包装」の分類。スーパーのお肉やお刺身のトレイにかかっているラップは「プラスチック」で、家庭で使うラップは「燃えるゴミ（生ゴミを除く）」に分類するのだそうだ。しかも容器だけじゃなくて、袋もプラスチックだったりするから油断できない。とにかく面倒この上ないとしか言いようがない。ドラッグストアで買ってきた「あぶらとり紙」の袋を捨てよ

うとしたところへ、母がすかさずチェックを入れる。「あっ、ちょっと待って。これは『プラ』って書いてあるでしょ。プラスチックゴミなの。紙とは一緒にしないで。あっ、前と違って、紙と生ゴミはまた別だからね」。はぁー、疲れた。

　ところで、冒頭で紹介した妹の「こっちプラ？」は、「これお店のラップだけど、こっち側のゴミ箱に捨ててもいいの？」という意味であった。そして父の「これ、プラね」という言葉は、「このお菓子の入っていた容器はプラスチックゴミだよな？」という意味であった。しかし、いくら懸命になって仕分けしても、無頓着な人間が一人いるだけで、みんなの努力が無駄になってしまう。

　その「無頓着な人間の一人」がこの私。正直に言おう。実は…この日初めて「プラスチックマーク」を知ったのである。調べてみたら、ペットボトルについているPETマークは1993年、プラスチックマークは2001年の導入だった。時間差はあるけれど、それでも導入されてもう6年になる。今日、化粧品のビンをあらためてよく見たら、驚いたことに、「キャップ、中栓、フィルム」は「プラ」と書いてあった！私はこういうビンも、フタつきのまま「ビン」として捨てていた。

　こんな私のような無頓着な人間がいる限り、ゴミを10種類に分けても20種類に分けても、目に見えるゴミの削減、リサイクルの促進にならないに違いない。ゴミの分別は面倒といえば面倒だが、自分自身のちょっとした心づかいが環境保護に貢献しているかと思うと、こればかりは、しっかりルールを覚えて、これからはきちんとゴミを出そうという気になる。

　その後しばらくして、日本経済新聞の「家庭ごみ最前線」という連載に、横浜市の「ごみ10分別」導入後、2週間で家庭ごみが33.5％減った、と書いてあった。いやー、これはちょっと驚きだった。資源再生のため、環境保護のためと、市の呼びかけに応えて、みんなせっせとゴミの分別・減量に協力しているんだなあ。頭が下がります。私といえば、連休中に「ごみの分別」について再認識できました。

① 这篇文章文体比较特殊，同时存在简体和敬体。当作者叙述自己的经历和心情时以及调侃时，大多使用简体，而在与读者进行交流时则使用敬体。

② Ⅲ类动词省略「する」做句尾的现象并不少见，可以使表达更加丰富。但是在正式的论文、报告中一般不使用这种表达方式。

ユニット2　会話

相談

会話機能——相談、指示

佐藤：部長、今ちょっとお時間をいただけますか。
部長：うん、いいよ。何？
佐藤：実は学習社から、このような共同イベントのご提案をいただいたのですが…。
　　　（文書を手渡す）それで、部長のご意見をお聞かせ願いたいと思いまして。
部長：ちょっと、見せて。（読みながら）ふんふん、いい話じゃないか。
佐藤：部長もそう思われますか☞①。それでですね、学習社には、会議で検討した上で、改めてお返事するとお答えしておいたんですが…。
部長：うん、それでいい。前向きに進めていこう☞②。
佐藤：分かりました。

> ★协商问题时要注意：
> 1）先询问对方是否方便，避免影响对方工作等。
> 2）尽量简明扼要地提出要协商的事情，不拖泥带水。

第16課

① 意思是"您也是这样想的吗"。这样说即可以表示自己与部长想法一致，也体现出自己的谦虚。如果说「私もそう思います」，态度略显傲慢，对上司有些失礼。
② 「前向きに進めていこう」意思是"朝着积极的方向努力吧"。

単　語

ユニット1

奇怪（きかい）⓪【名・形Ⅱ】奇怪
プラ（プラスチック（plastic的缩略说法））
　⓪【名】塑料

遭遇（そうぐう）⓪【名・自Ⅲ】遭遇，碰到
こっち③【名】这边
あえて（敢えて）①【副】敢于，执意；特别

義弟（ぎてい）⓪【名】义弟；妹夫，内弟
～とともに 和……一起；与……同时
姪（めい）⓪【名】侄女
機嫌をとる（きげんをとる）⓪-①讨取……的欢心
機嫌（きげん）⓪【名】心情，情绪
待機（たいき）①【名・自Ⅲ】等待时机
さては①【感】原来是，看起来
合言葉（あいことば）③【名】暗号；标语
疎外感（そがいかん）②③【名】疏远感
～とたん（に）一……就……
なぞ（謎）⓪【名】迷，谜团
賢明（けんめい）⓪【名・形Ⅱ】贤明，明智，高明
プラスチック（plastic）④【名】塑料
分別収集（ぶんべつしゅうしゅう）⑤【名】分类回收
分別（ぶんべつ）⓪【名・他Ⅲ】分类，分门别类；
収集（しゅうしゅう）⓪【名・他Ⅲ】收集，回收
～とのこと 据说……
排出量（はいしゅつりょう）④【名】排出量，排量
排出（はいしゅつ）⓪【名・他Ⅲ】排出，排放
徹底（てってい）⓪【名・自Ⅲ】彻底
リサイクルルート（recycle root）⑥【名】再利用途径
リサイクル（recycle）②【名】回收再利用
いきなり⓪【副・名・形Ⅱ】突然，忽然
説明会（せつめいかい）③【名】说明会
ハンドブック（hand book）④【名】手册，指南
-ぶり……的样子
アピール（appeal）②【名・他Ⅲ】呼吁，号召；主张
なかでも（中でも）①【副】尤其，尤为
容器（ようき）①【名】容器，器皿
包装（ほうそう）⓪【名・他Ⅲ】包装
トレイ（tray）②【名】浅盒，装饭菜的器皿

ラップ（lap）①【名】保鲜膜
しかも②【接】并且，而且
油断（ゆだん）⓪【名・自Ⅲ】大意，疏忽
この上ない（このうえない）⑤ 再也没有比……更……的事情了，极其
～ようがない 无法……
ドラッグストア（drugstore）⑥【名】兼卖日常用品的药店，药妆店
ストア（store）②【名】商店
あぶらとり紙（あぶらとりがみ）⑤【名】吸油面巾纸
～ところへ 当……的时候
すかさず⓪【副】不留间隙，紧接着
仕分け（しわけ）⓪【名】区分
無頓着（むとんちゃく／むとんじゃく）②【名・形Ⅱ】不在乎，不介意
マーク（mark）①【名】标志，标记；作记号
ペットボトル（pet bottle）④【名】塑料饮料瓶
導入（どうにゅう）⓪【名・他Ⅲ】导入，引进
時間差（じかんさ）⓪【名】时间差
-差（-さ）……差
化粧品（けしょうひん）⓪【名】化妆品
ビン（瓶）①【名】玻璃瓶
あらためて（改めて）③【副】重新，再一次
～ことに 令人……的是
キャップ（cap）①⓪【名】盖儿，盖子
中栓（なかせん）⓪【名】内盖儿
フィルム（film）①【名】胶卷
～限り（～かぎり）只要……
促進（そくしん）⓪【名・他Ⅲ】促进
最前線（さいぜんせん）③【名】最前线
前線（ぜんせん）⓪【名】前线
連載（れんさい）⓪【名・他Ⅲ】连载
資源再生（しげんさいせい）④【名】资源再生
再生（さいせい）⓪【名・他Ⅲ】再生；重放
～に応える（～にこたえる）适应……；响应……

せっせと①【副】勤奋地；赶紧，急忙　　　　　減量（げんりょう）⓪【名・自Ⅲ】減量

ユニット2

学習社（がくしゅうしゃ）③【名】（出版社名）学习社

共同（きょうどう）⓪【名・自Ⅲ】共同，协力，协同

共同イベント（きょうどうevent）⓪-⓪【名】共办活动

語彙の学習

1．あえて

(1) 自分に負けたくないからあえて挑戦する。 (2) こんなことを言うのは失礼かもれませんが、あえて言わせていただきます。 (3) あえて彼の長所を挙げるとするならば、それは勤勉です。	敢于，执意
(4) 佐藤さんの提案にはあえて反対はしない。 (5) あえて驚くに足りない。	（接否定形式）并不，特别

2．徹底

(1) 東京都は徹底した節電への協力を呼び掛けている。 (2) 経営方針が現場で徹底されていないのはなぜだろう。 (3) 客にとって必要なサービスとは何かを、徹底的に研究する必要がある。	彻底，贯彻，全面，普遍

3．いきなり

(1) 公園を散歩していたら、いきなりボールが飛んできた。 (2) 年が明けて、いきなり海外赴任を言い渡された。 (3) いきなりレポートを書けと言われても、何から手をつけてよいか分からない。	突然，冷不防

4．改めて

(1) お忙しそうなので、後日改めてお伺いします。 (2) 詳細は改めてお知らせします。	再，再次，另外，另行
(3) 改めてご紹介するまでもありませんが、… (4) ツイッターの影響力を改めて実感した。	重新，特意

实用日语 中级（下册）

5．せっせと

| (1) 日本人はアリのようにせっせと働くと言われる。
(2) あの人は毎日せっせとジムに通っている。 | 勤奋地，一个劲儿地 |

単　語（語彙の学習）

長所（ちょうしょ）①【名】长处，优点
〜に足りない（〜にたりない）不值得……，不足（为）……
節電（せつでん）⓪【名・自Ⅲ】节电
呼び掛ける（よびかける）④【他Ⅱ】呼吁，号召
海外赴任（かいがいふにん）⑤【名】去海外工作
赴任（ふにん）⓪【名・自Ⅲ】赴任，上任
手をつける（てをつける）①-②着手
後日（ごじつ）①【名】日后，以后
〜までもない　不必……，没必要……
ツイッター（twitter）⓪【名】推特，微博
アリ（蟻・あり）⓪【名】蚂蚁

文型の学習

1．Nとともに＜共同动作的主体＞

✎私は彼女たちの仕事に協力するため、あえて父、義弟らとともに、居間でプロ野球を見たり、姪の機嫌をとったりする「ご飯はまだかチーム」で待機している。

　　「とともに」接在指称人、团体、组织的名词后面，表示共同动作的主体。相当于汉语的"与……一起……"、"同……一起……"等。
(1) 去年、私は世界各国の留学生とともに春節を過ごした。
(2) うちの会社では、親が子供とともに楽しめるゲームを開発している。
(3) 社長は仕事で忙しくて夕食を家族とともにすることはほとんどない。
(4) 日本はアメリカとともに野球の国際大会の主催者となっている。

2．Vたとたん（に）＜同时进行＞

✎にぎやかな食事が終わったとたん、父と母の会話にまたあのなぞの言葉「プラ」が！

　　「とたん（に）」接在动词的「た」形后面，表示在前项动作或行为完成的瞬间，后项的动作或行为即发生，前项的完成与后项的发生几乎同时进行。后项一般为

124

预料之外的、消极的事情，因此后项不能是表述说话人意志、命令等的形式。相当于汉语的"刚一……就……"、"刚……就……"等。
（1）友達からきた手紙を見たとたん、彼の顔色がサッと変わった。
（2）舞台に立ったとたん、緊張してしまった。
（3）道に迷った子どもは、お母さんの声を聞いたとたん、大声をあげて泣き出した。
（4）社長が社員の話に耳を傾けるようになったとたん、社員がいきいきと働き出した。

3．～とのことだ＜传闻；传话＞

🖉聞くところによると、2007年4月1日から横浜市はゴミの本格的な分別収集を始めたとのこと。

「とのこと」接在简体句的后面（以名词或Ⅱ类形容词结句时也可以直接接在名词或Ⅱ类形容词词干后面），既可表示客观的传闻，如例（1）～（3）所示，也可表示传话，如例（4）所示。其信息的来源多用「～によると」「～の話では」等来表示。「とのこと」所传达的信息既可为现在得到的也可为过去得到的，当为过去得到的信息时，以「とのことだった」结句，如例（3）所示。相当于汉语的"据说……"、"听说……"等。
（1）新聞によると、東日本大震災は広い範囲に被害をもたらしたとのことだ。
（2）鈴木さんのお宅に電話しましたが、出張中とのことでお留守でした。
（3）警察の話では、事故の原因はまだ不明だとのことだった。
（4）木村さん、先生がすぐに研究室に来てほしいとのことですよ。

4．－ぶり＜样态＞

🖉母や妹は「市の人が来る説明会にも行った。迷ったときはチームリサイクルハンドブックを見てやっている」とよき市民ぶりをアピール。

「ぶり」接在名词或动词的第一连用形后面（Ⅲ类动词「～する」可直接接词干），表示事物的样子、状态或情况。「食べる」「飲む」后接「－ぶり」时，变为「食べっぷり」「飲みっぷり」。相当于汉语的"……的样子"、"……的状况"等。
（1）彼女の落ち着いた話しぶりが人に良い印象を与える。
（2）テレビやインターネットを通して、世界中のいろんな生活ぶりを見ることができる。
（3）彼は息子のゲームへの熱中ぶりを見て驚いた。
（4）オバマ大統領の訪問に対して、現地では今までにない歓迎ぶりだった。

5．～この上ない＜最高程度＞

✐とにかく面倒この上ないとしか言いようがない。

「この上ない」接在Ⅱ类形容词词干或"Ⅰ类形容词连体形＋こと"的后面，表示最高程度。相当于汉语的"无比……"、"极其……"等。除此之外，如例（3）（4）所示，「この上ない」也可作连体修饰语或者连用修饰语。

(1) いつでも必要な情報が入手できるから、利用者には便利この上ない。
(2) この辞書は字が小さくて、読みにくいことこの上ない。
(3) お腹の赤ちゃんが無事に産まれてくることは、母親にとってはこの上ない喜びだろう。
(4) アイドルと同じ舞台に立ち、この上なく嬉しいと彼女は言っていた。

6．Vようがない＜无能为力＞

✐とにかく面倒この上ないとしか言いようがない。

「ようがない」接在动词的第一连用形后面，表示无能为力、无法做某事。相当于汉语的"无法……"、"无从……"等。

(1) 事故当時の映像から考えれば、今回の事故は避けようがなかった。
(2) 彼女はいつも仕事を完璧に行うので文句のつけようがない。
(3) そのおもちゃは完全に壊れてしまっているので直しようがない。
(4) 彼は部屋にこもったきりだから、部屋の中がどうなっているのか知りようがない。

7．Vた／ているところへ＜意外情况的发生＞

✐ドラッグストアで買ってきた「あぶらとり紙」の袋を捨てようとしたところへ、母がすかさずチェックをいれる。

「ところへ」接在动词的「た」形或「ている」形的后面，表示在前项所指称的情况下意外地发生了后项所指称的事情。相当于汉语的"（正在／正要）……的时候……"等。

(1) 先生が授業を始めたところへ、彼が慌てて入ってきた。
(2) やっと仕事を片付けて帰ろうとしたところへ、残業の知らせが来た。
(3) うわさをしているところへ、本人がやってきた。
(4) 進学の資料が見つからずに困っているところへ、ちょうど担当の先生がやってきた。

8. ～ことに＜评价＞

🔖今日、化粧品のビンをあらためてよく見たら、驚いたことに、「キャップ、中栓、フィルム」は「プラ」と書いてあった！

「ことに」接在表示感情的形容词的连体形或一部分心理动词的「た」形后面，表示说话人对后述事项的评价、感想等。相当于汉语的"让人……的是……"等。
(1) 嬉しいことに、みんな見送りに来てくれました。
(2) 幸いなことに、大雨はそれほど長く続かなかった。
(3) ありがたいことに、多くの方が協力をしてくださいました。
(4) 困ったことに、その人の名前をどうしても思い出せない。

9. ～限り＜限定条件＞

🔖こんな私のような無頓着な人間がいる限り、ゴミを10種類に分けても20種類に分けても、目に見えるゴミの削減、リサイクルの促進にならないに違いない。

「限り」接在"名词／Ⅱ类形容词词干＋である"或Ⅰ类形容词、动词的连体形（多为动词的「ている」形）后面，表示只要前项成立，后项也一定成立，前项为后项的充分条件。相当于汉语的"只要……就……"等。
(1) 宮崎駿の作品である限り、これからも私は応援していきたい。
(2) 健康である限り、山登りを続けたいとおじいちゃんは言っている。
(3) 学校に通っている限り、学校のルールを守るべきだ。
(4) 生きている限り、いつかチャンスに恵まれるだろう。

10. Nに応えて＜响应；反应＞

🔖資源再生のため、環境保護のためと、市の呼びかけに応えて、みんなせっせとゴミの分別・減量に協力しているんだ。

「に応えて」接在名词后面，表示对对方的期望、要求、好意等做出反应、响应或回报。相当于汉语的"响应……"、"报答……"、"回报……"等。
(1) ファンの要望に応えて、コンサートを開催することにした。
(2) 市民の期待に応えて、公園の数を増やした。
(3) お客様のご要望にお応えして、商品の品質チェックを厳しくしております。
(4) 節電の呼びかけに応えて、国民はエアコンの使用を控えている。

实用日语 中级（下册）

 単　語（文型の学習）

主催者（しゅさいしゃ）②【名】主办者
いきいき③②【副・自Ⅲ】生机勃勃
警察（けいさつ）⓪【名】警察
印象（いんしょう）⓪【名】印象
オバマ大統領（オバマだいとうりょう）①－③【名】奥巴马总统
完璧（かんぺき）⓪【名・形Ⅱ】完美
文句をつける（もんくをつける）①－② 发牢骚，挑毛病
幸い（さいわい）⓪【名・形Ⅱ】幸运
宮崎駿（みやざきはやお）②－⓪【名】（人名）宫崎骏
増やす（ふやす）②【他Ⅰ】増加
品質（ひんしつ）⓪【名】品质，质量
控える（ひかえる）③②【他Ⅱ】控制；减少

 練習

A．内容確認
1．「ご飯はまだかチーム」とは誰のことですか。
2．「プラ」は何のことですか。
3．2007年4月1日から横浜市のゴミの分類は、具体的にどのような変化がありましたか。
4．「無頓着な人間」とは、どんな人を指していますか。
5．この文章で筆者の言いたいことは何ですか。

B．語彙の練習
1．次の漢字の読み方を書いてください。
　　台所　居間　容器　資源　冒頭　環境　機嫌　協力　化粧品
　　一環　共同　遭遇　包装　分類　分別　待機　徹底　最前線
　　油断　疎外　懸命　提案　削減　正直　連載　再生　無頓着
　　保護　導入　奇怪　面倒　検討　貢献　学習社　前向き　再認識
　　応える　改める　進める

2. ☐から適当な言葉を選んで、必要なら正しい形に変えて＿＿＿に書き入れてください。

(1) 油断する　あげる　下がる　とる
① 読書のスピードを＿＿＿＿ためにいろいろな工夫をした。
② 熱は下がったが、まだ＿＿＿＿ことができない。
③ スタッフの仕事への熱意と責任感の強さには頭が＿＿＿＿。
④ 昔は親の機嫌を＿＿＿＿ために勉強していたが、これからは自分のために勉強したい。

(2) リサイクル　ハンドブック　プラスチック　ペットボトル
① ＿＿＿＿は便利な素材だ。
② 限りある資源の＿＿＿＿を目指しています。
③ 缶・びん・＿＿＿＿は資源として再利用できる。
④ この本は日米の比較も網羅されているので＿＿＿＿としても使えます。

(3) チーム　ルール　マーク　アピール
① 野球の＿＿＿＿がよく分からないので、見ても面白くない。
② この会社は新商品の安さを＿＿＿＿している。
③ 試合の前に相手の＿＿＿＿をよく観察してください。
④ 幼稚園ではまだ字が読めないから、みんな＿＿＿＿を使って一人一人区別している。

(4) あらためて　せっせと　あえて　いきなり　案外
① 蟻が＿＿＿＿巣を作っている。
② きびしいことを＿＿＿＿言うけど、あなたはちょっとわがままよ。
③ 災害現場の写真を見て、地震の怖さを＿＿＿＿実感した。
④ 一見高いようですが、実は＿＿＿＿安い。
⑤ 正月休みがあけたら、＿＿＿＿大きな仕事が入ってきた。

C．文法の練習

1. ①は意味を考えて、②③は（　）の言葉を正しい順番に並べ替えて、文を完成させてください。

(1) Nとともに
① 親は子どもとともに成長していくものだ。

実 用 日 语　中级（下册）

②（では・基礎学力・中学・とともに）
　　＿＿＿＿＿＿＿＿＿＿＿＿＿＿、学習習慣を確実に身につけることが大切だ。
③（が・とともに・コーヒー・紅茶・持ち込まれて）
　　明治時代になって西洋文化が入ってくると、＿＿＿＿＿＿＿＿徐々に普及した。

(2) Vたとたん（に）
①マイホームを買ったとたんに転勤の辞令が出た。
②（とたん・雨が・家・着いた・降り出した）
　　＿＿＿＿＿＿＿＿＿＿＿＿＿＿、＿＿＿＿＿＿＿＿＿＿＿＿＿＿。
③（連絡が・卒業した・取れなくなった・とたん・彼と）
　　＿＿＿＿＿＿＿＿＿＿＿＿＿＿＿＿＿＿＿＿＿＿＿＿＿＿。

(3) ～とのことだ
①2007年から5分類だったゴミの分類が10分類になったとのこと。
②（は・である・別・紙と生ゴミ・とのこと）
　　＿＿＿＿＿＿＿＿＿＿＿＿＿＿＿＿＿＿＿＿＿＿＿。
③（も・が・33.5％・2週間で・家庭ごみ・減った）
　　「ごみ10分別」導入後、＿＿＿＿＿＿＿＿＿＿＿＿＿＿＿＿＿とのこと。

(4) -ぶり
①マニュアルにないノウハウを、先輩の仕事ぶりを見て学ぶ。
②（を・ぶり・留学生の・生活・密着取材した）
　　＿＿＿＿＿＿＿＿＿＿＿＿＿＿＿＿＿＿＿＿。
③（には・の・あの人・あきれた・飲みっぷり）
　　＿＿＿＿＿＿＿＿＿＿＿＿＿＿＿＿＿＿＿＿＿＿。

(5) ～この上ない
①この会社の対応は非常識この上ない、むちゃくちゃだ！
②（ので・この上ない・入れて・バッグに・便利・持ち歩ける）
　　電子辞書は、手軽に＿＿＿＿＿＿＿＿＿＿＿＿＿＿＿＿＿＿。
③（のは・危険・この上ない・町中で・爆竹を・鳴らす）
　　＿＿＿＿＿＿＿＿＿＿＿＿＿＿＿＿＿＿＿＿＿＿＿ことだ。

(6) Vようがない
①彼と巡り合えて、幸運としか言いようがない。

②（が・ありません・連絡・しよう）
あの人の連絡先が分からないから、＿＿＿＿＿＿＿＿＿＿＿＿。
③（が・だけで・精一杯・生活・貸しよう・ない・だから）
お金を貸してと言われても、こちらも＿＿＿＿＿＿＿＿＿＿＿＿。

(7) Vた／ているところへ
① 店を出ようとしたところへ、母が入ってきた。
②（ところへ・彼に・としていた・電話をかけよう）
＿＿＿＿＿＿＿＿＿＿＿＿＿＿＿＿、彼の方からかかってきた。
③（ところへ・夕食後に・団らんしている・家族で）
＿＿＿＿＿＿＿＿＿＿＿＿＿＿＿＿、口うるさいおじがやってきた。

(8) 〜ことに
① 不思議なことに、何年も花が咲かなかった木に今年はたくさん花が咲いた。
②（な・幸い・ことに）
＿＿＿＿＿＿＿＿＿＿、私の住んでいる地域には被害はありませんでした。
③（ぼくのことを・いて・覚えて・彼女も・くれた）
うれしいことに、＿＿＿＿＿＿＿＿＿＿＿＿＿＿＿＿。

(9) 〜限り
① 生きている限り勉強を続けたい。
②（見ている・否定的に・自分を・限り）
＿＿＿＿＿＿＿＿＿＿、自分を変えようとしても変えることはできない。
③（日本語が・限り・必要・日本に・いる）
＿＿＿＿＿＿＿＿＿＿、＿＿＿＿＿＿＿＿＿＿であろう。

(10) Nに応えて
① 多数の学生の要望に応えて、追加説明会を実施することにしました。
②（の・読者・必要な情報・ニーズ・に応えて）
＿＿＿＿＿＿＿＿＿＿、＿＿＿＿＿を提供している。
③（サービス・利用者の期待・新しい・に応えて）
＿＿＿＿＿＿＿＿＿＿、＿＿＿＿＿を提供している。

単　語（練習）

読書（どくしょ）①【名・自Ⅲ】读书，看书
熱意（ねつい）①【名】热情
日米比較（にちべいひかく）⑤【名】日美比较
網羅（もうら）①【名・他Ⅲ】网罗，包罗
観察（かんさつ）⓪【名・他Ⅲ】观察
巣（す）①【名】巢，巢穴
一見（いっけん）⓪【名・自Ⅲ】一看，乍一看
あける（明ける）⓪【自Ⅱ】结束；天亮
とんでもない ⑤【形Ⅰ】出乎意外的；荒唐的
基礎学力（きそがくりょく）③④【名】基础学习能力
学力（がくりょく）②【名】学习能力
西洋文明（せいようぶんめい）⑤【名】西洋文明，西方文明

西洋（せいよう）①【名】西洋，西方
徐々（じょじょ）①【副】逐渐
マニュアル（manual）⓪①【名】说明书，指南
ノウハウ（know-how）①【名】窍门，诀窍
密着取材（みっちゃくしゅざい）⑤【名】跟踪采访
密着（みっちゃく）⓪【名・自Ⅲ】紧贴，紧靠
取材（しゅざい）⓪【名・自Ⅲ】取材；采访
巡り合う（めぐりあう）④【自Ⅰ】偶遇，邂逅
幸運（こううん）⓪【名・形Ⅱ】幸运
団らん（だんらん）⓪【名・自Ⅲ】团圆
否定的（ひていてき）⓪【形Ⅱ】否定的
否定（ひてい）⓪【名・他Ⅲ】否定

D．応用練習

環境家計簿をつけて自分の二酸化炭素の排出量をチェックしてみましょう

環境家計簿運動

　私たちは、日常生活の中で、どれくらい二酸化炭素（にさんかたんそ）を出しているのでしょうか。環境家計簿は二酸化炭素の排出量を簡単に算出でき、さらに家計のチェックもできます。各家庭の二酸化炭素排出量が減少すれば、地球環境を守ることができ、家計の節約にも結びつきます。

　二酸化炭素の排出量を10%減らすことを目指して、チャレンジしてみましょう。

環境家計簿シート　　～暮らしのCO_2チェック～

項目	使用量	排出係数	排出量	金額
電気	Kwh	×0.42＝	Kg-CO_2	元
都市ガス	m^3	×2.1＝	Kg-CO_2	元
LPガス	m^3	×6.5＝	Kg-CO_2	元
水道	m^3	×0.36＝	Kg-CO_2	元
ガソリン	L	×2.3＝	Kg-CO_2	元
軽油	L	×2.6＝	Kg-CO_2	元
燃えるごみ	kg	×0.48＝	Kg-CO_2	元
合計			Kg-CO_2	元

環境家計簿の使い方

使用量を上の表に記入し、CO_2排出係数の使用量を掛け算して、排出量を計算しましょう。この合計が家庭から出される二酸化炭素の量です。

◆電気、ガス、水道については、1か月分をメーターもしくは請求書で調べてください。

エコライフチェック表
●1年間全て続ければ約20,000円節約になります

	やってみましょう	こんなに効果が！
照明	使っていない部屋の電気はこまめに消しましょう	こまめに消灯すると、年間で電気約84 kWh、CO_2約30 kg、約2,010円の節約
テレビ	見ていないテレビはこまめに消しましょう	1日1時間テレビを見る時間を減らすと、年間で電気約40 kWh、CO_2約14 kg、約960円の節約
水道・シャワー	歯磨きや洗髪のときの水やお湯の出しっぱなしを止めましょう	1分間の出しっぱなしをやめると、年間で水約5.7 m³、CO_2約3.3 kg、570円の節約
ガス瞬間湯沸し器	食器を洗うときは低温にしましょう	設定温度を40℃から38℃にすると、年間でガス約14 m³、CO_2約29 kg、約2,240円の節約※都市ガス使用時
エアコン	夏の冷房の設定温度は28℃を目安にしましょう	冷房を27℃から28℃にすると、年間で電気約16 kWh、CO_2約5.8 kg、約380円の節約
	冬の暖房の設定温度は20℃を目安にしましょう	暖房を21℃から20℃にすると、年間で電気約71 kWh、CO_2約26 kg、約1,700円の節約
待機電力	エアコン・ビデオ・オーディオやテレビなど、使わないときは主電源を切りましょう	主電源を切ると、年間で、電気約390 kWh、CO_2約140 kg、約9,360円の節約

一、给下列划线的汉字选择一个正确的读音

1．山中で熊に遭遇した。
　　A．そぐ　　　　B．そぐう　　　　C．そうぐ　　　　D．そうぐう
2．台所はきれいなほうが気持ちいい。
　　A．たいところ　B．たいどころ　　C．だいところ　　D．だいどころ
3．社会の中で疎外されないようにすることが重要だ。
　　A．そかい　　　B．ぞかい　　　　C．そがい　　　　D．ぞがい

4．あの子は急に機嫌が悪くなった。
　　A．きけん　　　B．きげん　　　　C．ぎけん　　　　D．ぎげん
5．連絡が徹底していない。
　　A．ててい　　　B．てつてい　　　C．てってい　　　D．ていて

二、给下列划线的假名词汇选择一个正确的汉字

6．新しいシステムをどうにゅうした。
　　A．倒入　　　　B．同入　　　　　C．道入　　　　　D．導入
7．水をようきに入れて保存する。
　　A．容器　　　　B．容器　　　　　C．栄器　　　　　D．栄器
8．飲み物にむとんちゃくになりやすい。
　　A．不頓着　　　B．不鈍着　　　　C．無頓着　　　　D．無鈍着
9．二酸化炭素を25%さくげんした。
　　A．削減　　　　B．削減　　　　　C．銷減　　　　　D．銷減
10．2004年にれんさいがスタートした。
　　A．聯載　　　　B．連載　　　　　C．聯栽　　　　　D．連栽

三、给下列句子的划线处选择一个正确答案

11．料理を料理人の＿＿＿＿で見て覚えた。
　　A．端　　　　　B．途　　　　　　C．道　　　　　　D．中
12．利用にあたっては以下のルールに＿＿＿＿必要があります。
　　A．したがう　　B．あげる　　　　C．かかる　　　　D．すてる
13．人の機嫌を＿＿＿＿ための時間を使うのは止めましょう。
　　A．とる　　　　B．みる　　　　　C．もらう　　　　D．かける
14．負けると知っていたが、＿＿＿＿彼に挑戦した。
　　A．なかなか　　B．あえて　　　　C．いったい　　　D．ちょっとした
15．あの家は玄関を入ったら＿＿＿＿キッチンなので、驚いた。
　　A．突然　　　　B．いきなり　　　C．じっと　　　　D．がっかり
16．聞く＿＿＿＿によると、朝食は肌にいいミネラルを補給できるそうだ。
　　A．もの　　　　B．こと　　　　　C．わけ　　　　　D．ところ
17．ベルが鳴った＿＿＿＿、学生が教室から飛び出してきた。
　　A．反面　　　　B．上で　　　　　C．とたん　　　　D．つもりで
18．お正月は家族＿＿＿＿過ごした。
　　A．としたら　　B．とともに　　　C．とはいえ　　　D．というより

19. スタッフの働き_____が評価された。
    A. わり　　　　B. ぶり　　　　C. べつ　　　　D. なみ
20. 日本へ_____初めて日本人の優しさを実感した。
    A. 行　　　　　B. 行か　　　　C. 行って　　　D. 行った

四、阅读下列文章，并回答文后单项选择题

　　松山行政事務センターでは、ごみの減量化と資源化を図るため、さまざまな取り組みを行ってまいりました。しかし、「可燃ごみ」、「不燃ごみ」の中には、まだまだ資源になる物が多く含まれているのが現状です。
　　こうしたなか、少しでもごみを減らし、ごみの量に応じて費用の負担がかかる公平な仕組みを作るため、平成20年10月1日からごみ指定袋の単純従量制による有料化を実施します。
　　単純従量制による有料化は、住民のみなさんが、分別の徹底をしていただくことにより、「可燃ごみ」、「不燃ごみ」が減少し、資源物が増加すると考えて実施します。また、ごみ処理経費の削減にもつながる制度です。
　　単純従量制というのは、ごみ指定袋を1枚目から費用負担していただくことで、「可燃ごみ」と「不燃ごみ」の出す量が多ければ多いほど負担が重くなり、逆に少なければ少ないほど負担が軽くなるわかりやすい仕組みで、全国で最も多く採用されています。

21. ごみ指定袋有料化はどれですか。
    A. 減量化　　　　　　　　　　B. 資源化
    C. 単純従量制　　　　　　　　D. 公平な仕組みの設立
22. 単純従量制はこれまでとどこが違いますか。
    A. 住民の負担が重くなる。
    B. 住民が徹底に分別する。
    C. ごみ指定袋が全部有料になる。
    D. 一定の量以上のごみ指定袋が有料になる。
23. ごみが有料化になったら人々はどう感じると思いますか。
    A. ごみを出さない方が負担が重くなる。
    B. ごみを多く出した方が負担が軽くなる。
    C. ごみを多く出した方が負担が重くなる。
    D. ごみを少なく出した方が負担が重くなる。

五、把下列句子翻译成汉语

24. 私は彼女たちの仕事に協力するため、あえて父、義弟らとともに、居間でプロ野球を見たり、姪の機嫌をとったりする「ご飯はまだかチーム」で待機した。

25. ドラッグストアで買ってきた「あぶらとり紙」の袋を捨てようとしたところへ、母がすかさずチェックを入れた。

26. しかし、いくら懸命になって仕分けしても、無頓着な人間が一人いるだけで、みんなの努力が無駄になってしまう。

27. こんな私みたいな無頓着な人間がいる限り、ゴミを10種類に分けても20種類に分けても、目に見えるゴミ削減、リサイクルの促進にならないに違いない。

六、把下列句子翻译成日语

28. 在城市里放鞭炮，是极其危险的事。

29. 家长是和孩子一起成长的。

30. 我无法满足那种无理的要求。

31. 只能说是时机太不好了。

32. 周围的朋友一个个都结婚了，我也有些着急了。

33. 活到老学到老。

34. 详细情况另行通知。

35. 正说着他呢，他就来了。

漢字の学習

義務　公務　事務　職務　任務　業務　勤務　税務署
有効　無効　効果　効力　効率
能率　確率　倍率　比率　引率　統率
期限　限界　限度　制限　無限　極限　権限　限定
意義　義務　講義　主義　義理　正義　定義
転居　同居　居住　皇居　鳥居
機会　機関　機能　機械　有機　機器　機構　契機　動機
編集　募集　集会　集金　集合　集団　集中　密集　集計　特集　群集
書類　人類　分類　類推　類似　衣類
内容　容器　容積　美容　収容　寛容　許容

第17課

本田宗一郎

学习目标

- 能够读懂传记性文章
- 掌握传记性文章的写作方法
- 能够简单地介绍、说明产品

句式

- ～ない限り＜限定条件＞
- Nにかけては＜突出之处＞
- Vにつけ＜情感的诱因＞
- N₁あってのN₂＜依存关系＞
- -まみれ＜遍布＞
- ～きらいがある＜倾向＞
- Nでしかない／Vしかない＜较低的评价／唯一的手段＞
- ～どころか＜相反的事实＞

ユニット１　読解

本田宗一郎

　静岡県西部の片田舎に生まれ、高等小学校を卒業した少年が、東京の自動車修理工場に丁稚奉公した。彼は、旺盛な探求心と様々な経験を糧にして、田舎町に立ち上げた自動車修理工場を、世界に名の通った大企業にまで育てあげた。この「ホンダ」の発展する軌跡が、84歳で人生の幕を下ろした創業者である本田宗一郎の一生であると言っても過言ではない。

　本田宗一郎は、1906年に静岡県磐田郡光明村（現在の浜松市天竜区）に生まれた。高等小学校卒業後東京の自動車修理工場で働き、22歳で独立を許されてUターンして、郷里に近い浜松市内に自動車修理工場を開いた。その後、事業は順調に拡大し、自動車部品製造会社の社長になったが、仕事上の問題を解決するために、地元の浜松工業高等専門学校（現在の静岡大学工学部）機械科の聴講生となった。ここで３年間、金属工学の研究に没頭した。彼は納得のいく答えをもらえない限り、どこまでも教員に食い下がるなど、研究の熱心さにかけてはだれにも負けなかったと、当時の宗一郎を知る人は述懐している。

　敗戦の翌1946年、39歳の宗一郎は、浜松市に本田技術研究所を設立して所長になり、３年後には本田技研工業株式会社を創業して、従業員20人の会社の社長に就任した。このころ宗一郎は、苦労して遠くまで食料の買い出しに行かなければならない妻の姿を見るにつけ、「自転車にエンジンをつけたら楽になるのではないか」と考えて、オートバイの研究を始めた。これが世界のホンダへの第一歩となった。

　1949年、宗一郎は、後にホンダの副社長となる藤沢武夫と出会う。二人の関係は、例えるならば、「知音」の伯牙と鐘子期のようなもので、藤沢あっての宗一郎と言ってもよい。彼を得たことがホンダ成長の原動力となった。宗一郎は会社の経営を全面的に藤沢に任せ、自分自身は油まみれに

なって技術面の仕事に没頭した。餅は餅屋、お互いに分をわきまえ、お互いに信頼し合って、それぞれの責任を果たす。このことを情の通う人間が実行するのは、言うは易く行うは難しである。往々にして、創業者社長は業務全般に自分の思い通りにするきらいがあるが、宗一郎のように、私事を超えて会社のために力を注いだ人間は少ない。また、宗一郎にしろ藤沢にしろ、たとえ会社の経営責任者であっても、会社は個人の私有物ではないという考えから、身内を入社させなかった。これも並の人間にはできることではない。こうして、彼らの二人三脚は、1973年まで4半世紀にわたって続いた。

　社長時代の宗一郎は、仕事に関しては妥協を許さず、中途半端な仕事にはだれかれかまわず怒声を浴びせ、実験室よりも現場のデータを重視する現場主義の人間であった。「挑戦して失敗することよりも、何もしないことを恐れよ」「石橋ならたたかずにどんどん渡れ」などの名言を残したが、これらからも、進取の気性に富む彼の一面をのぞくことができる。仕事には厳しい宗一郎であったが、社内の序列や地位には無頓着で、社内の肩書きは、命令系統をはっきりさせるための手段でしかないと言い切っている。また、高価な機械が壊れても、機械は修理すれば直るが人間の身体は治らないと言って、機械を壊した人間を叱るどころか、かえってその社員がけがをしなかったかどうかを心配したという逸話が残っている。

　宗一郎は社長退任から3年かけて、ホンダの工場や研究所、グループ企業だけではなく、全国のホンダ車のディーラー、バイク販売店のオーナー、その従業員にまで心をこめて挨拶して回った。この姿勢に、本田宗一郎の生き様の一端をかいま見ることができる。愚直なまでに現場主義に徹した仕事の鬼である一方、飾らず気さくな人間味にあふれた人物であり、遠望すれば高く、近づけば暖かみを感じる人、それが本田宗一郎であった。

ユニット2　会話

説明

会話機能——説明

（李は取引先の学習社の吉田にプロジェクトについて説明する）

李　：このプロジェクトについて、ご不明な点がありましたら、ご遠慮なくご質問ください。

吉田：まだ、ざっと見ただけで、何とも言えませんが、二、三気にかかる箇所があります。

李　：どの点でしょうか。

吉田：例えばここです。もう少し具体的に説明していただけませんか。

李　：はい、この点に関しては、（資料を提示しながら言う）こちらの資料をご覧ください。

（説明する）…

吉田：なるほど。

李　：ご理解いただけましたでしょうか。

吉田：はい、よく分かりました。

★解釈、説明某个问题时，要尽量做到耐心，表示出诚意：
1）主动询问，征求意见。
2）耐心解释，可以举出具体事例，提供相应的参考材料。
3）确认对方理解的情况。

第17課

単　語

ユニット1

静岡（しずおか）②【名】（地名）静冈
西部（せいぶ）①【名】西部
片田舎（かたいなか）③【名】偏僻山村
高等小学校（こうとうしょうがっこう）⑦
　【名】旧制初等小学之上的初等教育机构，高小

高等（こうとう）⓪【名】高等，高层次
少年（しょうねん）⓪【名】少年，男孩儿
自動車（じどうしゃ）②⓪【名】汽车（总称）
丁稚奉公（でっちぼうこう）④【名・自Ⅲ】当

小伙计，当学徒
探求心（たんきゅうしん）③【名】探求心，求知心
糧（かて）②①【名】食物，食粮
田舎町（いなかまち）③【名】小山村
立ち上げる（たちあげる）⓪④【他Ⅱ】开始（事业）；开动（机器）
名が通る（ながとおる）⓪-① 闻名遐迩，举世闻名
ホンダ ⓪【名】（商标名）本田，HONDA
軌跡（きせき）⓪【名】轨迹
幕（まく）②【名】幕，幕布
下ろす（おろす）②【他Ⅰ】使落下，卸下
創業者（そうぎょうしゃ）③【名】创业者，开创者
本田宗一郎（ほんだそういちろう）⓪-③【名】（人名）本田宗一郎
磐田郡（いわたぐん）③【名】（地名）磐田郡
光明村（こうみょうむら）③【名】（地名）光明村
浜松（はままつ）②【名】（地名）浜松
天竜区（てんりゅうく）③【名】（地名）天龙区
独立（どくりつ）⓪【名・自Ⅲ】独立
郷里（きょうり）①【名】乡里，故乡
市内（しない）①【名】市内
部品（ぶひん）⓪【名】零部件
製造（せいぞう）⓪【名・他Ⅲ】制造
工業（こうぎょう）①【名】工业
高等専門学校（こうとうせんもんがっこう）⑨【名】高等专科学校，高专
工学部（こうがくぶ）④③【名】工学部
聴講生（ちょうこうせい）③【名】旁听生
没頭（ぼっとう）⓪【名・自Ⅲ】埋头，沉浸
～ない限り（～ないかぎり）只要不……
教員（きょういん）⓪【名】教员，教师
食い下がる（くいさがる）④⓪【自Ⅰ】紧抓不放
～にかけては 在……方面
負ける（まける）⓪【自Ⅱ】输掉；负于；减价
述懐（じゅっかい）⓪【名・他Ⅲ】抒发心中的感想，感慨，慨叹

敗戦（はいせん）⓪【名・自Ⅲ】战败
翌-（よく-）第二……，次……
研究所（けんきゅうじょ）⓪【名】研究所
設立（せつりつ）⓪【名・他Ⅲ】设立，成立
所長（しょちょう）⓪【名】所长
技研（ぎけん）①【名】技术研发
創業（そうぎょう）⓪【名・自Ⅲ】创业，开创事业
就任（しゅうにん）⓪【名・自Ⅲ】就任
食料（しょくりょう）②【名】粮食
買い出し（かいだし）⓪【名】采购；购买
～につけ 当……的时候
エンジン（engine）①【名】引擎，发动机
オートバイ（和製英語auto+bicycle）③【名】摩托车
第一歩（だいいっぽ）①-①【名】第一步
藤沢武夫（ふじさわたけお）⓪-⓪【名】（人名）藤泽武夫
例える（たとえる）③【他Ⅱ】举例
知音（ちいん）⓪【名】知音，知己
伯牙（はくが）①⓪【名】（人名）伯牙
鐘子期（しょうしき）③【名】（人名）钟子期
～あっての 只有……才有……
原動力（げんどうりょく）③【名】原动力，动力源泉
全面的（ぜんめんてき）⓪【形Ⅱ】全面的
任せる（まかせる）③【他Ⅱ】委托，委任
-まみれ 全是……
技術面（ぎじゅつめん）③【名】技术层面
-面（-めん）……方面
餅は餅屋（もちはもちや）⓪-⓪ 术业有专攻
分をわきまえる（ぶんをわきまえる）①-④ 尽本分
わきまえる ④③【他Ⅱ】理解；识别
情が通う（なさけがかよう）①-⓪ 通情理
実行（じっこう）⓪【名・他Ⅲ】实行
言うは易く行うは難し（いうはやすくおこなうはかたし）②-①-④-① 说起来容易做起来难

第17課　本田宗一郎

往々（おうおう）⓪【副】往往
全般（ぜんぱん）⓪【名】全盘，全部
～きらいがある ⓪-① 有……的倾向，往往……
私事（しじ）①【名】私事
私有物（しゆうぶつ）②【名】私有物品，私人物品
入社（にゅうしゃ）⓪【名・自Ⅲ】进入公司
並（なみ）⓪【名】普通的，一般的
二人三脚（ににんさんきゃく）④【名】两人三脚；两人合作
妥協（だきょう）⓪【名・自Ⅲ】妥协，让步
中途半端（ちゅうとはんぱ）④【名・形Ⅱ】半途而废
だれかれ（誰彼）①【名】谁和谁，某人和某人
怒声を浴びせる（どせいをあびせる）⓪-⓪ 怒骂，呵斥
実験室（じっけんしつ）③【名】实验室
現場（げんば）⓪【名】现场，第一线
データ（data）①【名】数据
現場主義（げんばしゅぎ）④【名】现场主义，实践主义
-主義（-しゅぎ）……主义
石橋をたたいて渡る（いしばしをたたいてわたる）⓪-②-⓪ 谨小慎微
名言（めいげん）⓪【名】名言，名句
進取（しんしゅ）①【名】进取
気性（きしょう）⓪【名】性格，秉性
一面（いちめん）⓪【名】一方面；整个
のぞく（覗く）⓪【他Ⅰ】窥视；扫一眼

社内（しゃない）①【名】公司内
序列（じょれつ）⓪【名・自Ⅲ】序列
地位（ちい）①【名】地位
肩書き（かたがき）⓪【名】头衔；社会地位
命令系統（めいれいけいとう）⑤【名】命令系统，指挥系统
命令（めいれい）⓪【名・他Ⅲ】命令
系統（けいとう）⓪【名】系统
手段（しゅだん）①【名】手段
～しかない　只能是……，只不过是……
言い切る（いいきる）③【他Ⅰ】断言；说完
高価（こうか）①【名・形Ⅱ】高价
直る（なおる）②【自Ⅰ】修理；改正，订正
身体（からだ）⓪【名】身体
～どころか　别说是……就连……
逸話（いつわ）⓪【名】轶闻，趣闻
退任（たいにん）⓪【名・他Ⅲ】退任，卸任
ディーラー（dealer）①⓪【名】经销商；交易商
オーナー（owner）①【名】主人
生き様（いきざま）⓪【名】生存状态
一端（いったん）③⓪【名】一端
かいま見る（垣間みる）④【他Ⅱ】管窥；偷瞄
愚直（ぐちょく）⓪【名・形Ⅱ】愚直，过分正直
徹する（てっする）⓪③【自Ⅲ】彻底
仕事の鬼（しごとのおに）⓪-② 工作狂
～一方（～いっぽう）另一方面
人間味（にんげんみ）③⓪【名】人味儿，有温情的品格
遠望（えんぼう）⓪【名・他Ⅲ】远望，眺望

ユニット2

気にかかる（きにかかる）⓪-② 担心；介意
箇所（かしょ）①【名】处，地方

語彙の学習

1．-あげる

| (1) 抱き上げる、引き上げる、持ち上げる | 向上，起来 |

(2) 書き上げる、築き上げる、仕上げる	完成，做好

2．下ろす

(1) まず荷物を下ろしてください。 (2) あの番組は40年余りの歴史に幕を下ろし、年内で放送を終了することになった。	取下，拿下，摘下
(3) 中国ではATMは24時間使えるし、時間外にお金を下ろしても手数料は一切かかりません。	提取，取出

3．許す

(1) 突然のお手紙、そして質問をお許しください。 (2) 友だちを傷付けた自分が許せない。	允許，容許，原諒
(3) 一人暮らしをしたいけれど、親が許してくれない。	承認，認可，同意
(4) 私も時間の許す限り、色々な催しに足を運んでみようと思っています。 (5) 事情が許せば、再び元の職場で働きたいと考える人も少なくない。	有可能，（客観上）允許

4．順調に

(1) このまま順調にいけば、あと1週間で退院できそうだ。 (2) 新製品の売り上げは順調に伸びている。	順利地

5．納得

(1) 君の提案には納得できない。 (2) このようないい加減な対応では納得できない。 (3) 事情を話したら素直に納得してくれた。	同意，認可，接受，理解

6．熱心

(1) この調査から、働く母親のほうが子どものしつけや教育に熱心であることが分かった。 (2) 仕事に誇りややりがいを感じて、熱心に取り組んでいる若者が増えてきた。 (3) 熱心なファンは応援するチームの試合を必ず見に行く。 (4) 山田さんの仕事へのあの熱心さには、本当に頭が下がります。	認真的，有熱情的

7．負ける

(1) 1点差で負けて悔しい。 (2) ライバルには絶対に負けたくない。	輸，敗

（3） どんな時でも感情に負けない冷静さを身につけろ。	屈服
（4） この仕事を始めてまだ1年の僕ですが、お客様への誠実さと熱心さとでは、誰にも負けない自信があります。	比……差
（5） 1泊2500円と割安だが、マネージャーがさらに2200円に負けてくれた。	減価，降価

8．果たす

（1） インターネットは、わたしたちの日常生活の中で、きわめて重要な役割を果たしている。 （2） 自分の果たせなかった夢を子どもに押し付けるのはやめましょう。 （3） いずれにせよ、私は義務を果たした。	完成，実現

9．力

（1） ご飯を食べないと力が出ないと思い込んでいた。	体力，力気，力量
（2） 風の力を利用して発電するのは環境に優しい。	（物理）力
（3） 試験となると、緊張して普段の力が出せなくなることがある。	能力，実力
（4） お金の力は人の心を動かすことができるのか。	助力，力量
（5） 今回の事件は親の力でなんとかなると思うのは大間違いだ。	権力

単　語（語彙の学習）

引き上げる（ひきあげる）④【他Ⅱ】拉上来，吊起；提高；提拔

持ち上げる（もちあげる）⓪【他Ⅱ】举起，抬起，拿起；抬举，吹捧，奉承

書き上げる（かきあげる）④⓪【他Ⅱ】写完，写好

築き上げる（きずきあげる）⑤【他Ⅱ】建造好，盖好

仕上げる（しあげる）③【他Ⅱ】做完，完成

年内（ねんない）①【名】年内

放送（ほうそう）⓪【名・他Ⅲ】播放，广播

ATM（エイティーエム）⑤【名】（Automatic Teller Machine的缩略说法）自动取款机

手数料（てすうりょう）②【名】手续费

足を運ぶ（あしをはこぶ）②-⓪ 到……地方去

事情（じじょう）⓪【名】情况，事由

元（もと）①【名】原来，原本

売り上げ（うりあげ）⓪【名】营业额

しつけ（躾）⓪【名】教养，教育

誇り（ほこり）⓪【名】自豪

取り組む（とりくむ）③⓪【自Ⅰ】埋头，热衷于某事；（相扑选手）互相揪住

ライバル（rival）①【名】对手，竞争者

誠実（せいじつ）⓪【名・形Ⅱ】诚实

実用日语 中级（下册）

マネージャー（manager）②⓪【名】经理，管理人；经纪人；领队
きわめて（極めて）②【副】非常，极其
押し付ける（おしつける）④【他Ⅱ】强加，强迫；压上，摁上
いずれにせよ ⑤ 无论如何，不管怎么样
いずれ（何れ）⓪【名】哪一个
義務（ぎむ）①【名】义务
発電（はつでん）⓪【名・自Ⅲ】发电
大間違い（おおまちがい）③【名】大错特错

文型の学習

1．～ない限り＜限定条件＞

✎彼は納得のいく答えを<u>もらえない限り</u>、どこまでも教員に食い下がるなど、研究の熱心さにかけてはだれにも負けなかったと、当時の宗一郎を知る人は述懐している。

「限り」接在名词、形容词、动词的否定形式后面，用于限定条件，意为只要该动作或状态不成立，则与之相关的另一事项也无法成立。后项多表示否定或困难的意义。相当于汉语的"只要不……就不……"、"除非……否则……"。

(1) お金の問題を解決しない限り、先へは進まない。
(2) あの会社は、大卒でない限り、応募は無理なようだ。
(3) 本人の許可がない限り、連絡先などを他人に教えてはいけない。
(4) 国民の理解が得られない限り、この政策の実施は難しいだろう。
(5) 日本語の文章は、最後に結論を持ってくるため、文章を最後まで読まない限り、その趣旨が理解できないことがよくある。

2．Nにかけては＜突出之处＞

✎彼は納得のいく答えをもらえないかぎり、どこまでも教員に食い下がるなど研究の熱心さ<u>にかけては</u>だれにも負けなかったと、当時の宗一郎を知る人は述懐している。

「にかけては」接在名词后面，后项叙述说话人的评价，意为在该能力或素质方面优于他人。

(1) 私は記憶力にかけては自信がある。
(2) 画家の彼女は色の使い方にかけては天才的だと評価されている。

（3）私はあまり自慢できることはないが、歩く速さにかけては誰にも負けない。
（4）彼は卓球が得意で、小学生の頃から卓球にかけては彼の右に出るものがほとんどいなかった。

3．Vにつけ＜情感的诱因＞

🖉このころ宗一郎は、苦労して遠くまで食料の買い出しに行かなければならない妻の姿を見るにつけ、「自転車にエンジンをつけたら楽になるのではないか」と考えて、オートバイの研究を始めた。

「につけ」接在「見る」「聞く」「思う」等动词词典形的后面，表示每当该动作发生，就会引发后项所述的感情或思考。相当于汉语"一……，就……"、"每当……，就……"。

（1）被災地の情報を聞くにつけ、心が痛む。
（2）被災地の人々の悲しみと苦しみを思うにつけ、何かしなくてはと気が焦る。
（3）大学生の就職が厳しいという記事を読むにつけ、息子のことが心配でならない。
（4）古いアルバムの写真を見るにつけ、月日の流れというものを感じてしまう。

4．N₁あってのN₂＜依存关系＞

🖉二人の関係は、例えるならば、「知音」の伯牙と鐘子期のようなもので、藤沢あっての宗一郎と言ってもよい。

「N₁あってのN₂」表示N₂对N₁的依存关系，即没有N₁就没有N₂。如果是「Nあってのこと／Nあってのもの」，则一般表示它与主语之间存在着依存关系。相当于汉语的"有……才有……"。

（1）地球あっての人間ということを忘れてはならない。
（2）苦労あっての幸せだから、苦労しないと幸せも味わえない。
（3）このように好きなことができるのも家族の理解あってのことだ。
（4）大会が無事に終了しましたのも、皆様のご協力あってのことと、深く御礼申し上げます。

5．-まみれ＜遍布＞

🖉宗一郎は会社の経営を全面的に藤沢に任せ、自分自身は油まみれになって技術面の仕事に没頭した。

「まみれ」接在名词后面，表示身体或物体表面布满、粘满该物。相当于汉语的"满身是……"、"粘满……"。

(1) 男は泥まみれの靴を履いていた。
(2) テレビの裏に埃まみれの本を見つけた。
(3) 子どものころ、長野で雪まみれで遊んでいたことが、心に残っている。
(4) グランドでは、子どもたちが汗まみれになって走り回っている。

6．～きらいがある＜傾向＞

✎往々にして、創業者社長は業務全般に自分の思い通りにするきらいがあるが、宗一郎のように、私事を超えて会社のために力を注いだ人間は少ない。

「きらいがある」接在"名词+の"或动词词典形的后面，表示具有该倾向。多为负面评价，书面语。相当于汉语的"往往……"、"容易……"。

(1) 最近食べすぎのきらいがあるので気をつけなければならない。
(2) うちの社長は思いつきで物を言うきらいがある。
(3) 私は目の前の仕事に集中すると周りが見えなくなるきらいがある。
(4) 人は、食べ物や飲み物の嗜好、スーツや時計など身につけるもの、車などで相手を判断するきらいがある。

7．Nでしかない／Vしかない＜较低的评价／唯一的手段＞

✎仕事には厳しい宗一郎であったが、社内の序列や地位には無頓着で、社内の肩書きは、命令系統をはっきりさせるための手段でしかないと言い切っている。

「でしかない」接在名词后面，表示对该事物较低的评价，意为其价值不过如此，可以与「にすぎない」互换。相当于汉语的"只不过是……"；「しかない」接在动词词典形的后面，意为只能这样做，没有其他办法。相当于汉语的"只能……"。

(1) 彼にとって小説を書くことは趣味の一つでしかない。
(2) これはただの推測でしかないので、本当のことは分からない。
(3) こんな暑い日は海に行くしかない。
(4) どうしても必要なので、高くても買うしかない。

8．～どころか＜相反的事实＞

✎機械を壊した人間を叱るどころか、かえってその社員がけがをしなかったかどうかを心配したという逸話が残っている。

「どころか」接在名词或动词、形容词连体形的后面，表示后项叙述与前项相反

的事実，意为实际情况完全出乎预测、想象或期待。相当于汉语的"哪里谈得上……简直……"、"岂止……甚至……"。

（1）各部屋にはテレビ**どころか**、パソコンもエアコンも備えてあった。
（2）評判のレストランは、おいしい**どころか**、今まで経験したことがないほどまずかった。
（3）僕としては、この出張は嫌な**どころか**、かなり楽しみにしていた。
（4）電車は超満員で、座る**どころか**立つ場所さえなかった。

単　語（文型の学習）

大卒（だいそつ）⓪【名・自Ⅲ】大学毕业
政策（せいさく）⓪【名】政策
結論（けつろん）⓪【名】结论
趣旨（しゅし）①【名】宗旨，主旨
画家（がか）⓪【名】画家
右に出るものがいない（みぎにでるものがいない）无出其右
痛む（いたむ）②【自Ⅰ】疼痛；伤心，苦恼；花钱心疼
月日（つきひ）②【名】日月

御礼（おんれい）⓪【名】感谢，感激
埃（ほこり）⓪【名】尘埃，灰尘
グランド（ground）⓪【名】操场，运动场
走り回る（はしりまわる）⑤【自Ⅰ】到处跑，跑来跑去
思いつき（おもいつき）⓪【名】一时想起，随便一想；灵机一动
嗜好（しこう）⓪【名】嗜好
超満員（ちょうまんいん）③【名】超满员，超员

練　習

A．内容確認
1．「ホンダ」の発展する軌跡が本田宗一郎さんの一生であると言っていますが、どうしてですか。
2．宗一郎さんは仕事上の問題を解決するために、どのように勉強しましたか。
3．宗一郎さんがオートバイの研究を始めたきっかけは何ですか。
4．「餅は餅屋」は誰のどのようなことを言っていますか。
5．本文にある「二人三脚」の意味を具体的に話してください。
6．宗一郎さんに関する逸話で印象深いことをまとめてください。

实用日语 中级（下册）

7．宗一郎さんは退任してからどんなことをしましたか。
8．本田宗一郎さんはどのような性格であったと思いますか。
9．宗一郎さんの創業過程を簡単にまとめてください。

B．語彙の練習

1．次の漢字の読み方を書いてください。

翌	姿	餅	情	鬼	並	糧	幕	中途半端
地元	郷里	高等	専門	工学	事業	業務	株式	機械科
金属	部品	所長	地位	責任	序列	軌跡	名言	創業者
世紀	石橋	一端	私事	身内	個人	身体	手段	私有物
知音	伯牙	鐘子期	逸話	餅屋	気性	聴講生	片田舎	従業員
系統	全般	怒声	姿勢	肩書き	原動力	技術面	人間味	探究心
没頭	進取	拡大	入社	独立	設立	就任	退任	命令
信頼	経験	成長	順調	敗戦	述懐	納得	愚直	苦労
遠望	挑戦	失敗	妥協	挨拶	往々	熱心	旺盛	無頓着
高価	修理	遠慮	箇所	資料	気さく	丁稚奉公	現場主義	
二人三脚	思い通り	厳しい	飾る	通る	開く	注ぐ	許す	直る
治る	壊す	叱る	渡る	富む	負ける	超える	壊れる	徹する
任せる	果たす	浴びる	下ろす	言い切る	立ち上げる	食い下がる		

2．□から適当な言葉を選んで、必要なら正しい形に変えて_____に書き入れてください。

(1) 下ろす　許す　没頭する　負ける　立ち上げる　納得する　つける
　① 彼は棚から荷物を_____てくれた。
　② 残念なことに先生は3票の差で選挙に_____しまった。
　③ お客さんが_____まで説明するのが私の仕事です。
　④ 最近、サークルのホームページを_____。
　⑤ 彼は休まずに研究に_____いる。
　⑥ いい習慣を身に_____のは大変です。
　⑦ 親に_____もらえなかったので、李さんは留学をあきらめた。

(2) 任せる　わきまえる　果たす　言い切る　富む　注ぐ
　① 親として子どもの教育に力を_____べきではないかと思います。
　② この仕事は私たちに_____ください。精一杯頑張ります。

③ 何を言ってるの？　自分の立場を_____なさい。
④ 変化に_____自然と静かな暮らしを守るためにこの委員会を作りました。
⑤ 自分にはまったく不備がないと_____ことはできない。
⑥ 社会的責任を_____人間を育てるのが教育の基本ではないか。

(3) 二人三脚　中途半端　無頓着　人間味
① _____あふれる作品ですから何度も読みました。
② 父は_____人間で、母を困らせていた。
③ どんな病気でも、治療には、医師と患者さんの_____が大切です。
④ うちの娘は何をやらせても_____で終わる。

C．文法の練習

1．①は意味を考えて、②③は（　）の言葉を正しい順番に並べ替えて、文を完成させてください。

(1) ～ない限り
① 特別な理由がない限り、欠席は許しません。
② （毎朝・ジョギング・雨が・限り・降らない・している）
_____、_____。
③ （は・限り・夢・諦めない・続く）

_____、_____。

(2) Nにかけては
① 彼は水泳にかけては、クラスの誰にも負けない。
② （料理・彼女・プロ並み・かけては・は・に）
_____だ。
③ （単語・彼・暗記・かなう・に・かけては・の・に）
_____者はいない。

(3) Vにつけ
① 祖母が編んでくれたセーターを見るにつけ、優しかった祖母を思い出す。
② （聞く・地震・つけ・ニュース・に・の・を）
_____心が痛い。
③ （記事・就職・読む・につけ・の・を）
_____世の中の厳しさを感じざるをえない。

(4) N₁あってのN₂
　　① デパートはお客様あっての商売で、お客様は何より大切だ。
　　② （関係者・成功・ご協力・の・あっての）
　　　　_____だと思います。ありがとうございました。
　　③ （日々・勝利・練習・あっての・の）
　　　　_____だ。

(5) ーまみれ
　　① 一晩中雪が降っていたため、車は雪まみれになった。
　　② （油絵・方法・埃まみれ・きれい・する・を・に・の）
　　　　_____を紹介します。
　　③ （サッカーの練習・毎日・泥まみれ・で）
　　　　子どもの時、_____をしていた。

(6) 〜きらいがある
　　① 最近のテレビ番組はコマーシャルが多すぎるきらいがある。
　　② （欠ける・根気・きらい・に・が・ある）
　　　　弟は才能があるけれど、_____。
　　③ （が・ある・活字の本・きらい・読まなくなる・を）
　　　　最近の若者はマンガ好きで、_____。

(7) Nでしかない／Vしかない
　　① 電子辞書が直せないから新しいのを買うしかない。
　　② （帰る・しかない・タクシー・で）
　　　　終電がなくなったので、_____。
　　③ （の・始まり・すべて・でしかない）
　　　　すべての終わりは_____。

(8) 〜どころか
　　① ダイエットをしたのに、痩せるどころか太ってしまった。
　　② （おいしい・お弁当・あの・は・どころか）
　　　　_____、食べられるレベルにもなっていない。
　　③ （1万円・千円・持っていない・も・どころか）
　　　　_____。

2．次の（　）に適当な助詞（仮名一文字）を入れてください。
  (1) これが世界のホンダ（　）（　）第一歩となった。
  (2) 彼は納得のいく答えをもらえない限り、どこ（　）（　）（　）教員に食い下がるなど、研究の熱心さにかけてはだれ（　）（　）負けなかった。
  (3) 宗一郎はグループ企業だけではなく、その従業員（　）（　）（　）心をこめて挨拶して回った。
  (4) 宗一郎は飾らず気さくな人間味（　）あふれた人物である。
  (5) 失敗（　）糧にして人は成長する。
  (6) おじいさんは田舎町（　）自動車修理工場を立ち上げた。
  (7) 仕事（　）関しては妥協を許さない。
  (8) 宗一郎は実験室（　）（　）（　）現場のデータを重視していた。

単　語（練習）

患者（かんじゃ）⓪【名】患者
欠席（けっせき）⓪【名・自Ⅲ】缺席
商売（しょうばい）①【名・自Ⅲ】买卖，经商，生意
勝利（しょうり）①【名】胜利
一晩中（ひとばんじゅう）⓪【名】一整晚，整

整一晚上
コマーシャル（commercial）②【名】（广播电视中的）商业广告
欠ける（かける）⓪【自Ⅱ】欠缺
根気（こんき）⓪【名】耐性，毅力
活字（かつじ）⓪【名】活字，铅字

D．応用練習

タスク：自分史を作りましょう

自分史とは

自分が自分の人生を深く理解するために、自分を取材して書く物語。

自分史の目的

① 自分とはどんな人間なんだろう、と深く考える。
　　→　キャリアデザインの第一歩
② オリジナルの文章を書く。
③ 自分史を書くプロセスで自分の輪郭を確認する。
　　→　自己理解の第一歩

> 準備①　正確に思い出す

> 準備②　テーマを決める

> 準備③　自分の年表を作る

- 自分が生まれた年から現在までの、個人史を書く。自分のことだけではなく、家族、学校、友人の出来事も書いてよい。
  ※　アルバムを見ながら
- 自分にとって印象深いイベント、流行、事件、人気映画、人気番組なども書く。

> 自分の年表の例

年代	年齢	個人の出来事	家族の出来事	流行	社会事件

> 準備④　自己紹介シートを作成

自己紹介シート

① 私の人生の5大事件
② 私にとってもっとも大切な5人
③ これまで、自分が最も時間を割いて集中したこと。
④ 私の好きなもの、嫌いなもの
⑤ 私のこだわり
⑥ 出身地で自慢できるもの
⑦ （自由項目）

自分史の書き方の例①

```
タイプ1：時間軸に沿って、書く。
    第1章  子どもの頃
    第2章  中学生時代
    第3章  高校での挫折
    第4章  運命の出会い
    第5章  受験
    第6章  今、将来へ
```

自分史の書き方の例②

```
タイプ2：  出来事やテーマに焦点を当てて書く。
    第1章  日本語との出会い
    第2章  日本語学習の決心
    第3章  挫折
    第4章  あたたかい励まし
    第5章  スピーチコンテストに出場
    第6章  日本語学習から学んだこと
```

あとは、ひたすら書く。たいへんかもしれないが、この自分史はいつかあなたの財産として残る！

一、给下列划线的汉字选择一个正确的读音

1．大学の時、アルバイトに<u>没頭</u>していた。
　　A．ぼっとう　　　B．ぼつとう　　　C．ぽっとう　　　D．ぽつとう

2．今年の初め頃から<u>地元</u>で働き始めた。
　　A．じもと　　　　B．ちもと　　　　C．ちげん　　　　D．じげん

3．心に残る<u>名言</u>が一つあります。
　　A．めいごん　　　B．めいこと　　　C．めいげん　　　D．めいけん

4．やっぱり<u>郷里</u>の手作りのそばはおいしい。
    A．きゅうり   B．きゅり   C．ふるさと   D．きょうり
5．最近食欲が<u>旺盛</u>でついつい食べ過ぎてしまいます。
    A．おうせい   B．こうせい   C．ほうせい   D．もうせい
6．家事や育児は2人で分担し、<u>二人三脚</u>で頑張っている。
    A．ふたりさんきゃく   B．ふたりさんぎゃく
    C．ににんさんきゃく   D．ににんさんぎゃく
7．<u>気性</u>の激しかった父が生まれ変わった。
    A．きしょう   B．けしょう   C．きせい   D．けせい
8．これは<u>身内</u>にしか言えないことだ。
    A．しんない   B．しんうち   C．みない   D．みうち
9．宗一郎は84歳で人生の<u>幕</u>を下ろした。
    A．まく   B．もく   C．ばく   D．ぼく
10．この点にに関しては絶対に<u>妥協</u>はしません。
    A．だきょう   B．だきゅう   C．だっきょう   D．だっきゅう

二、给下列划线的假名词汇选择一个正确的汉字

11．海外の販売は<u>じゅんちょう</u>に拡大している。
    A．順利   B．順調   C．順暢   D．順路
12．<u>ちゅうとはんぱ</u>に終わってしまうのはいやだ。
    A．中途端半   B．中途半端   C．途中端半   D．途中半端
13．見かけと<u>かたがき</u>で人を判断してはいけない。
    A．肩書き   B．方書き   C．型書き   D．片書き
14．愛には理解と<u>だきょう</u>が必要だ。
    A．妥协   B．妥協   C．諧协   D．諧協
15．100メートルの記録に<u>ちょうせん</u>してみたいです。
    A．兆戦   B．挑戦   C．朝鮮   D．長線
16．中世において<u>いつわ</u>の多い人物は少なくない。
    A．逸話   B．説話   C．物語   D．筋話
17．<u>じょれつ</u>の順に席が並べてある。
    A．書列   B．叙列   C．序列   D．序例
18．つらい経験は心の<u>かて</u>になる。
    A．食   B．糧   C．質   D．品
19．資格を取るためにもう一度大学院に戻り、<u>ちょうこうせい</u>になりました。
    A．長講生   B．聴課生   C．聴講生   D．傍聴生

20. 社長は「創業からの<u>きせき</u>」を題にして会社の歴史を述べた。
　　A. 軌蹟　　　　B. 軌跡　　　　　C. 軌道　　　　　D. 軌轍

三、给下列句子的划线处选择一个正确答案

21. 父の怒声を_____ことで、俺の一日は始まる。
　　A. 被る　　　　B. 当たる　　　　C. 受ける　　　　D. 浴びる
22. 父は身なりも_____出かけるので、一緒に歩くのが恥ずかしい。
　　A. 問わず　　　B. かかわず　　　C. かまわず　　　D. かけず
23. 私が大学時代に最も_____ことはゼミ活動でした。
　　A. 火を注いだ　B. 油を注いだ　　C. 水を注いだ　　D. 力を注いだ
24. _____結果が出るまで、頑張ります。
　　A. 納得のいく　B. 納得のつく　　C. 納得の通る　　D. 納得の得る
25. あの公園には約600本もの桜が植えられ、全国でも_____桜の名所だ。
　　A. 心が通った　B. 名が通った　　C. 声が通った　　D. 息が通った
26. 父はゆっくり休む_____いつもより仕事に夢中になった。
　　A. どころか　　B. ところか　　　C. ばかりか　　　D. ばかりに
27. 自分の子どもの将来を考える_____、今の政治状況を憂う。
　　A. につき　　　B. につけ　　　　C. において　　　D. にかけて
28. 私の英語は間違い_____ですが、相手は何とか理解出来ているようです。
　　A. まみれ　　　B. つつみ　　　　C. だらけ　　　　D. かぎり
29. 仕事に没頭できるのも家族の支え_____ことだ。
　　A. あっての　　B. あげての　　　C. だけの　　　　D. ばかり
30. 忍耐強さ_____、誰にも負けない。
　　A. にかけては　B. にまでは　　　C. にわたって　　D. にすぎて
31. たとえ皆に_____私は正しいと思ったことをする。
　　A. 反対して　　B. 反対しても　　C. 反対されて　　D. 反対されても

四、从A～D的选项中选择与例句意思相同的句子

32. 試験に合格するにしろしないにしろ留学したい気持ちは変わらない。
　　A. 試験に合格したら留学します。
　　B. 試験に不合格になったら留学します。
　　C. 試験に合格したら留学し、合格しなかったら留学しません。

D. 試験の結果とは関係なく留学したいです。

33. マリさんは日本の新聞を読めるどころか平仮名さえも読めない。

    A. マリさんは日本の新聞も平仮名も読める。
    B. マリさんは日本の新聞も平仮名も読めない。
    C. マリさんは日本の新聞が読めるけれど、平仮名は読めない。
    D. マリさんは平仮名が読めるけれど、日本の新聞は読めない。

34. 隣の人はいつも夜が遅いのもかまわず大声で話しています。

    A. 隣の人は夜遅くまで大声で話しています。
    B. 隣の人は夜遅くなってから大声で話しています。
    C. 隣の人は夜遅くなっても平気で大声で話しています。
    D. 隣の人は夜遅くなる前に大声で話しています。

五、阅读下列文章，并回答文后单项选择题

川端康成は、1899年に大阪で生まれた。幼い頃に父母を亡くし、姉は母の妹に、川端は父方の祖父母に引き取られた。しかし、7歳の頃に祖母を亡くし、そこから目の不自由な祖父との二人暮らしが始まった。祖父は芸術に対する意識が高く、とても教養があった。川端は祖父の影響を大いに受けたが、その祖父は15歳の頃に亡くなった。

川端は少年時代から読書が好きで、中学生の頃には源氏物語などの日本の古典を音読していた。また、この頃から文芸雑誌に新体詩、短歌、作文などを投稿し、中学5年生の頃には地元の京阪新聞に原稿を持ち込んで、短文が掲載された。中学校を卒業すると東京に出て予備校に通い始め、1917年に第一高等学校（東京大学の前身）に入学して、寮生活を始めた。しかし、川端は寮生活に馴染めず、2年生に進級すると伊豆に旅に出た。この19歳の時に出会った踊子との恋が26歳で執筆する「伊豆の踊子」の題材となった。

1920年、東京大学英文科に入学するが、翌年国文科へ転科。大学時代に第6次の「新思潮」を発行し、そこに発表した作品が菊池寛に認められ、交流を持つようになって文壇への道が開けた。

1968年にノーベル文学賞を受賞し、『美しい日本の私』という講演を行った。その3年後、72歳の時に、門下の三島由紀夫の割腹自殺などによる強度の精神的動揺から、逗子マリーナの仕事場でガス自殺をとげた。

35. 川端康成は誰の影響で文学に興味を持つようになったのですか。
　　A. 両親　　　　B. 祖父　　　　C. 祖母　　　　D. 姉
36. 川端康成の出身大学はどこですか。
　　A. 第一高等学校　　　　　　　　B. 東京大学英文科
　　C. 東京大学国文科　　　　　　　D. 東京の予備校

六、把下列句子翻译成汉语

37. 学生でない限り汽車の割引の切符は買えない。

38. 被災地の様子を見るにつけ、地震の恐ろしさを痛感せずにはいられない。

39. 留守中風でドアが開き、家中雪まみれになっていた。

40. 勉強あっての成功だ、頑張らなければ合格できない

41. この歌は数週間にわたって1位を記録している。

42. 雨は止むどころかだんだんひどくなってきた。

43. 彼は怪我をした足が痛むのもかまわず、最後まで旅行を続けた。

44. たとえ手術を受けても完全には治らないだろう。

七、把下列句子翻译成日语

45. 别说是一万日元，就是一千日元我也没有。

46. 84岁，"本田"创始人、本田宗一郎的人生完美谢幕，可以说他的一生就是"本田"企业发展历程的写照。

47. 他靠着丰富的经验和旺盛的探索精神，将开设在乡村的一家汽车修理厂经营成了世界闻名的大企业。

48. 行家就是行家，他们分工明确，相互信任，各尽其责。人是有私情的，这样的事说起来容易做起来难。

49. 他们在公园根本不避人，竟然当众接吻。

50. 无论你是反对还是赞成，请说出理由。

漢字の学習

奇跡	軌跡	遺跡	足跡	傷跡	鳥の足跡				
長所	短所	所長	箇所	近所	住所	名所	役所	所得税	停留所
姿勢	大勢	優勢	態勢	形勢	情勢	勢力			
事情	純情	情報	表情	友情	愛情	感情	苦情	同情	情ない
許可	免許	特許	許容	許す					
妥協	協力	協調	協定	協議	協会				
創業	創作	創造	創刊	創立	独創				
就任	責任	退任	任務	赴任	任せる				
過失	失敗	失業	失礼	失恋	損失	失格	紛失	失う	
経営	経済	経験	経由	経度	経費	経過	経つ		

第18課

日本のポップカルチャー

学习目标

- 能够读懂专题性的文章
- 能够准确理解文章大意并把握主要信息
- 能够协商变更约定的事情并说明理由

句式

- Vきる＜程度达到极限＞
- N_1によるN_2＜手段、方法＞
- N_1といい、N_2といい＜并列＞
- Vてはならない＜禁止＞
- ～まで＜程度＞
- ～にとどまらず＜事态进一步发展＞
- Nに限らず＜非限定＞
- Nをもって＜手段＞

ユニット1　読解

日本のポップカルチャー

　アニメやゲームのキャラクターの衣裳をまとってその人物になりきって楽しむコスプレ、レースやリボンで飾ったロリータ・ファッションのパフォーマンス。ここは日本ではなく、中国のあるアニメイベントでの光景である。

　このような日本関係のイベントは、ここ数年、世界各国で多くのファンを集めている。最も有名なのは、今年で12回目を迎えるパリのジャパン・エキスポで、集客数は18万人にものぼるという。スペインやイタリアでも、数万人も集まる大規模な同様のイベントが行われている。こうしてみると、日本のポップカルチャーは、ソフトパワーとして世界に発信していると言っても過言ではない。

　この、世界中の若者を熱狂させているマンガ、アニメ、ゲームは、実は日本の伝統文化と深くかかわっている。

　「日本最古の漫画」と言われている「鳥獣人物戯画」は、12世紀～13世紀に描かれた動物画の絵巻物である。お調子者のおっちょこちょいの兎、真面目な熱血漢の蛙など擬人化された様々な動物が登場し、人まねをして遊ぶ様子などもユニークに描かれ、当時の世相を風刺している。そしてこの「鳥獣人物戯画」は、日本絵画史の一大傑作として高く評価されている。時代が下って、江戸時代の中ごろに盛んだった大量生産による木版出版物は、生産過程といい分業制度といい、今日のマンガの制作過程に共通するものがある。当時、シリーズものが江戸や大坂などで人気を博していたが、そのストーリーのシリーズ化も、今日のアニメ、マンガ、ゲームなどに通ずるところがある。また、日本の漫画には、市井の人々の中から生まれた雑草文化的な特徴があり、育てようとして育てたものというよりも、もまれたり踏まれたりしながらもしぶとく生き残ってきたものである。

日本のマンガやアニメ、ゲームの魅力といえば、まずその題材、ストーリー、ジャンルなどの多様性である。日本のマンガ、アニメなどはジャンルの幅が広く、自由な発想に基づいて作られており、ストーリーも複雑かつ緻密で、個々のキャラクターの魅力も秀でている。加えて、伝統と現代の共存、外来文化への柔軟性なども見られる。日本のマンガやアニメが世代や国境を越えて親しまれる理由の一つは、ここにあると思われる。

　次に、昔から継承されてきた日本の絵画独自の風格が挙げられる。かつて、近世の浮世絵の豊かな表現が、ゴッホをはじめとした西洋の芸術家にも強い影響を与えた。そのダイナミックな構図や省略の仕方、人物表現などが現代のマンガなどにも受け継がれ、容易に真似のできないコアコンピタンスを作り上げているのである。

　もう一つ忘れてはならないのは、外国の最新技術を積極的に導入し、文化的な産業の発展を推進したことである。現代マンガの技法は西洋で誕生したが、手塚治虫に代表される日本のマンガ家は独自の世界を創り上げ、逆輸出した。また、ゲームソフトも米国発であるが、日本の企業が産業にまで育てた。実際、今日の日本では、マンガ、アニメ、ゲームソフトといえば、文化の範疇にとどまらず、規模の大きな産業としても無視できない存在になっている。それは、海外の技術に改良を加えて新しいものを作る、日本的なモノ作りにも通じているように思われる。

　このように、日本のマンガやアニメ、ゲームは、千年も前から続く長い伝統が西欧から入ってきた表現形式と出会って生まれたもので、日本が世界に誇るポップカルチャーの代表となり、大規模な文化的な産業としても発展してきた。今後は、グローバル化に伴って、マンガ、アニメ、ゲームに限らず、ファッションやグルメ、音楽などを含めた日本のポップカルチャーは、独特の魅力をもって、世界の子どもや若者、大人たちを引きつけていくに違いない。

ユニット2　会話

日時の変更

会話機能——打ち合わせの日時の変更

（取引先学習社の吉田は李に約束の期日の変更を相談する）

吉田：あのう、勝手なことを言って、誠に申し訳ないのですが、先日お約束した打ち合わせ、日時を変更していただけないでしょうか、…。

李　：どうなさいましたか。

吉田：実は、急に北海道への出張が決まりまして、2、3日東京を留守にすることになってしまったんです。

李　：そうですか。分かりました。それでは、吉田さんが東京に戻られてから、再度日時の打ち合わせをするということにしましょうか。

吉田：ありがとうございます。では、東京に戻りましたら、お電話を差し上げます。ご迷惑をおかけして申し訳ありません。

李　：いいえ。ご連絡お待ちしています。

> ★出現情況必须改变事先约定时，应及时通知对方，以免引起不必要的误解或给对方带来不便。
> 1）表示歉意。
> 2）说明原委，以求对方谅解。
> 3）征求对方意见，采取补救措施，并再次致歉。

単　語

ユニット1

ポップカルチャー（pop culture）④【名】大众文化

キャラクター（character）①⓪【名】（小说、漫画、戏剧中的）出场人物；性格，人格

衣裳（いしょう）①【名】舞台服装
まとう②【他Ⅰ】穿在身上；缠，裹
コスプレ（cosplay）⓪【名】（「コスチュームプレー」（costume play）的省略说法）通过造型扮演动漫或游戏中的角色，角色扮演
レース（lace）①【名】蕾丝
リボン（ribbon）①【名】缎带，丝带，彩带
ロリータ・ファッション（和製英語Lolita fashion）⑤【名】洛丽塔风尚，萝莉风
ロリータ（Lolita）②【名】洛丽塔，萝莉
パフォーマンス（performance）②【名】表演，演奏，演技；行为表现
光景（こうけい）⓪【名】光景，情形
パリ（Paris）①【名】（地名）巴黎
ジャパン（Japan）②【名】（国名）日本
エキスポ（Expo）⓪②【名】世博会，博览会
集客数（しゅうきゃくすう）④【名】游客数量
集客（しゅうきゃく）⓪【名】吸引游客
大規模（だいきぼ）③【名・形Ⅱ】大规模
スペイン（Spain）②【名】（国名）西班牙
ソフトパワー（soft power）④【名】软实力
パワー（power）①【名】实力；能量
発信（はっしん）⓪【名・他Ⅲ】发信，发布，发出信号
熱狂（ねっきょう）⓪【名・自Ⅲ】狂热
最古（さいこ）①【名】最古老
鳥獣人物戯画（ちょうじゅうじんぶつぎが）⑨【名】鸟兽人物戏画
動物画（どうぶつが）⓪【名】动物画
絵巻物（えまきもの）⓪【名】画卷，绘卷物
お調子者（おちょうしもの）⓪【名】飘飘然者，得意忘形者；迎合帮腔者
おっちょこちょい⑤【名・形Ⅱ】轻浮，毛手毛脚，不稳重
熱血漢（ねっけつかん）④【名】热血男儿
蛙（かえる）⓪【名】青蛙
擬人化（ぎじんか）⓪【名・他Ⅲ】拟人化
人まね（ひとまね）⓪【名・自Ⅲ】模仿人

ユニーク（unique）②【形Ⅱ】独特，特殊
世相（せそう）⓪【名】世相，世间万象
日本絵画史（にほんかいがし）⑤【名】日本绘画史
絵画（かいが）①【名】绘画
一大傑作（いちだいけっさく）⑤【名】一大杰作
傑作（けっさく）⓪【名】杰作
時代が下る（じだいがくだる）⓪-⓪岁月迁移，时代变迁
江戸時代（えどじだい）③【名】江户时代（公元1603年～1867年）
江戸（えど）⓪【名】（地名）江户
生産（せいさん）⓪【名・他Ⅲ】生产
木版（もくはん）⓪【名】木版
出版物（しゅっぱんぶつ）③【名】出版物
分業（ぶんぎょう）⓪【名・自Ⅲ】分工，分别承担
制度（せいど）①【名】制度
～といい～といい　无论是……也好，……也好
制作（せいさく）⓪【名・他Ⅲ】制作
大坂（おおさか）⓪【名】（地名）大阪（的旧称）
博する（はくする）③【他Ⅲ】博得，获得
通ずる（つうずる）⓪【自他Ⅲ】贯通
市井（しせい）①【名】市井
雑草文化（ざっそうぶんか）⑤【名】草根文化
雑草（ざっそう）⓪【名】杂草
もむ（揉む）⓪【他Ⅰ】揉搓
しぶとい③【形Ⅰ】坚强，顽强，不气馁
生き残る（いきのこる）④⓪【自Ⅰ】幸存，残存
題材（だいざい）⓪【名】题材
ジャンル（法语genre）①【名】门类，种类，体裁
多様性（たようせい）⓪【名】多样性
幅（はば）⓪【名】幅度，宽度；范围
緻密（ちみつ）⓪【名・形Ⅱ】致密；周密

個々（ここ）①【名】个个，每个
秀でる（ひいでる）③【自Ⅱ】卓越，突出
外来文化（がいらいぶんか）⑤【名】外来文化
柔軟性（じゅうなんせい）⓪【名】灵活性；柔软性
世代（せだい）①⓪【名】世代；一代
国境（こっきょう）⓪【名】国境
親しむ（したしむ）③【自Ⅰ】亲密，接近，喜爱
継承（けいしょう）⓪【名・他Ⅲ】继承
独自（どくじ）①⓪【名・形Ⅱ】独自
風格（ふうかく）⓪【名】风格
近世（きんせい）①【名】近世，近代（指日本历史上封建社会后期的安土桃山、江戸时代）
浮世絵（うきよえ）⓪③【名】浮世绘
ゴッホ（Vincent Van Gogh）①【名】（人名）梵高
ダイナミック（dynamic）④【形Ⅱ】活跃的，有力量的
構図（こうず）⓪【名】构图
省略（しょうりゃく）⓪【名・他Ⅲ】省略
受け継ぐ（うけつぐ）⓪③【他Ⅰ】继承
容易（ようい）⓪【名・形Ⅱ】容易，轻易
真似（まね）⓪【名】模仿
コアコンピタンス（core competence）③【名】核心技术，核心能力

〜てはならない　不能……，不可以……
推進（すいしん）⓪【名・他Ⅲ】推进
技法（ぎほう）⓪【名】技法
誕生（たんじょう）⓪【名・自Ⅲ】诞生，问世
手塚治虫（てづかおさむ）⓪-⓪【名】（人名）手冢治虫
逆輸出（ぎゃくゆしゅつ）③【名】逆输出，反向出口
米国発（べいこくはつ）⑤【名】源于美国，美国发明
米国（べいこく）⓪【名】（国家名）美国
今日（こんにち）①【名】如今，当今，今日
範疇（はんちゅう）⓪【名】范畴
〜にとどまらず（〜に止まらず）不只……
止まる（とどまる）③【自Ⅰ】停止，停下
改良（かいりょう）⓪【名・他Ⅲ】改良
西欧（せいおう）①【名】西欧
表現形式（ひょうげんけいしき）⑤【名】表现形式
形式（けいしき）⓪【名】形式
出会う（であう）②【自Ⅰ】遇见，偶遇
誇る（ほこる）②【他Ⅰ】自豪，骄傲
グローバル（global）②【名】全球
グルメ（法语gourmet）①【名】美食家
〜をもって　以……
引きつける（ひきつける）④【他Ⅱ】吸引

語彙の学習

1．かかわる

| (1) 会社の信用にかかわる問題だから、慎重に対応しなければならない。
(2) 雇用には経営者の意図が深くかかわっている。
(3) あんな打算的な人とはかかわりたくない。 | 相关，联系紧密 |

（4） くだらないことにかかわるな。 （5） 小事にかかわっている時ではない。	拘泥

2．生まれる

（1） 私は1990年1月1日大阪で生まれた。 （2） 来月姉に子どもが生まれる予定だ。 （3） 今日、生まれて初めて飛行機に乗った。 （4） 女に生まれて良かった。	出生
（5） 若い二人の間に愛が生まれつつある。 （6） 会場にはまずい空気が生まれた。 （7） 長野県で出会った1枚の絵から新しい音楽が生まれたという。 （8） 新しい発想から、新製品が生まれた。	发生、产生、出现

3．育てる

（1） 母は庭でいろいろな花や野菜を育てています。 （2） 20年間育ててくれた両親を泣かせるようなことはしない。	养育，培育
（3） 教師の仕事は子どもの夢を育てることだ。 （4） 部下を厳しく育てる前に、信頼関係を育てるのが重要だ。	教育，培养
（5） 祖父は小さな店をデパートにまで育てた。	发展

4．越える・超える

（1） あの山を越えると海が見える。 （2） この暖かい気持ちが海を越えて日本に伝わりますように。	翻越，跨越
（3） 目の前の大きな壁を越えれば、明るい未来が待っているに違いない。	越过，克服
（4） 人気バンドのコンサートなので、定員を超える人が集まった。 （5） 大学受験は想像を超える戦いの毎日でした。	超越，超过

5．豊か

（1） 日本は水資源の豊かな国である。 （2） 人々が経済的に豊かになると、サービスに対する需要も高まる。	富裕，丰富，充分
（3） 活動や体験を通じて子どもたちの豊かな心を育てていくことが大切だ。 （4） 娘には豊かな感性を持つ人になってほしい。	大方，宽大，富有，包容

6．加える

（1） レモンを加えると味が引き締まり、風味が良くなります。 （2） このデータに中国語の説明を加えた。	増加，添加

（3）このたびは会員に加えていただき、ありがとうございます。	使加入……行列
（4）あくまでも試用を目的としたご提供のため、機能に制限が加えられています。	加以，施加，给以

7. 誇る

（1）鈴木さんは5年で会社を日本一の実績を誇る翻訳会社に育て上げた。 （2）祇園祭は、千年を越える伝統と歴史を誇る祭りで、数多くのエピソードが残っています。 （3）ジブリのアニメは、今や日本の世界に誇る文化の一つと言っても過言ではない。	令人自豪，引以为自豪，引为荣耀，杰出

単　語（語彙の学習）

意図（いと）①【名】意图，打算

打算的（ださんてき）⓪【形Ⅱ】爱算计，患得患失

くだらない⓪④【形Ⅰ】无聊，没价值

小事（しょうじ）①【名】小事，琐事

戦い（たたかい）⓪【名】战斗；竞技，比赛

レモン（lemon）①⓪【名】柠檬

引き締まる（ひきしまる）④【自Ⅰ】提升；看涨；绷紧，紧张

風味（ふうみ）①③【名】风味，味道

試用（しよう）⓪【名・他Ⅲ】试用

制限（せいげん）③【名・他Ⅲ】限制

日本一（にっぽんいち／にほんいち）③/②【名】日本第一，日本之最

実績（じっせき）⓪【名】业绩

祇園祭（ぎおんまつり）④【名】祇园节

ジブリ①【名】（动画工作室）吉卜力

 文型の学習

1. Vきる＜程度达到极限＞

✎アニメやゲームのキャラクターの衣裳をまとってその人物に<u>なりきって</u>楽しむコスプレ、レースやリボンで飾ったロリータ・ファッションのパフォーマンス。

　　「きる」接在动词的第一连用形后面，构成复合动词，表示程度达到极限，即，"完全……"、"彻底……"。

(1) 無理な仕事をして疲れきってしまった。
(2) そんな分かりきったことをいつまで言っているんだ。
(3) この絵はその景色を十分に描ききっているとは言えない。
(4) 彼女は絶対に自分が正しいと言いきった。

2．N₁によるN₂＜手段、方法＞

✐時代が下って、江戸時代の中ごろに盛んだった大量生産による木版出版物は、生産過程といい分業制度といい、今日のマンガの制作過程に共通するものがある。

「による」接在名词的后面，表示做某事的手段、方法，修饰名词时用「N₁によるN₂」，修饰动词时用「NによってV」。相当于汉语的"通过……"等。
(1) 今では、コンピューターによるデータ処理が可能になっている。
(2) 身振りによる意志の伝達の方法は、民族によって異なる。
(3) 現代人は、新聞やテレビによる情報に囲まれて生活している。
(4) 両者の差はこの図によって表すことができる。

3．N₁といい、N₂といい＜并列＞

✐時代が下って、江戸時代の中ごろに盛んだった大量生産による木版出版物は、生産過程といい分業制度といい、今日のマンガの制作過程に共通するものがある。

两个「といい」连用，分别接在两个不同的名词后面，用于列举两个具有代表性的例子，并且暗示还有其它事物的存在，其后项为说话人对此所做的判断、评价等。相当于汉语的"无论从……还是从……来说都……"等。
(1) そのバッグは、色といい、形といい、本物にそっくりだ。
(2) 彼女はジーンズといい、スカートといい、何を身につけてもおしゃれに見える。
(3) 部屋の広さといい、交通の利便性といい、一人暮らしのサラリーマンにとって、この辺りのマンションは最適な選択になるだろう。
(4) このレストランは、料理の味といい、店の雰囲気といい、お客さんに高く評価されている。

4．Vてはならない＜禁止＞

✐もう一つ忘れてはならないのは、外国の最新技術を積極的に導入し、文化的な産業の発展を推進したことである。

「てはならない」接在动词的第二连用形后面,表示禁止。这种禁止往往不是针对某个特定的人的某个特定行为的直接禁止,而是根据一般道理、社会常识、规则、习惯等做出的判断。多用于书面语。相当于汉语的"不能……"、"不可以……"等。
(1) 世界平和のためにどの国も戦争を起こしてはならない。
(2) 人のものを盗むようなことは、決してあってはならないことだ。
(3) 二度と同じ過ちを犯してはならない。
(4) 少しでも時間を無駄にしてはならない。

5．～まで＜程度＞

✎また、ゲームソフトも米国発であるが、日本の企業が産業にまで育てた。

「まで」接在助词、名词及动词、形容词连体形的后面,意为超出一般的程度,表达说话人意外、吃惊的语气。相当于汉语的"甚至到……的程度;以至于……"、"连……"。
(1) 不景気が子供にまで影響を与えている。
(2) 子供たちはともかく、先生までそんなことを言うなんて。
(3) リハビリの結果、歩けるまでになった。
(4) この本を読むと、自分の幸せを痛いまでに知ることができます。

6．～にとどまらず＜事态进一步发展＞

✎実際、今日の日本では、マンガ、アニメ、ゲームソフトといえば、文化の範疇にとどまらず、規模の大きな産業としても無視できない存在になっている。

「にとどまらず」接在名词或"名词＋だけ／のみ"的后面,表示事态的发展不仅限于该范围。相当于汉语的"不仅……"、"不仅限于……"等。
(1) インフルエンザは子どもにとどまらず、大人までに広がっていきそうだ。
(2) 彼は国内にとどまらず、国際的な舞台で活躍することを目指している。
(3) この結果は専門家の間にとどまらず、一般の人々にも広く認められている。
(4) 被害は農業にとどまらず、工業から商業まで拡大すると予測される。

7．Nに限らず＜非限定＞

✎今後は、グローバル化に伴って、マンガ、アニメ、ゲームに限らず、ファッションやグルメ、音楽などを含めた日本のポップカルチャーは、独特の魅力をもって、世界の子どもや若者、大人たちを引きつけていくに違いない。

「に限らず」接在名词的后面，表示不仅仅是该名词所指的范围，其他事物或者人也如此。一般用于书面语或郑重的场合。相当于汉语的"不仅……"等。
（1）スポーツに限らず、どんなことでも努力が大切だ。
（2）目上の人と話す場合に限らず、人との付き合いに敬語は欠かせない。
（3）日本では、お寿司は大人に限らず、子どもにも人気がある。
（4）北京や上海などの大都市に限らず、中国では交通問題が深刻になっている。

8．Nをもって＜手段＞

今後は、グローバル化に伴って、マンガ、アニメ、ゲームに限らず、ファッションやグルメ、音楽などを含めた日本のポップカルチャーは、独特の魅力をもって、世界の子どもや若者、大人たちを引きつけていくに違いない。

「をもって」接在名词的后面，表示手段、方法，一般用于书面语或郑重的场合。其敬语形式为「～をもちまして」。相当于汉语的"以……"、"用……"等。
（1）中国では豪華な料理をもってお客様をもてなすのが普通だ。
（2）今回のことを通して命の大切さを身をもって実感した。
（3）彼は実際の行動をもって自分の能力を示そうと決心した。
（4）以上をもちまして私の挨拶とさせていただきます。

単　語（文型の学習）

データ処理（dataしょり）④【名】数据处理
処理（しょり）①【名・他Ⅲ】处理，处置
身振り（みぶり）①【名】动作；举动
意志（いし）①【名】意志
伝達（でんたつ）①【名・他Ⅲ】传达
図（ず）⓪【名】图，图案
そっくり③【形Ⅱ】一模一样，非常像
ジーンズ（jeans）①【名】牛仔服，牛仔布
起こす（おこす）②【他Ⅰ】使发生；叫醒，创办；扶起，立起
本来（ほんらい）①【名】本来，原本
リハビリ（rehabilitation）⓪【名】康复
農業（のうぎょう）①【名】农业
商業（しょうぎょう）①【名】商业
豪華（ごうか）①【名・形Ⅱ】丰盛；豪华，奢侈
もてなす⓪【他Ⅰ】招待
決心（けっしん）①【名・自Ⅲ】决心，下决心

実用日語 中級（下册）

A．内容確認

1．ジャパン・エキスポとはどんなイベントですか。
2．鳥獣人物戯画とはどんな作品ですか。
3．マンガ、アニメなどは、具体的にどんなところが日本の伝統文化と関連していますか。
4．日本のポップカルチャーの人気の秘密は何ですか。

B．語彙の練習

1．次の漢字の読み方を書いてください。

特徴　規模　範疇　光景　産業　最古　西欧　技法　木版　衣裳
時代　平安　鎌倉　江戸　大坂　後世　世紀　伝統　大量　出版物
独自　魅力　制度　過程　表現　影響　過言　風刺　動物画　絵巻物
改良　生産　無視　分業　集客　熱狂　複雑　緻密　多様性　逆輸出
勝手　日時　出張　変更　留守　再度　米国発　打ち合わせ　博する
育つ　育てる　描く　加える　通ずる　秀でる　生き残る
創り上げる　引きつける

2．□から適当な言葉を選んで、必要なら正しい形に変えて＿＿＿に書き入れてください。

(1) イベント　パワー　ファッション　ユニーク　キャラクター

① さすが女優！＿＿＿＿もカッコいいですが、表情がいいですね。
② 新入社員の＿＿＿＿な発想が商品開発に大きく役立っている。
③ 東京では、中国文化に親しんでもらうための＿＿＿＿が行われた。
④ 宮崎駿アニメの＿＿＿＿はどれも個性的で魅力的だ。
⑤ 仲間からいろいろな刺激や＿＿＿＿をもらって、明日への力となったのです。

(2) 無視　評価　緻密　盛ん

① 今後、中国と日本では、文化の交流がますます＿＿＿＿になるでしょう。
② 日本料理は世界中で＿＿＿＿されている。

③円高の日本経済への影響は＿＿＿＿＿＿できない。
　④丁寧で＿＿＿＿＿仕事がこなせる日本人の職人を尊敬している。

(3) 育てる　育つ　秀でる　引きつける　誇る
　①新ちゃんは細やかな愛情のもとですくすく＿＿＿＿＿。
　②あの人は成績があまり良くないが、スポーツに＿＿＿＿＿いる。
　③小さな商店をデパートにまで＿＿＿＿＿。
　④短時間でユーザーの注意を＿＿＿＿、印象に残るようにしなければならない。
　⑤ここは日本一の賑やかさを＿＿＿＿＿商店街だ。

C．文法の練習

1．①は意味を考えて、②③は（　）の言葉を正しい順番に並べ替えて、文を完成させてください。

(1) Vきる
　①彼が「問題ない」と言いきったのだから、信じることにしましょう。
　②（を・読みきった・その小説・全部）
　　　徹夜して＿＿＿＿＿＿＿＿＿＿＿＿＿＿＿＿＿＿。
　③（が・アイディア・困りきっている・浮かばず）
　　　鈴木さんは、＿＿＿＿＿＿＿＿＿＿＿＿＿＿＿＿＿＿らしい。

(2) N_1によるN_2
　①この面接では、プレゼンテーションによる自己アピールに基づき選考を行います。
　②（視覚・判断・による）
　　　＿＿＿＿＿＿＿＿＿＿＿＿＿＿＿＿＿は誤差が避けられない。
　③（メーリングリスト・情報交換・による）
　　　この勉強会では普段は＿＿＿＿＿＿＿＿＿＿＿＿＿＿＿を行なっている。

(3) N_1といい、N_2といい
　①あの子は白い肌といい、青い瞳といい、母親そっくりだ。
　②（味・環境・といい・といい）
　　　＿＿＿＿＿＿＿＿、＿＿＿＿＿＿＿＿、あの店は申し分ない。
　③（こと・こと・給料が安い・転勤がある・といい・といい）
　　　＿＿＿＿＿＿＿＿、＿＿＿＿＿＿＿＿、私の希望には合わない。

(4) Vてはならない
①インターネットはわたしの生活にはなくてはならないものだ。
② (を・は・新しい表現・翻訳者)
＿＿＿＿＿＿＿＿＿＿＿＿＿＿＿＿＿＿＿＿＿作ってはならない。
③ (は・を・希望・わたしたち・失ってはならない)
＿＿＿＿＿＿＿＿＿＿＿＿＿＿＿＿＿＿＿＿＿＿＿＿＿。

(5) ～まで
① (にまで・一番・友達・信用していた)
＿＿＿＿＿＿＿＿＿＿＿＿＿＿＿裏切られてしまった。
② (を・まで・生活・見て・面倒・もらいました)
松本さんに仕事の1から10まで教えてもらい、＿＿＿＿＿＿＿＿＿＿＿＿＿＿。
③ (までに・論文が・日本語で・書ける・なった)
苦労の甲斐があって、やっと＿＿＿＿＿＿＿＿＿＿＿＿＿＿＿＿。

(6) ～にとどまらず
①ドラマや映画にとどまらず、料理の分野でも「韓流」がはやっている。
② (だけ・は・日本・この歌・にとどまらず)
＿＿＿＿＿＿＿＿＿＿＿＿＿＿＿＿＿、海外でも大ヒットした。
③ (に・まで・インド・日本・にとどまらず)
＿＿＿＿＿＿＿＿＿＿＿＿＿＿＿＿、＿＿＿＿＿足を伸ばした。

(7) Nに限らず
①外国人に限らず、中国人もこの果物を知らない人が多い。
② (に・紙・限らず)
＿＿＿＿＿＿＿＿＿＿＿＿、ビンや缶も再利用できる。
③ (も・とても・夜・昼間・に限らず)
秋の空は＿＿＿＿＿＿＿＿＿＿＿、＿＿＿＿＿魅力的です。

(8) Nをもって
①詳しいことは書面をもってお知らせいたします。
② (を・時代・実力・勝負する・もって)
今は＿＿＿＿＿＿＿＿＿＿＿＿＿＿＿である。
③ (に・をもって・明るさと誠意・お客様・接していきたい)
＿＿＿＿＿＿＿＿＿＿＿＿＿＿＿＿＿＿＿＿と思います。

D．応用練習

われわれが「职场（職場）、违和感（違和感）、宅（お宅）、人气（人気）」など、今中国語としてあたり前に使っている言葉、実はこれは日本語からきたものであることを知っていますか。ほかにどんな言葉があるか調べてください。

単　語（練習）

浮かぶ（うかぶ）⓪【自Ⅰ】想起，想到；浮现，呈现；漂浮
個性的（こせいてき）⓪【形Ⅱ】有个性，独特
刺激（しげき）⓪【名・自他Ⅲ】刺激
こなす ⓪【他Ⅰ】熟练，运用自如；做好，处理好；弄碎
職人（しょくにん）⓪【名】工匠，手艺人
細やか（こまやか）②【形Ⅱ】浓厚，深厚；细致，细微；意味深长
すくすく（と）②①【副】茁壮（成长）
商店（しょうてん）①【名】商店，店铺

短時間（たんじかん）③【名】短时间
ユーザー（user）①【名】用户，使用者
商店街（しょうてんがい）③【名】商业街
プレゼンテーション（presentation）⑤演示文稿
選考（せんこう）⓪【名・他Ⅲ】选拔
誤差（ごさ）①【名】误差
瞳（ひとみ）⓪【名】眼睛，眸；瞳孔
甲斐（かい）⓪【名】值得做的价值与效果
誠意（せいい）①【名】诚意
書面（しょめん）⓪①【名】书面；文件，文字形式

模擬テスト

一、给下列划线的汉字选择一个正确的读音

1．長年の努力が<u>評価</u>された。
　　A．ひょか　　B．びょうか　　C．ぴょうか　　D．ひょうか
2．あの作品には人を惹きつける<u>魅力</u>がある。
　　A．びりょく　　B．みりょく　　C．びりき　　D．みりき
3．中国の自動車産業は<u>規模</u>が大きい。
　　A．きぼ　　B．きも　　C．きぼく　　D．きもく
4．町に電力を<u>供給</u>している。
　　A．きょうきゅ　　B．こうきゅ　　C．きょうきゅう　　D．こうきゅう
5．電気製品を<u>輸出</u>する。
　　A．ゆしゅ　　B．ゆしゅつ　　C．ゆうしゅ　　D．ゆうしゅつ

6．世界最大の資金量を誇る銀行に就職した。
    A．かぎる   B．ほこる   C．にる   D．くわえる

二、给下列划线的假名词汇选择一个正确的汉字

7．大学ではかまくら時代の服装について研究している。
    A．平安   B．鎌倉   C．江戸   D．明治
8．日本は水資源のゆたかな国である。
    A．遥か   B．明か   C．豊か   D．清か
9．円高はきぎょうに影響を与えている。
    A．企業   B．商業   C．産業   D．工業
10．音楽にひいでている人でなければこの仕事には向かない。
    A．優   B．秀   C．超   D．越
11．中国のパフォーマンスが世界をねっきょうさせた。
    A．熱中   B．熱演   C．熱情   D．熱狂
12．日本の本州の中央部には高い山々がつらなっている。
    A．連   B．横   C．接   D．並

三、给下列句子的划线处选择一个正确答案

13．このゲームの＿＿＿＿がこんなに面白いとは驚いた。
    A．グルメ   B．ストーリー   C．グローバル   D．グローバル
14．＿＿＿＿彼は会社にとって重要な人物となった。
    A．今や   B．今で   C．今に   D．今まで
15．消費者の食の安全に対する不安が＿＿＿＿いる。
    A．生き残って   B．求めて   C．作り上げて   D．広がって
16．この地域では昔から相撲大会が＿＿＿＿行われていた。
    A．いきなり   B．盛んに   C．あらためて   D．せっせと
17．日本の本州の中央部には高い山が＿＿＿＿いる。
    A．届けて   B．設けて   C．連なって   D．こみあげて
18．島の＿＿＿＿自然を守るために取り組んでいる。
    A．素直な   B．豊かな   C．深刻な   D．平気な
19．結果は出ないかもしれないが、＿＿＿＿方法を試したい。
    A．考えうる   B．考えがる   C．考えさせる   D．考えつける
20．足が痛かったが、最後まで＿＿＿＿。
    A．走りかけた   B．走りあげた

C. 走りとおした　　　　　　　　D. 走り出した
21. 彼女はパン作りに_____、フランス料理までマスターした。
　　　A. を抜きにして　　　　　　　　B. をこめて
　　　C. にかかわらず　　　　　　　　D. にとどまらず
22. 敬語は外国人_____、日本人にとっても難しい。
　　　A. にすぎず　　　　　　　　　　B. に限らず
　　　C. もかまわず　　　　　　　　　D. にかかわらず

四、阅读下列文章，并回答文后单项选择题

　　人生の大事な選択に迫れた時、ほとんどの子どもが親に話を聞いてもらい、意見を求めたいと思っているものである。親は子どもの将来を考えた上で、適切なアドバイスをすることが望ましい。
　　しかし一方的に、意見を押し付け、自分の思う通りの選択を子どもにさせる親がいる。そうなると、子どもの努力・決断は意味のないものになってしまう。このような家庭で育った子どもは、どうせ親の決定に従わなければならないのだからと、自分のやりたいことを我慢し、その結果、自主性のない人間になってしまう。これでは子どもは、いつまで経っても親から自立することはできない。
　　確かに親の選択は正しいかもしれない。（ア）、親がいつも先回りして子どものために判断し、それを一方的に押し付けることは、子どもの意欲をそぐのと同時に、自立を妨げることにもなる。（イ）、親が子どもの何もかもを決めてしまうことは一概に良いとは言えない。

23. 子どもが「自分のやりたいことを我慢」するのはなぜですか。
　　A. 自分の意思がないから
　　B. 親の考えを押し付けられるから
　　C. 自分で選択・決断できないから
　　D. 親からの適切なアドバイスがほしいから
24. （ア）に入る最も適切なものはどれですか。
　　A. そのうえ　　B. だから　　C. そして　　D. しかし
25. （イ）に入る最も適切なものはどれですか。
　　A. ところが　　B. したがって　　C. それなのに　　D. それにしても

五、把下列句子翻译成汉语

26. このような日本関係のイベントは、ここ数年、世界各国で多くのファンを集めている。

27. 江戸時代の中ごろに盛んだった大量生産による木版出版物は、生産過程といい分業制度といい、今日のマンガの制作過程に共通するものがある。

28. また、日本の漫画には、市井の人々の中から生まれた雑草文化的な特徴があり、育てようとして育てたものというよりも、もまれたり踏まれたりしながらもしぶとく生き残ってきたものなのである。

29. 今日の日本では、マンガ、アニメ、ゲームソフトといえば、文化の範疇にとどまらず、規模の大きな産業としても無視できない存在になっている。

30. このように、日本のマンガやアニメ、ゲームは、千年も前から続く長い伝統が、西欧から入ってきた表現形式と出会って生まれたもので、日本が世界に誇るポップカルチャーの代表となり、大規模な文化的な産業としても発展してきた。

六、把下列句子翻译成日语

31. 事关公司信誉，必须谨慎处理。

32. 希望我们的美好祝愿能够越过海洋传到日本。

33. 只有能够坦率地接受别人的忠告才能迅速成长。

34. 不仅是体育运动，做任何事都需要努力。

35. 那家店无论是口味还是环境都没得说。

36. 科学是建立在客观观察的基础之上的。

漢字の学習

光景　光線　日光　観光　光沢　蛍光灯　光熱費
相互　相談　相当　相続　真相　相応　相対　相場　首相　相撲
自由　自習　自信　自身　自宅　自動　自慢　自治　各自　自然　自我　自覚
伝統　統一　統計　血統　系統　大統領　統合　統率　統治
信用　信頼　自信　通信　迷信　信号　信任　信者　確信　信仰
中古　稽古　古典　古代　考古学
導入　指導　誘導　主導　導く
輸出　輸入　輸血　輸送
規範　模範　範囲　広範
盛装　盛大　旺盛　繁盛

第19課

南京の旅

学习目标

- 能够读懂游记类文章
- 理解文章大意并能准确把握作者的感受
- 能够用恰当的表达方式提出反对意见

句式

- Vぬ＜否定＞
- ～かと思うと／かと思ったら＜出乎意料＞
- ～たろう＜过去推测＞
- ～だけあって＜称赞＞
- Vがたい＜难以实现＞
- 疑問詞＋～ことか／だろう＜感叹＞
- Nにしたら／Nにすれば＜立场、角度＞
- -げ＜情状＞
- ～ないことには＜否定性条件＞

ユニット1　読解

南京の旅

　私は、休みになると、きまって中国の国内旅行を楽しんでいる。昨年は5回旅に出たが、その締めくくりは、12月初旬の江蘇省鎮江と南京への旅であった。旅の間じゅう、鎮江と南京は小春日和に恵まれ、コートも要らぬほどの暖かさであった。鎮江の町を堪能した私は、予定通り新幹線で南京に行った。鎮江から南京まではわずか20分あまりであった。誰もが新幹線のような文明の恵みに浴したがっている。今に中国全土に新幹線網が張り巡らされることであろう。

　南京駅には定時に到着した。暖気で駅前に広がる玄武湖やその向こうに林立するビル群は、霞がかかったように見えた。私はまず、中山陵と明の孝陵に行くことにした。

　中山陵は、つい最近無料になったらしい。なるほど中山陵に続く道は、人と車で大渋滞だ。北京の天安門広場や山東省の泰山と変わらぬにぎわいぶりであった。タクシーを降りたところが中山陵かと思ったら、ロープを張った山道をぐるぐる徒歩で迂回させられて、ようやく入口にたどり着いた。これは、混雑を緩和させる措置であるらしい。中山陵は青い瓦屋根が美しい。階段は300段はある。見上げると、高く天に迫って行くように見える。頂上に建つ青瓦屋根の白壁の楼閣の中には、中国革命の父孫文の椅子に腰掛けた像があった。楼閣を出ると、眼下にすっかり落葉した雑木林が広がって見え、快い風が吹き上がってくる。2週間前であったら、さぞかし紅葉が美しかったろうと想像される。今日は霞んでいるため、近景の林も遠景の山々も濃淡のシルエットとなって、水墨画のようであった。

　孝陵へは、中山陵の下で待っている電気自動車に乗ると連れて行ってくれる。中山陵の参道は銀杏並木であったが、孝陵の参道には、立派な檜

が植えられていた。中国では柏と呼ばれている木である。孝陵は明の太宗(みん たいそう)の墓だけあって壮大である。現存する建造物は、その一部だという。戦火で焼かれているであろうし、既に盗掘されてしまっているかもしれない。孝陵から神道(しんどう)と呼ばれる美しい道を通って下りてきた。馬やらくだの石像が向き合っていたり、武官や神官の石像が立ち並んでいたりする道は忘れがたい。

　孝陵を出た後、幸運にもタクシーを拾うことができ、大渋滞の山道を抜けて、一路、燕子磯(えんしき)という長江の展望ポイントに向かう。ここは市民の憩いの場所になっている。

　燕子磯での長江(ちょうこう)の眺めは、なんとすばらしいことか。夕陽が川面を照らし、まぶしい明るさの向こうに、海のような長江が広がっていた。日本人の私には、いままで目にしたことのない光景であった。対岸までは３、４kmはあるだろうか。水量は豊かで勢いがある。船舶の往来が激しい。岸辺では親子の遊ぶ姿がほほえましかった。男の子が、子どもにしたら、ずいぶん重そうな石をようやく持ち上げて、石を父親に渡す。父親は、その石をさも重たげに受け取って、できるだけ遠くに投げてみせる。ドボンと大きな音がして水がはねる。これを何回も繰り返す。そのたびに、男の子は口を開けて笑う。とてもいい時間が流れていた。

　大河には果てしない浪漫を感じる。この気持ちは、長江の、この岸辺に立たないことには、だれにもわからないだろう。長江の悠久の流れを、手が届くほど間近に見ることができ、今回の旅の目的が達成されたように思われた。

　中国は、どこに行っても見ごたえがあって本当にすばらしい。

ユニット2　会話

反対意見の陳述

会話機能——反対意見の陳述

（開発部の佐藤課長、担当の李、渡辺、村井が会議で）

佐藤：この企画を採用するか、そろそろ結論を出さなければならないが、どうしようか。

渡辺：このままではいつまで議論しても結論が出ないと思います。多数決を取りませんか。

村井：渡辺さんの意見に反対というわけではありませんが、私はまだ議論が不十分だと思います☞①。

李　：私も多数決はどうかと思います☞②。課として共通理解がなければ、後がうまくいかなくなる恐れがあります。

佐藤：それもそうだね。じゃ、明日、もう一度検討してみよう。この企画に不十分なところがあれば、明日までに考えてきてほしい。みんな、それでいいかね。

3人：けっこうです。

★向対方表达自己的不同意见时，要照顾对方的面子，选择恰当的表达方式，要注意：
1）尽量不过于直接。
2）可以先肯定对方的想法，然后再提出不同意见。
3）反对的理由要合理，既明确表明自己的观点，又让对方容易接受。

① 「渡辺さんの意見に反対というわけではありませんが、私はまだ議論が不十分だと思います」意思是"我并非反对渡边的意见，但我觉得我们的讨论还不够充分"。
② 「私も多数決はどうかと思います」意思是"我也认为少数服从多数的表决（不太合适）"。

単　語

ユニット1

きまって　⓪【副】肯定，必定
締めくくり（しめくくり）⓪【名】结束，总结
初旬（しょじゅん）⓪【名】上旬
江蘇省（こうそしょう）③【名】（地名）江苏省
鎮江（ちんこう）①【名】（地名）镇江
南京（なんきん）③【名】（地名）南京
小春日和（こはるびより）④【名】（阴历10月）风和日丽的日子
要らぬ（いらぬ）⓪【連体】不需要
～ぬ（构成动词否定形式的后缀）不
～あまり　……有余，超过……
堪能（たんのう）⓪【名・形Ⅱ・自Ⅲ】心满意足；熟练，擅长
文明（ぶんめい）⓪【名】文明
恵み（めぐみ）⓪【名】恩惠，恩赐
浴す（よくす）②【自Ⅰ】沐浴；蒙受
全土（ぜんど）①【名】整个国土
新幹線網（しんかんせんもう）⑤【名】新干线线路网
-網（-もう）……网
張り巡らす（はりめぐらす）⑤⓪【他Ⅰ】使……布满；使……遍布
定時（ていじ）①【名】准点，规定的时刻
暖気（だんき）①【名】温暖的空气
玄武湖（げんぶこ）③【名】玄武湖
林立（りんりつ）⓪【名・自Ⅲ】林立，鳞次栉比
ビル群（ビルぐん）②【名】大厦楼群
-群（-ぐん）……群
霞（かすみ）⓪【名】霞，云霞，彩霞
中山陵（ちゅうざんりょう）③【名】中山陵
明（みん）①【名】明朝
孝陵（こうりょう）①【名】孝陵

天安門（てんあんもん）③【名】天安门
山東省（さんとうしょう）③【名】（地名）山东省
泰山（たいざん）①【名】泰山
にぎわい（賑わい）⓪③【名】热闹；繁华
～かと思ったら（～かとおもったら）原本以为……，结果
ロープ（rope）①【名】绳索，索道
張る（はる）⓪【他Ⅰ】张挂，搭；伸展开；膨胀
山道（やまみち）②【名】山路，山道
ぐるぐる　①【副】一圈一圈地（转），一层一层地（缠绕）
迂回（うかい）⓪【名・自Ⅲ】迂回；绕远
入口（いりぐち）⓪【名】入口
たどり着く（たどりつく）④【自Ⅰ】好不容易走到；历经曲折终于到达
混雑（こんざつ）①【名・自Ⅲ】混乱；拥挤
緩和（かんわ）⓪【名・自他Ⅲ】缓和
措置（そち）①【名・自Ⅲ】措施
瓦屋根（かわらやね）④【名】瓦片屋檐
見上げる（みあげる）⓪③【他Ⅱ】抬头看
青瓦屋根（あおがわらやね）⑥【名】青瓦屋檐
白壁（しらかべ）⓪【名】白壁，白墙
楼閣（ろうかく）⓪【名】楼阁
革命（かくめい）⓪【名】革命
孫文（そんぶん）①【名】（人名）孙文
腰掛ける（こしかける）④【自Ⅱ】坐下；落座
眼下（がんか）①【名】眼下，眼前
落葉（らくよう）⓪【名・自Ⅲ】落叶
雑木林（ぞうきばやし）④【名】杂木林
快い（こころよい）④【形Ⅰ】爽快，愉快
吹き上がる（ふきあがる）④【自Ⅰ】吹到空中，刮到空中

184

さぞかし① (「さぞ」的强调形式) 一定……吧，想必……吧
霞む（かすむ）⓪【自Ⅰ】云雾笼罩；暗淡，看不清
近景（きんけい）⓪【名】近景
遠景（えんけい）⓪【名】远景
山々（やまやま）②【名・副】群山
濃淡（のうたん）③⓪【名】浓淡
シルエット（法语silhouette）③【名】轮廓影像；剪影，影像
水墨画（すいぼくが）⓪【名】水墨画
参道（さんどう）⓪【名】神道，参拜神社、寺院的道路
銀杏（いちょう）⓪【名】银杏
並木（なみき）⓪【名】林荫道，林荫路
檜（ひのき）②①【名】侧柏
柏（かしわ）⓪【名】柏树
太宗（たいそう）⓪【名】太宗
墓（はか）②【名】墓，墓地，墓碑
～だけあって 不愧是……
現存（げんそん）⓪【名・自Ⅲ】现存
建造物（けんぞうぶつ）③【名】建筑物，建造物
戦火（せんか）①【名】战火
既に（すでに）①【副】已经，已然
盗掘（とうくつ）⓪【名・他Ⅲ】盗掘
神道（しんどう）⓪【名】（道路的名称）神道
らくだ ⓪【名】骆驼
石像（せきぞう）⓪【名】石像
向き合う（むきあう）③【自Ⅰ】相向，面对；正视，直面
武官（ぶかん）①【名】武官，军官
神官（しんかん）⓪①【名】神官，神职
立ち並ぶ（たちならぶ）⓪④【自Ⅰ】排列，并排站立
-がたい 难以……
抜ける（ぬける）⓪【自他Ⅱ】穿过，穿越；脱落，掉落
一路（いちろ）②【名】一路上
燕子磯（えんしき）③【名】（地名）燕子矶
なんと～ことか（表示感叹）多么……啊
展望ポイント（てんぼうpoint）⑤【名】眺望台
展望（てんぼう）⓪【名・他Ⅲ】展望，眺望
憩い（いこい）⓪【名】休息
長江（ちょうこう）①【名】长江
夕陽（ゆうひ）⓪【名】夕阳
川面（かわも）⓪【名】河面
照らす（てらす）⓪【他Ⅰ】照耀；比对，参照
まぶしい（眩しい）③【形Ⅰ】光彩夺目；耀眼，刺眼
対岸（たいがん）⓪【名】对岸
水量（すいりょう）⓪③【名】水量
勢い（いきおい）③【名】态势，情势
船舶（せんぱく）①【名】船舶
往来（おうらい）⓪【名・自Ⅲ】往来；街道
岸辺（きしべ）⓪【名】岸边
親子（おやこ）①【名】亲子，父母及其子女
ほほえましい（微笑ましい）⑤【形Ⅰ】有趣的，招人笑的，令人欣慰的
～にしたら 从……角度来说的话
さも①【名・副】实在，的确；仿佛，好像
-げ ……的样子
ドボンと ②【副】咚的一声
大河（たいが）①【名】大河
果てしない（はてしない）④【形Ⅰ】无边无际的，无垠的
浪漫（ろうまん）①【名】浪漫
～ないことには 如果不……的话，就（不）……
間近（まぢか）⓪①【名・形Ⅱ】接近，临近
達成（たっせい）⓪【名・他Ⅲ】达成
見ごたえ（見応え・みごたえ）②⓪【名】值得一看，有看的价值

ユニット2

渡辺（わたなべ）⓪【名】（人名）渡边　　　多数決（たすうけつ）②【名】少数服从多数

 語彙の学習

1．わずか

(1) わずかなミスも失敗につながるから、油断はできない。 (2) わずか3人でこんな大きなイベントの準備をしたとは。 (3) 1日5分の読書はわずかな時間だが、1年続くと約34時間にもなる。	（数量少，程度低） 仅，些许

2．-あまり

(1) 市内から郊外までは車で3時間あまりである。 (2) 800人あまりがその小さな村に住んでいる。 (3) そのアイデアに賛成するメンバーは1％あまりに過ぎなかった。 (4) 国民の収入はここ10年あまりの間に大幅に増えた。	表示稍微超出此数量，……多

3．今に

(1) あの笑顔は今に忘れられなくなるだろう。	至今仍然
(2) あの人は今に後悔するだろう。 (3) そんなことを言っていると、今に誰も相手にしてくれなくなるぞ。 (4) 今に見ていろ。	即将，马上

4．ようやく

(1) 子ども達がみんな就職して、ようやく並みの生活ができるようになった。 (2) ようやく試験が終わった。	终于
(3) 長い冬も終わりに近づき、ようやく春めいてきました。	渐渐，逐渐
(4) 彼は2年浪人して、ようやく大学に受かった。 (5) ようやく授業に間に合った。	总算是

5．迫る

(1) 津波はあっという間に目の前に迫ってきた。	（距离）迫近，缩短
(2) 締切時間が迫っているので慌てています。	（时間）逼近，临近，迫近
(3) 今日は人々を引き付ける富士山の魅力に迫ります。 (4) あのアイドルの真に迫った演技が好評を博している。	接触，接近，逼近
(5) 発明は、必要に迫られることから生まれるという。	迫于，强迫，逼迫

6．まぶしい

(1) トンネルを抜けるとまぶしい光が差し込んできた。 (2) 春の芳しい花のシーズンから夏の緑がまぶしい季節へと移り変わっていく。	刺眼，晃眼，耀眼
(3) そんなに年が違わないはずなのに、彼女の若々しさがまぶしい。 (4) まぶしいほどきれいになったね。	光彩夺目，炫目

7．－ごたえ

手ごたえ　歯ごたえ　見ごたえ　読みごたえ	反応，感覚

単　語（語彙の学習）

春めく（はるめく）③【自Ⅰ】春意盎然
受かる（うかる）②【自Ⅰ】考中，考取
真に迫る（しんにせまる）①-②逼真
演技（えんぎ）①【名】演技
発明（はつめい）◎【名・他Ⅲ】发明
トンネル（tunnel）◎【名】隧道
差し込む（さしこむ）◎③【名・自他Ⅰ】（光线）照射进来；插入，扎进
芳しい（かんばしい）④【形Ⅰ】芬芳，芳香；理想，美好

シーズン（season）①【名】季节
若々しい（わかわかしい）⑤【形Ⅰ】年轻，朝气蓬勃；看起来显得年轻
手ごたえ（てごたえ）②【名】手感；回应，反应
歯ごたえ（はごたえ）②【名】嚼头，咬头；回应，反应
読みごたえ（よみごたえ）◎【名】有读头，内容充实；难读，难懂

文型の学習

1．Vぬ＜否定＞

✐旅の間じゅう、鎮江と南京は小春日和に恵まれ、コートも要らぬほどの暖かさであった。

✐北京の天安門広場や山東省の泰山と変わらぬにぎわいぶりであった。

「ぬ」为文言的后缀，构成动词的否定形式（Ⅲ类动词「～する」接「ぬ」时为「せぬ」，其它动词接续方式与接「ない」相同）。「Vぬ」可以结句，也可以作连体修饰语。

(1) 急いで対策を考えなければならぬ。
(2) 後になって後悔せぬように頑張ろう。
(3) 知らぬ間に、子どもが遊びに行ってしまった。
(4) それは、否定できぬ事実である。

2．～かと思うと／かと思ったら＜出乎意料＞

✐タクシーを降りたところが中山陵かと思ったら、ロープを張った山道をぐるぐる徒歩で迂回させられて、ようやく入口にたどり着いた。

「かと思ったら」接在名词、Ⅱ类形容词词干或动词、Ⅰ类形容词的连体形后面，表示后项所述的事实与前项所述的说话人的推测不一致，表达说话人意外、惊讶的心情。相当于汉语的"以为（是）……"、"结果却……"。

(1) 日本人かと思ったら、韓国人だった。
(2) 今日は雨かと思ったら、いい天気になった。
(3) 食事もしないで何をやっているのかと思ったら、テレビゲームか。
(4) 手続きが簡単かと思ったら、意外と時間がかかった。
(5) 観光地だから物価が高いかと思ったら、そうでもなかった。

3．～たろう＜过去推测＞

✐2週間前であったら、さぞかし紅葉が美しかったろうと想像される。

「たろう」可接在名词、形容词、动词的后面，它们的接续形式分别为"A₁词干＋かったろう"或"N／A₁₁词干＋だったろう"或"Vたろう"。这些形式与「～ただろう」的意义相同，表示对过去状态或动作的推测，口语和书面语中均可使用。相当于汉语的"……吧"。

(1) 50年前の中国では外国語のできる人は少なかったろう。
(2) 今ここは繁華街になっていてとても賑やかだが、昔は静かだったろう。
(3) あなたの協力がなければ、成功しなかったろう。
(4) 初めてあの人に会ったのは、5、6年前だったろう。雪の降る寒い日だった。

4．～だけあって＜称赞＞

孝陵は明の太宗の墓だけあって壮大である。

「だけあって」接在名词或动词连体形后面，后项叙述说话人的评价，意为实际的状态、成绩、能力等与其身份、地位、经历等相符。用于表示说话人的感叹、称赞。通常与副词「さすが」搭配使用。相当于汉语的"不愧是……"。

(1) 彼は理系出身だけあって、計算や機械に強い。
(2) 大手企業だけあって、住宅手当や残業手当などがしっかりしている。
(3) さすがは書道を習っているだけあって、字がきれいですね。
(4) 一生懸命練習しただけあって、とても上手にできた。

5．Vがたい＜难以实现＞

馬やらくだの石像が向き合っていたり、武官や神官の石像が立ち並んでいたりする道は忘れがたい。

「がたい」接在表示心理、思考、言语行为等意志动词的第一连用形后面，构成派生形容词，意为说话人感到该动作难以实现。相当于汉语的"难以……"。「がたい」一般不用于表示不具备某种能力。

(1) 無差別テロは許しがたい行為である。
(2) 別れるしかないと思うと、何とも言いがたい気持ちになった。
(3) この価格でこんなにおいしい料理が食べられるなんて信じがたい。
(4) 今回の交流活動では、とても得がたい経験をさせていただきました。

6．疑問詞＋～ことか／だろう＜感叹＞

燕子磯での長江の眺めは、なんとすばらしいことか。

疑问词与句尾的「ことか」「だろう」搭配使用，表示说话人强烈的感叹。相当于汉语的"多么……啊"、"多少……啊"。

(1) 数週間もお風呂に入れないなんて、どんなにつらいことか。
(2) 優勝したことを親に知らせたらどんなに喜ぶことか。

（3）やっと成功した！ここに至るまで何回失敗したことだろう。
（4）この夢がかなえられたら、どんなにうれしいだろう。

7．Nにしたら／Nにすれば＜立場、角度＞

✎男の子が、子どもにしたら、ずいぶん重そうな石をようやく持ち上げて、石を父親に渡す。

「にしたら／にすれば」接在指人或团体组织的名词后面，用于表示站在该人物或团体组织的立场、角度来思考的话，就会得出后项所述的结果。相当于汉语的"在……看来"、"从……角度来看"。

（1）日本人にしたら普通だけれど、外国人が見たら不思議に思うだろう。
（2）子供にしたら、仲良くなったクラスメイトと離れるのは辛いことでしょうね。
（3）彼女にすれば、私にいろいろ不満があるのだろうけれど、私だって彼女に言いたいことがある。
（4）学校側にすれば、有名大学に多く合格させたら宣伝にもなるでしょう。

8．-げ＜情状＞

✎父親は、その石をさも重たげに受け取って、できるだけ遠くに投げてみせる。

「げ」接在形容词词干或动词第一连用形的后面，构成派生的Ⅱ类形容词（"-げ"只作连体修饰语或连用修饰语，不作谓语），表示人的状态、样子。用于书面语。

（1）彼女は最初に来たとき不安げな表情だったが、今では明るい表情へと変わった。
（2）彼は悲しげに手を振って、妻と息子を見送った。
（3）その親子は楽しげに何か話している。
（4）「大丈夫だよ」。男はそう言って、自信ありげに笑ってみせた。

9．～ないことには＜否定性条件＞

✎この気持ちは、長江の、この岸辺に立たないことには、だれにもわからないだろう。

「ことには」接在动词、形容词否定形式的后面，表示如果不实施该动作或不具备该状态的话，就不能实现后项所述事项。相当于汉语的"不……的话"、"就（不能）……"。

（1）単語というものは、実際に書かないことには、覚えられない。

（2）現場に行かないことには、どんな事情があるか分からない。
（3）3か月で全て合格できるかどうか分からないが、チャレンジしてみないことには何も始まらない。
（4）心身ともに元気でないことには、何一つ楽しいことはない。

単　語（文型の学習）

意外（いがい）⓪【名・形Ⅱ】意外，出乎意料
計算（けいさん）⓪【名・他Ⅲ】计算；考虑，估计
書道（しょどう）①【名】书法
手当（手当て・てあて）①【名】补贴，津贴
無差別テロ（むさべつテロ）⑤【名】以不特定人为犯罪对象的恐怖行动，无差别恐怖行为
テロ①【名】（「テロリズム（terrorism）」的缩略说法）恐怖主义
宣伝（せんでん）⓪【名・他Ⅲ】宣传
心身（しんしん）①【名】身心

A．内容確認

1．中山陵へ行って、筆者が目を引かれた所はどこですか。
2．孝陵は中山陵とどう違いますか。
3．筆者は長江の岸辺で中国人親子のどんなところに感動しましたか。
4．筆者は目の前の長江を見てどんな印象を持ちましたか。
5．筆者の旅行のコースをまとめてください。

B．語彙の練習

1．次の漢字の読み方を書いてください。

旅　町　群　道　瓦　段　青　像　檜　柏　墓　馬
初旬　文明　恵み　全土　定時　山道　暖気　駅前　場所
入口　屋根　印象　眼下　落葉　紅葉　山々　参道　銀杏
並木　近景　遠景　濃淡　戦火　間近　石像　一路　憩い

实用日语 中级（下册）

夕陽　川面　光景　対岸　水量　勢い　船舶　岸辺　親子
大河　目的　無料　最近　大渋滞　山東省　江蘇省　南京　天安門
雑木林　水墨画　建造物　新幹線網　小春日和　堪能　到着　林立
徒歩　迂回　混雑　緩和　措置　階段　頂上　文明　想像
立派　壮大　現存　盗掘　幸運　展望　往来　悠久　達成
浪漫　採用　結論　企画　共通　検討　多数決　不十分　快い
続く　迫る　建つ　張る　霞む　焼く　拾う　連れる　植える
抜ける　向かう　照らす　触れる　眺める　向き合う　立ち並ぶ　繰り返す
腰掛ける　見上げる　吹き上がる　たどり着く

2. ＿＿＿から適当な言葉を選んで、必要なら正しい形に変えて＿＿＿＿に書き入れてください（一回しか使えない）。

(1) わずか　ようやく　すっかり　さぞかし　今に　すでに　ずいぶん

① 患者は痛みのため、＿＿＿＿苦しんでいます。
② そこに着いたときには、店は＿＿＿＿しまっていた。
③ こんなにすばらしい本を書くとは、著者は＿＿＿＿りっぱな学者だろう。
④ 彼は10年後に＿＿＿＿再び故郷の町に帰った。
⑤ ＿＿＿＿1か月の勉強で合格するはずがない。
⑥ ああいうやり方だったら、＿＿＿＿だれも相手にしてくれなくなるぞ。
⑦ 先日小学校の同窓会に出席したが、みんな＿＿＿＿変わってしまった。

(2) ほほえましい　すがすがしい　快い　果てしない

① 鈴木さんはこちらの無理なお願いを＿＿＿＿引き受けてくれた。
② 公園は凧をあげる＿＿＿＿親子の姿や子どもたちの歓声がいっぱいです。
③ この＿＿＿＿宇宙にいるのは私たち人類だけではない。
④ 夏が過ぎて、＿＿＿＿秋になった。

(3) 建つ　迫る　抜ける　眺める　繰り返す　触れる　たどり着く

① 異文化に＿＿＿＿ことで私の視野はどんどん広がった。
② 山の上から町全体を＿＿＿＿ことができる。
③ 険しい山道を行く以外に、国境に＿＿＿＿方法はない。
④ ここから５百メートルの所に老人ホームが＿＿＿＿ことになりました。
⑤ 長いトンネルを＿＿＿＿とすぐ海だった。
⑥ 覚えられるまで何回も＿＿＿＿読んだり書いたりしました。

⑦ 出発が目の前に_____ているのに、準備がまだできていない。

C．文法の練習

1．①は意味を考えて、②③は（　）の言葉を正しい順番に並べ替えて、文を完成させてください。

(1) Vぬ
　① 人間には手に入らぬものへの憧れがある。
　②（を・この人生・真剣に・生きねばならぬ）
　　われわれはもっと_____。
　③（は・10年も・経たぬ・この予測・うちに）
　　_____完全に変わってしまった。

(2) ～かと思うと／かと思ったら
　① あっさりと断られるかと思ったら、簡単に「いいよ」と言って引き受けてくれました。
　②（雨が止んだ・降ってきた・また・と思ったら・か）
　　_____。
　③（入った・出て行って・しまった・と思ったら・もう・か）
　　田中さんはいつも忙しそうだ。今_____。

(3) ～たろう
　① あんなひどい事件にあって、さぞかし怖かったろう。
　②（寒かったろう・ハルビン・さぞかし・は）
　　1月の_____。
　③（は・大きく・あの子・なったろう・ずいぶん）
　　_____。

(4) ～だけあって
　① さすが毎日トレーニングしているだけあって、彼にはすごい体力がある。
　②（彼・専門家・その分野・だけあって・に・は・詳しい）
　　_____。
　③（料理・評判・サービス・レストラン・だけあって・も・も・の）
　　さすが_____素晴らしかった。

(5) Vがたい
　　① 彼が宝くじで1億円当てたなんて信じがたい話だ。
　　② (は・理解しがたい・そのような・行為)
　　　　女性には＿＿＿＿＿＿＿＿＿＿＿＿＿＿＿＿＿＿＿＿＿＿＿＿ことです。
　　③ (得がたい・中国・いろいろ・来て・へ)
　　　　＿＿＿＿＿＿＿＿＿＿＿＿＿＿＿＿＿＿＿＿＿＿＿＿経験をした。

(6) 疑問詞＋〜ことか／だろう
　　① 一人で行く夏祭りなんて、どんなに寂しいことか。
　　② (を・ことか・何年・この日・待っていた)
　　　　とうとう成功した。＿＿＿＿＿＿＿＿＿＿＿＿＿＿＿＿＿＿。
　　③ (喜ぶ・生きていれば・ことか・どんなに)
　　　　おばあさんが＿＿＿＿＿＿＿＿＿＿＿＿＿＿＿＿＿＿＿＿＿。

(7) Nにしたら／Nにすれば
　　① 経営者にしたらボーナスは少ない方がいい。
　　② (上海・私・北京・にしたら・より・の)
　　　　＿＿＿＿＿＿＿＿＿＿＿＿＿＿＿＿＿＿＿＿＿＿＿＿ほうが好きです。
　　③ (大変・にしたら・この階段・とても・足の弱い人・は)
　　　　＿＿＿＿＿＿＿＿＿＿＿＿＿＿＿＿＿＿＿＿＿＿＿＿だろうと思います。

(8) −げ
　　① 彼女はとても寂しげな表情をしていた。
　　② (様子・遊ぶ・うれしげ・子供・に・が)
　　　　母は＿＿＿＿＿＿＿＿＿＿＿＿＿＿＿＿＿＿＿＿＿＿＿＿を見ていた。
　　③ (様子で・家族と・電話・悲しげ・な・で)
　　　　マナさんは＿＿＿＿＿＿＿＿＿＿＿＿＿＿＿＿＿＿＿＿＿話をしている。

(9) 〜ないことには
　　① もっと付き合わないことには、彼がどんな人か分からない。
　　② (売れません・面白く・ことには・ない)
　　　　小説を書いても＿＿＿＿＿＿＿＿＿＿＿＿＿＿＿＿＿＿＿よ。
　　③ (健康・活躍できません・ことには・でない)
　　　　健康は何よりです。＿＿＿＿＿＿＿＿＿＿＿＿＿＿＿＿＿＿。

2．次の（　）に適当な助詞（仮名一文字）を入れてください。
   (1) 南京には定時（　）到着した。
   (2) 休みになると、決まって中国の国内旅行（　）楽しんでいる。昨年は5回旅（　）出た。
   (3) 頑張らないことには今度の試合（　）勝つ見込みはありません。
   (4) その列車には、乗客はほんの僅か（　）（　）いなかった。
   (5) 彼は得意げな顔（　）みんなに写真を見せた。
   (6) 10年も日本（　）住んでいるだけあって、日本語がうまい。
   (7) 1週間田舎にいてすっかり元気になったような気（　）する。

単　語（練習）

筆者（ひっしゃ）①【名】笔者，作者
再び（ふたたび）⓪【名】再次
凧（たこ）①【名】风筝
人類（じんるい）①【名】人类
異文化（いぶんか）②【名】异文化，不同文化
トレーニング（training）②【名・自他Ⅲ】训练

夏祭り（夏祭・なつまつり）③【名】夏祭，夏季进行的神社祭祀活动
見込み（みこみ）⓪【名】估计，计划；期待，希望
列車（れっしゃ）⓪①【名】列車
乗客（じょうきゃく）⓪【名】乗客

D．応用練習

今までに行った国や町の中で、印象に残っているところを紹介してください。

```
―ポイント―
○どこにあるか。
○何が有名か。
○景色はどうだったか。
○どんなところに感動したか。
○何がおもしろかったか。
```

模擬テスト

一、给下列划线的汉字选择一个正确的读音

1. 小学校の時、いつも徒歩で通学していた。
   A. とほ　　　　B. とぼ　　　　C. とぽ　　　　D. とっぽ
2. 季節は小春日和という感じで、とても暖かい。
   A. おはるひより　　　　　　　B. おはるびより
   C. こはるひより　　　　　　　D. こはるびより
3. 痛みを緩和するのに薬が必要です。
   A. たんわ　　　B. だんわ　　　C. かんわ　　　D. ゆうわ
4. 法的措置をとることになった。
   A. そち　　　　B. そっち　　　C. さち　　　　D. さっち
5. あの公園はサクラの並木がきれい。
   A. へいき　　　B. へいぼく　　C. なみき　　　D. なみぼく
6. ボールを勢いよく蹴っ飛ばした。
   A. ちがい　　　B. てつだい　　C. いきおい　　D. ただよい
7. 五月の風は快い。
   A. はやい　　　B. すばやい　　C. こころよい　D. ここちよい
8. 公園は市民の憩いの場となっている。
   A. いこい　　　B. いごい　　　C. きゅうい　　D. けいい
9. 親子三人で岸辺を散歩しました。
   A. きしへん　　B. きしあたり　C. きしべ　　　D. きしぺ

二、给下列划线的假名词汇选择一个正确的汉字

10. 大雨で交通がじゅうたいしている。
    A. 重体　　　　B. 重態　　　　C. 渋滞　　　　D. 縦隊
11. 京都はゆうきゅうの古都です。
    A. 有給　　　　B. 悠久　　　　C. 遊休　　　　D. 有休
12. 大震災の経済学をてんぼうする講演を聞いた。
    A. 展望　　　　B. 転望　　　　C. 添望　　　　D. 点望
13. 富士山のちょうじょうにある小屋から絵葉書を出した。
    A. 頂乗　　　　B. 超上　　　　C. 長上　　　　D. 頂上

14. 終了時間になればすぐ帰る、「ていじ退社する」人が半分ぐらいいます。
    A. 定事　　　B. 定食　　　C. 定時　　　D. 邸時
15. けんとう中の問題ですから、計画などは決まっていません。
    A. 剣等　　　B. 剣討　　　C. 検討　　　D. 見討
16. ゆうひが斜めに射して、きれいだった。
    A. 夕陽　　　B. 雄飛　　　C. 優陽　　　D. 優日
17. 多くのすてきな友達にめぐまれて幸せです。
    A. 慰まれて　B. 探まれて　C. 巡まれて　D. 恵まれて

三、给下列句子的划线处选择一个正确答案

18. 初冬の暖かな昼間、谷の底には霞が＿＿＿いる。
    A. しいて　　B. まいて　　C. かかって　D. つけて
19. 観光地でタクシーを＿＿＿のに苦労した。
    A. 打つ　　　B. 拾う　　　C. 招く　　　D. 叫ぶ
20. よく＿＿＿けれども、ちゃんと見たことのないCMはありますよね。
    A. 目に合う　B. 目につける　C. 目にする　D. 目にかける
21. 事件現場に＿＿＿が張ってあります。
    A. ロープ　　B. カーブ　　C. シンプル　D. シルエット
22. 池の鯉が元気良く＿＿＿外に飛び出しそうです。
    A. ふれて　　B. はねて　　C. てらして　D. ぬけて
23. 用事があって電話を＿＿＿、留守だった。
    A. するところ　　　　　　B. しようところ
    C. したところ　　　　　　D. しているところ
24. 映画が終わった＿＿＿観客は一斉に席を立ち、出口に向かった。
    A. かと思うと　B. かのうちに　C. から見ると　D. からいうと
25. このホテルは高い＿＿＿部屋もサービスも素晴らしいですね。
    A. とすれば　B. というのは　C. だけあって　D. わりには
26. 幼い子どもを誘拐するなんて、許し＿＿＿ことだ。
    A. がたい　　B. まじき　　C. にくい　　D. かねない
27. 夜空の満月はどんなに美しい＿＿＿。
    A. ことに　　B. ことを　　C. ことか　　D. ことだ
28. 一度行ってみない＿＿＿、どんな所か分からない。
    A. からには　B. ことには　C. ことか　　D. ことだ

四、阅读下列文章，并回答文后单项选择题

今年の夏休み、前からずっと夢見ていた北海道を旅行することができた。

出発の前夜は、遠足に行く小学生みたいに胸がわくわくして、全然眠れなかった。何回もバッグの中を確かめたり北海道の草原を想像したりするうちに夜が明け、出発時間になってしまった。一睡もしていなかったが、元気いっぱいだった。

まず、車で東北自動車道を走って、初日は福島に泊まった。2日目は有名な仙台の「七夕祭り」の日で、運よく色とりどりの七夕飾りを見ることができた。仙台から青森まで行き、十和田湖を一周し、霧に包まれた八甲田を通って青森市に入った。夜、フェリーに乗って函館に向かった。函館では、ロマンティックな港の風景に魅了されて、時間が経つのも忘れた。

翌日は札幌市内の見物に出かけた。札幌のシンボルである時計台を見て、雪祭りで有名な大通り公園を歩いた。午後、「開拓村」を訪れて、明治・大正期の建造物や生活様式を再現してあるのを見て回った。日本の歴史に触れる有益なひとときを過ごした。

次の日は五色温泉へ行き、アンヌプリ山を眺めながら露天風呂を楽しんだ。北海道最後の夜、湖の花火を見に行った。湖に落ちる花火を見ながら歓声の連続であった。そしてすっかり北海道のとりこになってしまった。

29. 筆者にとって北海道は何回目ですか。

  A．初めてです。   B．2回目です。

  C．3回目です。   D．何回も行きました。

30. 筆者はどのように北海道へ行ったのですか。

  A．車で行きました

  B．飛行機で行きました。

  C．東海道新幹線で行きました。

  D．車とフェリーで行きました。

31. 札幌のシンボル何ですか。

  A．時計台 B．雪祭り C．大通り公園 D．七夕飾り

五、把下列句子翻译成汉语

32. 旅の間じゅう、鎮江と南京は小春日和に恵まれ、コートも要らぬほどの暖かさであった。

33. 山田さんったら、来たかと思ったらすぐ帰っちゃった。

34. デパートは朝から電気がすべてついている。なんと無駄な電気が多いことか。

35. マナさんは、重い病気になったかと思い、医者の説明を心配げな顔をして聞いていた。

36. 遊びに来た子どもたちは楽しげにお弁当を食べていた。

37. これは情報がたくさん集まる読みごたえのある雑誌です。

38. 岸辺では親子の遊ぶ姿がほほえましかった。男の子が、子どもにしたら、ずいぶん重そうな石をようやく持ち上げて、石を父親に渡す。父親は、その石をさも重たげに受け取って、できるだけ遠くに投げてみせる。ドボンと大きな音がして水がはねる。これを何回も繰り返す。そのたびに、男の子は口を開けて笑う。とてもいい時間が流れていた。

39. 中国は、どこに行っても見ごたえがあって本当にすばらしい。

六、把下列句子翻译成日语

40. 真不愧是经验丰富的老师，他讲的课易懂有趣。

41. 一想到就要分手，我的心情难以言表。

42. 如果连地址都不知道的话，即使想联系也办不到吧。

43. 我们学校学生有一万多人，老师有四千多人。

44. 可以想象如果是两周前来，这里的红叶不知该有多好看。今天天气暖和，视线朦胧，近处的林、远处的山浓淡层次分明，就像一幅水墨画。

45. 在燕子矶眺望长江真是美极了！长江像大海一样宽阔，夕阳照在江面上，远远望去是那么耀眼而明亮。这是我、一个日本人从未看到过的景色。

漢字の学習

大戦　戦争　戦災　終戦　休戦　作戦　戦う　戦
屋根　垣根　根元　根回し　球根　根気　根拠　根本　根底
近所　近代　最近　接近　近景　近眼　近視　身近　近寄る
遠足　永遠　遠慮　遠望　遠方　遠回り　望遠鏡
散歩　徒歩　初歩　進歩　歩道　譲歩　歩く　歩む
曲線　光線　線路　直線　内線　電線　無線　沿線　水平線　地平線　三味線
想像　仏像　石像　映像　現像　像
検査　検討　検事　探検　点検　検索
立派　派手　派遣　特派　流派
幸運　幸福　不幸　幸い　幸せ

第20課

企業が求める人材は？

学习目标

- 能够迅速抓住文章的重点内容
- 能够理解论据与论点之间的关系
- 能够用日语接受一般的面试

句式

- ～にあたって／～にあたり＜时刻、时期＞
- Vことなく＜对预测的否定＞
- Nの／Vた結果＜结果＞
- ～に相違ない＜有把握的判断＞
- N／Vにしたがって＜伴随＞
- ～まい＜否定的推测＞
- ～にせよ～にせよ＜对比性并列＞

ユニット1　読解

企業が求める人材は？

　世界経済は激しい変化の時代を迎えている。日本経済もその波に飲み込まれ、グローバル化や人口減少及び少子高齢化による国内市場の縮小などによって、企業を取り巻く環境も大きく変化しつつある。それに伴い、企業が社員の採用にあたって求める人材も多様化してきている。

　かつては専門性、協調性、業務遂行能力の三つが特に重視されていたが、現在はそれだけでは対応できなくなっている。

　たとえばソニーの採用担当者は、「社員に期待されるのは自律的に動くセルフマネジメント能力。自らビジネスサイクルを回していける人でなければ環境変化についてはいけない。率先してチャレンジを繰り返し、どんどん新しいものを生み出していくタイプでなければ成果も出しにくい」と言う。

　東芝は、グローバルな人材に求められる要件として、「多様性」「応変力」「チャレンジ精神」の3つを掲げる。そして、自らの考え方に固執することなく、多様な価値観や考え方に柔軟に対応していく能力も求めている。また、「同時に変化に応じていく力も必要。たとえば、学生が決められたテキストにしたがって勉強や研究で優秀な成績をとるという従来の延長線ではなく、マニュアルにとらわれない、ありとあらゆる変化に機敏に対応していく能力が求められている」と採用担当者は指摘する。

　キヤノンは求められる資質として起業家精神を掲げる。同社の採用担当者は、「ヒト、モノ、カネ、情報の4つの経営資源のうち、大企業が力を入れるべきはヒトと情報。特にヒトについては起業家精神にあふれ、新しい着想・アイデア、それに実行力のある人材が必要だ」と強調している。

　この3社に限らず、企業が求める人材に関して注目すべきことは、「協調型」から「自主行動型」への変化である。つまり、定型的な業務を確実にこなすマニュアル型人間よりも、新しい付加価値を作り出していくような自考型人間を求める企業が増えているのである。国内外の市場で激しい競争が展開されているため、企業が求める人材の資質も、当然のことなが

ら以前よりハードルが高くなった。

　時代は大きく変化し、市場に「消費者ニーズの多様化／変化のスピードアップ」という事態を生むとともに、産業界を否応なしに「国際競争の時代」へと引きずり込んだ。その結果、規格大量生産型時代は終焉を迎え、生産力重視の時代は過去のものとなった。市場のニーズを敏感に感じ取る知性と感性が求められる知識集約型産業の時代に入った今日、それに応じて求められる能力も変化している。これまでの工業生産から意識生産へと、完全にシフトするようになったのである。

　企業の求める人材が時代によって変化するのは、世の中が時代の流れによって左右されるからである。これから10年、20年後、世の中の常識や価値観も大きく変わっているに相違ない。グローバル化、情報化の急激な進展にしたがって、企業の求める人材も更に多様化し、変化していくだろう。しかし、立派な社会人として企業及び社会に必要とされる人材の基本的な能力は、いつの時代になっても変わることはあるまい。

　経済産業省は2006年、「職場や地域社会の中で多様な人々とともに仕事を行っていく上で必要な基礎的な能力」として、「前に踏み出す力」、「考え抜く力」、「チームで働く力」の三つの能力（12の能力要素）から構成されている「社会人基礎力」を提言した。

　まず、「前に踏み出す力」（アクション）」とは、一歩前に踏み出し、失敗しても粘り強く取り組む力である。実社会の仕事では、答えは一つに決まっていないので、試行錯誤しながら、失敗を恐れず、自ら一歩前に踏み出す行動力が求められる。成功するにせよ失敗するにせよ、他者と協力しながら、粘り強く取り組むことが必要なのである。

　次に、「考え抜く力」（シンキング）」であるが、これは疑問を持ち、それを考え抜く力である。物事を改善していくためには、常に問題意識を持ち、自ら課題を発見する力が必要である。その上で、その課題を解決するための方法やプロセスについて、十分に納得のいくまで考え抜くことが求められるのである。

　最後に、「チームで働く力」（チームワーク）は、多様な人々とともに、目標に向けて協力する力である。職場や地域社会などでは、仕事の専門化や細分化が進んでいるので、個人として、また組織としての付加価値を創り出すために、多様な人々との協働が求められている。自分の意見を

的確に伝え、意見や立場の異なるメンバーも尊重した上で、目標に向けてともに協力することが大切である。

　以上の3つの能力は、より具体的に細分化され、12の能力要素に定義されている。もちろん、この12の能力要素をすべて身に付けていなければならないというわけではない。業種や職種、会社によって、求められる社会人基礎力の度合いにはバラツキがある。12の能力要素と自分の能力とを照合し、自身の強みと弱みを仕分けして的確に把握すれば、就職にせよ自己成長を図るにせよ、容易に目標を明確にすることができるだろう。このバラツキから自分の強みを発見して伸ばすとともに、不足部分を補うことによって、自分の能力をアピールするベースを作ろう。

社会人基礎力（3つの能力／12の要素）

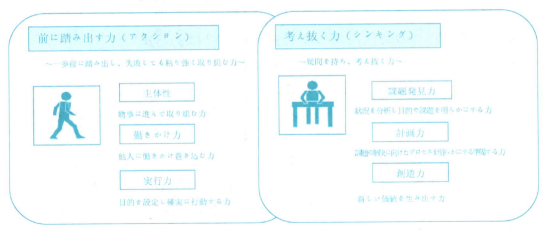

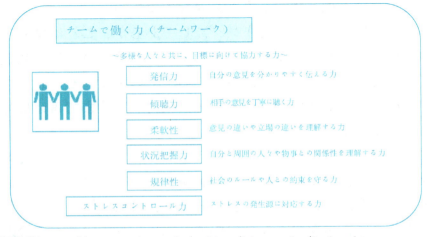

経済産業省http://www.meti.go.jp/policy/kisoryoku/index.htm

ユニット2　会話

面接

会話機能——面接

（張子琳がノックして面接室に入り、面接官に向かって一礼する）
張　　　：張子琳と申します。よろしくお願いします。
面接官：どうぞおかけください。
張　　　：失礼します。
面接官：張さんは中国出身で、人間学部の志望ですね。
張　　　：はい。
面接官：志望動機は何ですか。
張　　　：今の日本は、世界に知られた経済大国です。そして、礼儀正しく、教養ある国民としても評価されています。それは教育のおかげだと思います。教育といっても、小学校から高校までの学校教育、あるいは、職業教育だけではなく、生涯学習の普及も重要な役割りを果たしていると思います。私はこの生涯学習に関心があります。
　　　　　人間学部のパンフレットには、人間科学コースに「生涯学習」という講座が設けられていると書いてありましたので、ぜひこの大学に入りたいと思い、志望しました。
面接官：張さんが「生涯学習」に注目したきっかけは何でしょうか。中国には「生涯学習」はないのですか。
張　　　：そうですね。中国には、「生きている限り勉強を続ける」ということわざはありますが、それははっきりした「生涯学習」という意識ではないような気がします。
　　　　　たとえば、私はいま公民館で中国語を教えていますが、教室に来る人の中には70歳、80歳のお年寄りもいます。これは、中国ではほとんど見られないことです。
　　　　　中国では、50歳を過ぎると、外国語を覚えるのは無理だと考える

人が多いようです。それより、好きな中国将棋や囲碁などを楽しんで過ごす人のほうが多いと思います。その仲間も昔からの友人だったり同じ年齢だったり、近所との付き合い程度だったりと、「生涯学習」が意味する学習の場とは少し違うようです。私の場合は、公民館での経験が生涯学習・生涯教育に注目するきっかけとなりました。

それで私は、教育大学の人間学部を受験いたしました。

面接官：はい、よく分かりました。面接は以上です。お疲れ様でした。

張　：（座ったまま会釈して、それから立ち上がってもう一度面接官全員に）ありがとうございました。

（深々と頭を下げる）

張　：（ドアまで戻ったら、そこで立ち止まり、もう一度面接官の方を見て軽く一礼する）失礼いたします。

（ドアを開けて退室する）

★在日本参加入学面试要注意以下几点：
1. 服装干净整洁，大方得体。
2. 当听到考官说「どうぞおかけください」时方能落座。
3. 面试时一般会被问到选择报考该校的理由。如「志望動機は何ですか」「…きっかけは何でしょうか」等问题。
4. 陈述完理由后不要忘记再次表明自己的意愿如「～から、ぜひこの大学に入ろうと思い、志望しました」「それで私は、人間学部を志望することにしました。」
5. 退出时不要忘记鞠躬道谢：「ありがとうございました。」

---

① 「生きている限り勉強を続ける」意为"活到老学到老"。
② 「それははっきりした『生涯学習』という意識ではないような気がします」意思是"我觉得它（活到老学到老）不是真正意义上的终身教育"。

単　語

ユニット1

波（なみ）②【名】波涛，浪潮

飲み込む（のみこむ）⓪③【他Ⅰ】吞下；吞没

第20課　企業が求める人材は？

縮小（しゅくしょう）⓪【名・他Ⅲ】缩小，收缩

取り巻く（とりまく）③⓪【他Ⅰ】围绕，包围

～にあたって　当……的时候

専門性（せんもんせい）⓪【名】专门性，专业性

協調性（きょうちょうせい）⓪【名】协调性，合作性

協調（きょうちょう）⓪【名・自Ⅲ】协调

業務遂行（ぎょうむすいこう）①-⓪【名・自Ⅲ】完成工作

遂行（すいこう）⓪【名・他Ⅲ】推行，落实，实现

ソニー（SONY）①【名】（公司名）索尼

担当者（たんとうしゃ）③【名】负责人

自律的（じりつてき）⓪【形Ⅱ】自律的

セルフマネジメント（self management）⑤【名】自我管理；自我发展

自ら（みずから）①【名・副】自己，自身；亲自

ビジネスサイクル（business cycle）⑤【名】商业周期，商业循环

回す（まわす）⓪【他Ⅰ】使运转；旋转；扭转，改变方向；轮流传递

率先（そっせん）⓪【名・自Ⅲ】率先

繰り返す（くりかえす）③④⓪【他Ⅰ】反复

生み出す（うみだす）③【他Ⅰ】产生出，创造出

東芝（とうしば）⓪【名】（公司名）东芝

要件（ようけん）③【名】必要的条件；重要的事情

応変力（おうへんりょく）③【名】应变力

応変（おうへん）⓪【名・自Ⅲ】应变

精神（せいしん）①【名】精神

固執（こしつ）⓪【名・自Ⅲ】固执，顽固坚持

～ことなく　没有（不）……的话

柔軟（じゅうなん）⓪【形Ⅱ】柔软；灵活

～に応じて（～におうじて）适应，根据

従来（じゅうらい）①【名】从来，以前

延長線（えんちょうせん）⓪【名】延长线

ありとあらゆる　①-③一切，所有

機敏（きびん）⓪【名・形Ⅱ】机灵，敏捷

指摘（してき）⓪【名・他Ⅲ】指摘，指出

キヤノン（CANON）①【名】（公司名）佳能

資質（ししつ）⓪【名】资质，性质

起業家（きぎょうか）⓪【名】创业家

同社（どうしゃ）①【名】该公司，同一公司

着想（ちゃくそう）⓪【名・自Ⅲ】构思

実行力（じっこうりょく）③【名】实行能力

強調（きょうちょう）⓪【名・他Ⅲ】强调

自主行動型（じしゅこうどうがた）①-⓪【名】自主行动型

自主（じしゅ）①【名・自Ⅲ】自主，主动

定型的（ていけいてき）⓪【形Ⅱ】规范的，定型的

付加価値（ふかかち）③【名】附加价值

付加（ふか）①【名・他Ⅲ】附加

自考型（じこうがた）⓪【名】主动思考型

国内外（こくないがい）③【名】国内外

市場（しじょう）⓪【名】市场

ハードル（hurdle）⓪【名】栏架；门槛，障碍

消費者（しょうひしゃ）③【名】消费者

スピードアップ（speed up）⑤【名・他Ⅲ】加速，提速

生む（うむ）⓪【他Ⅰ】产生，生出

産業界（さんぎょうかい）③【名】产业界

否応なしに（いやおうなしに）⑤　不容分辩，不管……

引きずり込む（ひきずりこむ）⑤【他Ⅰ】拉近，拉入其中；拉入伙

規格（きかく）⓪【名】规格

終焉（しゅうえん）⓪【名】结束，临终；终老，安度晚年

感じ取る（かんじとる）④【他Ⅰ】感觉

知性（ちせい）①【名】知性

集約型（しゅうやくがた）⓪【名】密集型

实 用 日 语　中级（下册）

シフト（shift）①【名・他Ⅲ】转换
左右（さゆう）①【名・他Ⅲ】左右；支配
〜に相違ない（〜にそういない）一定是……，
　　无疑是……
進展（しんてん）⓪【名・自Ⅲ】进展
〜にしたがって（〜にしたがって）随着……
〜まい　不……
経済産業省（けいざいさんぎょうしょう）⑦
　　【名】（行政机构）经济产业省
多様（たよう）⓪【名】多样
基礎的（きそてき）⓪【形Ⅱ】基础的
踏み出す（ふみだす）③【他Ⅰ】迈出，踏出
考え抜く（かんがえぬく）⑤【他Ⅰ】充分思考
要素（ようそ）①【名】要素，因素
提言（ていげん）⓪【名・他Ⅲ】提出建议
アクション（action）①【名】行动，行为
一歩（いっぽ）①【名】一步
粘り強い（ねばりづよい）⑤【形Ⅰ】坚韧，顽
　　强；粘性强
試行錯誤（しこうさくご）④【名】摸索尝试
〜にせよ〜にせよ　无论……还是……
他者（たしゃ）①【名】他人

シンキング（thinking）①【名】思考
疑問（ぎもん）⓪【名】疑问
プロセス（process）②【名】步骤，过程
チームワーク（teamwork）④【名】协同行动，
　　合作
細分化（さいぶんか）⓪【名・他Ⅲ】细分化
組織（そしき）①【名・他Ⅲ】组织
創り出す（つくりだす）④【他Ⅰ】创造出
協働（きょうどう）⓪【名・自Ⅲ】协作，合作
定義（ていぎ）①【名】定义
度合い（どあい）⓪【名】程度
バラツキ⓪【名】偏差；参差不齐
照合（しょうごう）⓪【名・他Ⅲ】比照，对比
的確（てきかく）⓪【形Ⅱ】确切；准确
明確（めいかく）⓪【名・形Ⅱ】明确
補う（おぎなう）③【他Ⅰ】补充，填补
ベース（base）①【名】基础
傾聴力（けいちょうりょく）③【名】倾听力
傾聴（けいちょう）⓪【名・他Ⅲ】倾听
規律性（きりつせい）⓪【名】规律性
規律（きりつ）⓪【名】规律

ユニット2

動機（どうき）⓪【名】动机
経済大国（けいざいたいこく）⑤【名】经济大
　　国
大国（たいこく）⓪【名】大国
ことわざ（諺）⓪【名】谚语
礼儀正しい（れいぎただしい）⑥【形Ⅰ】有礼
　　貌
職業教育（しょくぎょうきょういく）⑤【名】
　　职业教育
職業（しょくぎょう）②【名】职业

生涯学習（しょうがいがくしゅう）⑤【名】生
　　涯教育，终身教育
生涯（しょうがい）①【名】生涯
設ける（もうける）③【他Ⅱ】设置
公民館（こうみんかん）③【名】公民馆
中国将棋（ちゅうごくしょうぎ）⑤【名】中国
　　象棋
将棋（しょうぎ）⓪【名】将棋
受験（じゅけん）⓪【名・他Ⅲ】应试，应考

語彙の学習

1．動く

（1）風で木の葉が動いている。 （2）私が戻ってくるまで絶対に動くな。 （3）床に落としてしまったので、腕時計は全然動かない。 （4）試合中に緊張してしまい、足が動かなかった。	活动，移动，
（5）最近の新入社員は命令されないと動かない。	行动，工作
（6）倍の給料を出すと言われると、つい心が動く。	（精神）动摇

2．自ら

（1）将来を見つめ、自らの生き方を考えよう。 （2）君は自らの義務を果たすべきだ。	自己
（3）人に説教することを自らも実行せよ。 （4）将来を考えて、自ら志願して現場で働くことにしました。	亲自

3．求める

（1）理想な人を求めて旅をしている。 （2）いつの時代にあっても、人々の平和を求める気持ちは変わることはない。	寻找，渴望，希望
（3）この問題について幅広く住民の意見を求めた。 （4）結論を出す前に、まず専門家の意見を求めるべきだと思う。	要求，征求
（5）ご希望の色、サイズ、数量をご記入のうえお求めください。	购买

4．こなす

（1）胃は食べた物をこなす働きをする。	消化，弄碎
（2）毎日、毎日同じ仕事をこなすのは難しいと思う。 （3）朝の出勤前の貴重な時間を生かして、効率よく家事をこなすようにしている。	处理，完成
（4）彼は複雑で長い計算も計算機なしでこなせる。 （5）妹は英語もドイツ語もうまく使いこなす。	运用自如，掌握，擅长

5．否応なし

(1) 道を歩くと、さまざまな広告が否応なしに目に飛び込んでくる。 (2) 私たちは、生きている限り、否応なしにこの世界のなかで他の人と関わっていかなければならない。 (3) 子どもたちは否応なしに受験戦争に巻き込まれている。	不由分说，不容分辩

6．流れ

(1) 日本の川は短く、流れも急である。 (2) 初詣に行ったとき、人の流れに押されて自然に前へ進んでいた。	水流，流动
(3) ヨーロッパ音楽の流れに関する論文を書きたい。 (4) 50代の私はなかなか時代の流れについていけない。	潮流，动向，推移
(5) まず本日の作業の流れについて説明します。	流程，順序

7．変わる

(1) 核心を突いた質問に少年の顔色が変わった。 (2) ネットの普及で、人々の生活が変わった。	変化，改変，
(3) 特に変わったことはないから、心配しないで。 (4) あの子はちょっと変わっているので、あまり友だちがいないようだ。	不一样，与众不同

8．取り組む

(1) 相撲大会で、強い相手と取り組むと負けるかもしれない。	和…交手、比賽
(2) 横浜市はごみの減量に積極的に取り組んでいる。 (3) 自分なりに責任をもって仕事に取り組んでいる。	着手，解决，全心投入全力处理
(4) あの医者は長い間伝染病の研究に取り組んできた。 (5) 新しいプロジェクトに取り組むにあたって、先輩からいろいろアドバイスをもらった。	埋头于，致力于…

9．－抜く

生き抜く　やり抜く　頑張り抜く　困り抜く　戦い抜く	坚持到最后，…之极

10．図る

(1) 経費削減によって業績の回復を図る予定です。 (2) 本協会は文化交流を図る目的で設立された。	谋求，计划
(3) サービスエリアは、高速道路利用者の便宜を図る目的で作られている。 (4) 女性客の安全を図るために、さまざまな工夫をしている。	安排，考虑

11. 伸ばす

(1) 兄はいつも背筋をピンと伸ばしている。	伸展，拉直
(2) 生徒の学力や個性を伸ばすことが大切だ。	（能力等）提高，加强
(3) 結婚式までに、できるだけ髪の毛を伸ばしたい。	延长，留长，拉长
(4) わたしたちの努力はお客様に評価され、順調に業績を伸ばしてきた。	（业务、势力等）增长，加强

単　語（語彙の学習）

新入社員（しんにゅうしゃいん）⑤【名】新入职员工
志願（しがん）①【名・他Ⅲ】志愿，希望
平和（へいわ）⓪【名】和平
数量（すうりょう）③【名】数量
働き（はたらき）⓪【名】功能，作用
出勤前（しゅっきんまえ）⑤【名】出门上班前
効率（こうりつ）⓪【名】效率
巻き込む（まきこむ）③【他Ⅰ】卷入
初詣（はつもうで）③【名】（新年）初参，第一次参拜
50代（ごじゅうだい）②【名】50-59岁的人
-代（-だい）……年龄段

伝染病（でんせんびょう）⓪【名】传染病
経費（けいひ）①【名】经费
本協会（ほんきょうかい）①-⓪【名】本协会
本-（ほん-）本……
協会（きょうかい）⓪【名】协会
サービスエリア（service area）⑤【名】服务区
便宜（べんぎ）①【名・形Ⅱ】方便，便宜
背筋（せすじ）⓪【名】背部，后背
ピン（と）⓪【副・自Ⅲ】伸直，紧绷；猛地
生徒（せいと）①【名】（初高中）学生
個性（こせい）①【名】个性
髪の毛（かみのけ）③【名】头发

文型の学習

1．～にあたって／～にあたり＜时刻、时期＞

🖉それに伴い、企業が社員の採用にあたって求める人材も多様化してきている。

「にあたって／にあたり」接在名词或动词的词典形后面，表示处于或面临前项所指的某个时刻或时期，多用于致词或者感谢信中。「～にあたり」较「～にあたって」更为郑重。相当于汉语的"正值……之际"、"在……的时候"等。

（1）奨学金の申請にあたって、研究計画書の提出を求められた。
（2）お二人の結婚式にあたり、ひとことごあいさつを申し上げます。
（3）皆さんが新生活を迎えるにあたって、本センターは、皆様に役立つ情報をご提供いたします。
（4）卒業論文を書くにあたって、守らなくてはならないルールがある。

2．Vことなく ＜对预测的否定＞

✎そして、自らの考え方に固執することなく、多様な価値観や考え方に柔軟に対応していく能力も求めている。

「ことなく」接在动词的词典形后面，表示预测发生或有可能发生的情况并没有发生，后项动作或行为在此种状态下发生，与「～ないで」「～ずに」意思相同，多用于书面语。相当于汉语的"不……"、"没……"等。
（1）飛行機は遅れることなく、予定通り空港に到着した。
（2）雨はやむことなく、一日中降り続いた。
（3）ロボットは24時間休むことなく、働き続ける。
（4）彼は迷うことなく、目標に向かって邁進した。

3．Nの／Vた結果 ＜結果＞

✎その結果、規格大量生産型時代は終焉を迎え、生産力重視の時代は過去のものとなった。

「結果」接在"名词＋の"或动词的「た」形后面，表示后项为前项的结果，该结果既可以为好的结果也可以为不好的结果。也可用「その結果」连接前后两个句子。相当于汉语的"……的结果，……"等。
（1）努力の結果、彼女はやっとほしいものを手に入れた。
（2）調査した結果、18歳人口が減少していることが分かった。
（3）いろいろと考えた結果、彼は帰国することにした。
（4）みんながその計画を十分には重視していなかった。その結果、負けてしまった。

4．～に相違ない ＜有把握的判断＞

✎これから10年、20年後、世の中の常識や価値観も大きく変わっているに相違ない。

「に相違ない」接在名词或"名词＋である"、形容词和动词的连体形后面（Ⅱ

类形容词非过去时时可直接接词干），表示说话人基于某种根据的非常有把握的判断，为书面语，语气强硬。可与「～に違いない」互换。相当于汉语的"肯定……"、"一定……"等。

（1）あの仕事ぶりからすれば、彼は一流の専門家に相違ない。
（2）この作品は芸術的な価値が非常に高い。きっと値段も高いに相違ない。
（3）まじめな彼のことだから、きっと人のために努力するに相違ない。
（4）彼の実力なら、選挙に勝つに相違ない。

5．N／Vにしたがって＜伴随＞

グローバル化、情報化の急激な進展にしたがって、企業の求める人材も更に多様化し、更に変化していくだろう。

「にしたがって（に従って）」接在表变化的名词、动词的词典形后面，表示伴随着前项的发生、发展等，后项也发生相应的变化，可与「につれて」互换。相当于汉语的"随着……"、"伴随着……"等。

（1）ネットの普及にしたがって、情報が手に入りやすくなった。
（2）グローバル化が進むにしたがって、外国語のできる人材が必要となってくる。
（3）北へ行くにしたがって、だんだん寒くなる。
（4）年をとるにしたがって、物が見えにくくなってきた。

6．～まい＜否定的推測＞

しかし、立派な社会人として企業及び社会に必要とされる人材の基本的な力は、いつの時代になっても変わることはあるまい。

「まい」接在非自主的词语后面时，表示否定的推测，其接续方式为：Ⅰ类动词接词典形、Ⅱ类动词接词典形或者第一连用形的，Ⅲ类动词为「するまい／すまい」、「くるまい／こまい」两种形式，其中「するまい／くるまい」较为常用。「まい」接在名词后面时为「Nではあるまい」；接在形容词后面时分别为「Ⅰ类形容词词干＋くあるまい」「Ⅱ类形容词词干＋ではあるまい」。为书面语。相当于汉语的"不会……吧"、"大概不……吧"等。口语中一般使用「～ないだろう」的形式。

（1）彼女は新入社員ではあるまい。
（2）地図から見れば、そんなに遠くはあるまい。
（3）今のこの気持ちは、他人には分かるまい。
（4）黒板の字が小さいから、後ろの学生には見えまい。

7．～にせよ～にせよ＜对比性的并列＞

✎成功するにせよ失敗するにせよ、他者と協力しながら、粘り強く取り組むことが必要なのである。

✎12の能力要素と自分の能力とを照合し、自身の強みと弱みを仕分けして的確に把握すれば、就職にせよ自己成長を図るにせよ、容易に目標を明確にすることができるだろう。

两个「にせよ」并列，接在名词或动词、形容词的连体形的后面（Ⅱ类形容词非过去时时直接接词干），表示并列的两种情况都不影响后项的成立。并列的前后两项多为意义相对的一组词或者同一个词的肯定和否定形式。与「～にしても～にしても」「～にしろ～にしろ」意思接近。相当于汉语的"无论……还是……都……"、"……也好……也好，都……"等。

(1) 進学するにせよ、就職するにせよ、決めるのはおまえ自身だ。
(2) 安いにせよ、高いにせよ、どうしても必要な物だから、買うしかない。
(3) 賛成にせよ、反対にせよ、理由はきちんと述べるべきだ。
(4) 来るにせよ、来ないにせよ、連絡ぐらいはしてほしい。

単　語（文型の学習）

申請（しんせい）⓪【名・他Ⅲ】申请
降り続く（ふりつづく）④【自Ⅰ】一直下（雨，雪等）
邁進（まいしん）⓪【名・自Ⅲ】迈进，前进
物（もの）②【名】事物，内容；物品；事理，道理

練習

A．内容確認

1．企業を取り巻く環境が大きく変わったのはなぜですか。
2．ソニーが採用にあたって重視しているのは何ですか。
3．東芝はどんな人材を求めていますか。
4．キヤノンはどんな人材を求めていますか。
5．企業が求める人材に関して最も注目すべきことはどんな変化ですか。

6．今、市場にどんな変化が見られますか。
7．企業の求める人材について変わらないのは、どんなところだと筆者が考えていますか。
8．「社会人基礎力」とは何ですか。
9．「社会人基礎力」は具体的にどんな能力を指しますか。

B．語彙の練習

1．次の漢字の読み方を書いてください。

波　　力　　姿　　時代　　過去　　瞬間　　現在　　従来　　以前
人材　能力　資質　知性　　感性　　他者　　精神　　成績　　成果
実行力　応変力　多様性　専門性　協調性　自考型　自主行動型　知識集約型
意見　情報　資源　常識　　立場　　要素　　強み　　弱み　　目標
企業　業務　規格　物事　　課題　　事態　　要件　　将棋　　流れ
結果　部分　環境　職場　　業種　　職種　　起業家　消費者　産業界
東芝　同社　生産力　専門化　細分化　少子化　高齢化　多様化　担当者
人口　一歩　相違　延長線　度合い　価値観　付加価値　地域社会
国内市場　問題意識　経済産業省　社会人基礎力　業務遂行能力
変化　減少　縮小　重視　　左右　　成功　　改善　　競争　　展開
発見　解決　納得　協力　　組織　　協働　　着想　　期待　　指摘
注目　着想　提言　失敗　　採用　　対応　　生産　　就職　　尊重
定義　把握　経営　強調　　終焉　　率先　　固執　　行動　　進展
明確　不足　疑問　構成　　受験　　自己成長　試行錯誤
伴う　動く　回す　生む　　限る　　求める　変える　飲み込む
応じる　増える　迎える　恐れる　掲げる　関する　生み出す　取り巻く
図る　補う　伝える　異なる　照合する　伸ばす　踏み出す　考え抜く
働く　向ける　取り組む　繰り返す　創り出す　感じ取る
急激　的確　確実　優秀　　機敏　　敏感　　大量　　完全　　必要
当然　同時　自ら　自律的　具体的　定型的　常に　　最も　　及び
激しい　粘り強い

2．　　　から適当な言葉を選んで、必要なら正しい形に変えて　　　　に書き入れてください。

(1)　グローバル　ニーズ　チームワーク　アピール　チャレンジ

①お客様の　　　　　　に合わせて最適な技術を提供いたします。

②あの会社は新商品を安さで_____している。
③企業には_____視点が欠かせません。
④仕事を進める上でスタッフの_____は非常に重要です。
⑤大学時代は社会人になってからではできないことに_____したい。

(2) 図る　のばす　取り組む　変わる　こなす
①現在、大学4年で、卒業論文に_____いる最中です。
②弟はときどき_____ことをしてみんなを驚かせる。
③先生に頼んでレポートの提出日を_____もらった。
④住民の交流を_____ため、町の歴史に関する講演会を開催した。
⑤仕事を完璧に_____自信はありません。

(3) 働く　求める　動く　もたらす
①日本人の勤勉さが今日の経済的発展を_____。
②母は出かけると言いながら、なかなか_____。
③疲れて頭が全然_____ない。
④学生は義務教育では学べない高度な専門知識を_____大学に進学するのだ。

(4) 柔軟　敏感　急激　粘り強い　的確
①消費者は価格に_____。
②お客様の多様なニーズに_____対応しなければならない。
③子どもには、困難に負けず、_____努力する意欲を持たせたい。
④日本では少子化が_____進んでいる。
⑤仕事の流れを見て、自分で_____判断して行動することが望ましい。

C．文法の練習

1．①は意味を考えて、②③は（　）の言葉を正しい順番に並べ替えて、文を完成させてください。

(1) 〜にあたって
① 新生活を迎えるにあたり、必要なものを購入した。
②（に・を・論文・あたって・書く）
　_____、たくさんの論文を参考にしました。
③（に・を・一年間の目標・新年・あたって・立てた・迎える）
　_____、_____。

(2) Vことなく
　①雨は朝からやむことなく降り続いている。
　②（を・この本・悩む・読めば・ことなく）
　　＿＿＿＿＿＿＿＿＿＿＿＿＿＿＿＿＿＿挨拶文を書くことができるよ。
　③（を・を・全力・悔い・残す・尽くして・ことなく）
　　＿＿＿＿＿＿＿＿＿＿＿＿＿＿＿＿＿＿＿＿＿＿＿戦った。

(3) Nの／Vた結果
　①いろいろ考えた結果、日本語学部に入ることを決めた。
　②（を・は・結果・実験・失敗・重ねた）
　　＿＿＿＿＿＿＿＿＿＿＿＿＿＿＿＿、ついに中止することになった。
　③（結果・無理を・無理に・重ねた）
　　父は＿＿＿＿＿＿＿＿＿＿＿＿＿＿＿＿＿＿＿＿、倒れてしまった。

(4) 〜に相違ない
　①彼は天才であるに相違ない。
　②（は・に・事実・上記の内容・相違ない・である）
　　＿＿＿＿＿＿＿＿＿＿＿＿＿＿＿＿＿＿＿＿＿。
　③（は・李さん・に相違ない・成功する）
　　あれほど努力したのだから、＿＿＿＿＿＿＿＿＿＿＿＿。

(5) N／Vにしたがって
　①姉は年を重ねるにしたがってますます魅力的になった。
　②（が・に・したがって・増える・乗客）
　　＿＿＿＿＿＿＿＿＿＿＿＿＿＿＿＿、バスの本数は増えていく。
　③（の・に・したがって・インターネット・普及）
　　＿＿＿＿＿＿＿＿＿＿＿＿＿＿＿＿私たちの生活様式は変わりつつある。

(6) 〜まい
　①これ以上何も言うまいと心に決めた。
　②（ことは・まい・役に立つ・まず・ある）
　　一日おきに故障するような機械だったら、＿＿＿＿＿＿＿＿＿＿＿＿。
　③（まい・では・し・子ども・ある）
　　＿＿＿＿＿＿＿＿＿＿＿＿＿＿＿＿、そんなバカなことはやめなさい。

(7) ～にせよ～にせよ

① 理科系にせよ、文科系にせよ、努力が必要だ。

② (に・にせよ・にせよ・大学院・就職する・進学する)
＿＿＿＿＿＿＿＿＿＿＿＿＿＿＿、目標を持って学生生活を過ごすことが大切です。

③ (にせよ・にせよ・賛成する・反対する)
＿＿＿＿＿＿＿＿＿＿＿＿＿＿＿＿＿＿、きちんと理由を言うべきである。

2．次の（　）に適当な助詞（仮名一文字）を入れてください。
(1) 企業を取り巻く環境（　）大きく変化しつつある。
(2) 自らの考え方（　）固執しない。
(3) マニュアル（　）とらわれないサービスを心がけています。
(4) 真情（　）こもった便りをもらった。
(5) 十分に納得のいくまで考え抜くこと（　）求められるのである。
(6) 社会に必要（　）される人材にはどんな特徴があるか。
(7) 市場のニーズ（　）敏感に感じ取る。
(8) どんどん新しいもの（　）生み出していくタイプでなければ成果（　）出しにくい。

単　語（練習）

提出日（ていしゅつび）④【名】提交的日期
義務教育（ぎむきょういく）③【名】义务教育
高度（こうど）①【名・形Ⅱ】高度；高程度
意欲（いよく）①【名】意欲，欲望
持たせる（もたせる）③【他Ⅱ】保持，使维持；让人拿
望ましい（のぞましい）④【形Ⅰ】合乎心愿，符合希望，理想的
参考（さんこう）⓪【名】参考
全力（ぜんりょく）⓪【名】全力
尽くす（つくす）②【他Ⅰ】竭尽，尽力

重ねる（かさねる）⓪【他Ⅱ】积累，重复；搭，摞
本数（ほんすう）③【名】（公交车等）辆
魅力的（みりょくてき）⓪【形Ⅱ】有魅力
上記（じょうき）①【名】上述
ついに　①【副】终于
ーおきに　每隔……
バカ（馬鹿・ばか）①【名・形Ⅱ】傻瓜；愚蠢，糊涂；极其
理科系（りかけい）⓪【名】理科
文科系（ぶんかけい）⓪【名】文科

D．応用練習

1．これは日本では一般的な履歴書です。この履歴書に必要事項を記入してあなたの履歴書を完成させてください。

履　歴　書

　　　　　　　　　　　　　　年　　月　　日現在

写真をはる位置
写真をはる必要がある場合 1．縦　36～40㎜ 　　横　24～30㎜ 2．本人単身胸から上 3．裏面のりづけ

ふりがな	
氏　　名	
	年　　月　　日生（満　　歳）　※ 　　　　　　　　　　　　　　　　　男・女

ふりがな	電話
現住所　〒	

ふりがな	電話
連絡先　〒　　　　　（現住所以外に連絡を希望する場合のみ記入）	

年	月	学歴・職歴（各別にまとめて書く）

記入上の注意　1．鉛筆以外の黒又は青の筆記具で記入。　2．数字はアラビア数字で、文字はくずさず正確に書く。　3．※印のところは、該当するものを〇で囲む。

年	月	免許・資格

志望の動機、特技、好きな学科、アピールポイントなど	通勤時間　　約　　時間　　分
	扶養家族数（配偶者を除く）　　　人
	人配偶者　　　配偶者の扶養義務 ※　有・無　　※　有・無

本人希望記入欄（特に給料・職種・勤務時間・勤務地・その他についての希望などがあれば記入）

　　2．次は「企業が求める人材像」です。あなたはどのような資質を持った人材でしょうか。就職するには、自分にはまだ足りないところがあるのではないかと考えたり、今までの自分をよく反省したりして、今後の目標を立てましょう。

第20課 企業が求める人材は？

企業が求める人材像

- 目標に向かって意欲的に行動する人
- 自ら課題を発見して提案できる人
- 状況の変化に柔軟に対応できる人
- 社外にも通用する高い専門性を持っている人
- 広い視点でものごとがとらえられる人
- 未知なものへのチャレンジ精神を持っている人
- 自立的に仕事が進められる人
- 上位者に自らの意思・戦略が明確に伝えられる人
- 個性豊かで独創性が発揮できる人
- 情報に対して感性の鋭い人

模擬テスト

一、给下列划线的汉字选择一个正确的读音

1. 大人が<u>率先</u>して子どもの手本となるように行動しよう。
   A. そせん　　B. そうせん　　C. そくせん　　D. そっせん
2. 電力不足のため、国内生産の<u>縮小</u>を検討している。
   A. しゅしょう　　　　　　B. しゅうしょう
   C. しゅくしょう　　　　　D. しゅっしょう
3. しばらくして、猫がやっと<u>姿</u>を現した。
   A. すがた　　B. ほこり　　C. ひかり　　D. みなもと
4. 新しい仕事をはじめたいけれど、なかなか<u>踏</u>み出せない。
   A. もみ　　B. ふみ　　C. いたみ　　D. のぞみ
5. <u>試行錯誤</u>しながら問題を解決する。
   A. しこうさご　　　　　　B. しこうさくご
   C. しぎょうそご　　　　　D. しぎょうそくご
6. 野党は減税を公約の一つに<u>掲げた</u>。
   A. つげた　　B. とげた　　C. にげた　　D. かかげた

二、给下列划线的假名词汇选择一个正确的汉字

7．初任給はぎょうしゅによってかなりの差がある。
　　A．職種　　　　　B．業種　　　　　C．職場　　　　　D．業界

8．委員会は10名でこうせいされている。
　　A．結構　　　　　B．構成　　　　　C．機構　　　　　D．組織

9．自治体は家庭の節電をていげんした。
　　A．提言　　　　　B．提出　　　　　C．提案　　　　　D．提供

10．あのひとことを言われたしゅんかん、別れを決めた。
　　A．一瞬　　　　　B．期間　　　　　C．瞬間　　　　　D．間隔

11．失敗をおそれる必要はない。
　　A．折れる　　　　B．離れる　　　　C．壊れる　　　　D．恐れる

12．病気で休んだ分の勉強を自習でおぎなう。
　　A．補う　　　　　B．失う　　　　　C．行う　　　　　D．伴う

三、给下列句子的划线处选择一个正确答案

13．この_____にしたがってパソコンを設定してください。
　　A．アイデア　　　B．ハードル　　　C．マニュアル　　D．スピード

14．いまこそ日本は、未来のため、自然エネルギーへ_____すべきである。
　　A．グローバル　　B．アクション　　C．ニーズ　　　　D．シフト

15．4人の_____1人が嘘をついている。
　　A．うえ　　　　　B．うち　　　　　C．もと　　　　　D．そと

16．わたしたちは_____発想でお客様の期待を超える提案をする。
　　A．機敏な　　　　B．敏感な　　　　C．柔軟な　　　　D．急激な

17．社長が_____積極的に現場に出て仕事をすることが重要だ。
　　A．あくまで　　　B．いきなり　　　C．ざっと　　　　D．自ら

18．上昇する_____、機内の気圧は低くなる。
　　A．に基づいて　　B．にしたがって　C．といい　　　　D．にかけては

19．誰でも、様々な困難に対して_____対応しなければならないこともある。
　　A．否応なしに　　B．拍子に　　　　C．なんとか　　　D．だけあって

20．今後、必要_____基準の見直しなどをする計画だ。
　　A．にとどまらず　B．に応じて　　　C．にかわり　　　D．に加えて

四、阅读下列文章，并回答文后单项选择题

　　従来、企業が市場において優位性を保っていく上では、「他社よりも1円でも安い商品を生産していくこと」が非常に重要であった。そして、そのことを実現するために、スケールメリットを生かして大掛かりな設備投資による大量生産を行ってきた。また、そこで仕事をする人々も、いかに所定の手続きにしたがって、ムダなく効率的に仕事を進めていくかが求められた。全体で計画を立て、統制のとれた組織で、一人ひとりは余計なことは行わず、作業をできるだけ単純化・マニュアル化していくほうが、ずっと有利だったのである。

　　しかし、市場のニーズが多様化し、変化もスピードアップしてくると、どうしても迅速にそれに対応していかなければならない。また、国際競争も、この流れに拍車をかけている。「他社よりも1円でも安いものを」といった戦略は、安価な外国人労働力の前にはむなしい努力となって消えてしまった。そこで、企業の生きる道として、他社と競争するのではなく、他社にない独自の価値を次々に世界に提供することが求められてきているのである。

　　市場のニーズを把握し、すばやくビジネスへと展開していくためには、既存のやり方にこだわっていたら十分な成果を出すことはできない。また、経営トップの判断を待っていたらチャンスはどんどん逃げていってしまう。仕事の最前線にいる人間が、柔軟性と機動力を持っていかに素早く判断し、行動していけるかが重要になってくるのである。つまり、「会社の命令を待って動く人材」から「自分自身の意思によってタイムリーに判断し、行動する人材」へと、求められるものが変化してきているのである。

21. 従来、企業が市場において最も重要だったことは何ですか。
    A. 優位性を保っていくこと
    B. 所定の手続きに従うこと
    C. なるべく商品を安く提供すること
    D. ムダなく効率的に仕事を進めること
22. 市場のニーズの多様化に伴って、企業が優位性を保っていくにはどのようにすべきですか。
    A. 他社と競争する
    B. 安い商品を提供する

C. 外国人労働力を雇用する
D. 他社にない独自の価値を提供する

23. 現在、企業に求められるのはどのような人材ですか。
A. マニュアルどおりに動く人材
B. ムダなく効率的に仕事を進める人材
C. 会社に指示されたとおりに動く人材
D. 自分自身の意思で迅速に判断し、行動する人材

五、把下列句子翻译成汉语

24. 日本経済もその波に飲み込まれ、グローバル化や人口減少及び少子高齢化による国内市場の縮小などによって、企業を取り巻く環境も大きく変化しつつある。

25. 自らの考え方に固執することなく、多様な価値観や考え方に柔軟に対応していく能力も求めている。

26. たとえば、学生が決められたテキストにしたがって勉強や研究で優秀な成績をとるという従来の延長線ではなく、マニュアルにとらわれない、ありとあらゆる変化に機敏に対応していく能力が求められている。

27. 実社会の仕事では、答えは一つに決まっていないので、試行錯誤しながら、失敗を恐れず、自ら一歩前に踏み出す行動力が求められる。

28. 職場や地域社会などでは、仕事の専門化や細分化が進んでいるので、個人として、また組織としての付加価値を創り出すために、多様な人々との協働が求められている。

29. 自分の意見を的確に伝え、意見や立場の異なるメンバーも尊重した上で、目標に向けてともに協力することが大切である。

六、把下列句子翻译成日语

30. 活到老学到老。

31. 横浜市正在积极地开展减少垃圾的活动。

32. 购买时请注明希望购买的颜色、尺寸、数量。

33. 累得脑子都不转了。

34. 我们必须灵活地应对顾客的需求。

35. 姐姐随着年龄的增长越来越有魅力了。

36. 这种每隔一天就会出一次故障的机器是不会起作用的。

37. 无论是赞成还是反对，都应该说明理由。

38. 国内市场的萎缩大大地改变了企业所处的环境。

39. 社会所需要的人才具备怎样的特点呢？

漢字の学習

長期	長所	長女	延長	身長	成長	年長	長編	長方形			
性格	性質	性能	性別	男性	酸性	個性	知性	理性	適性	異性	
価格	合格	格別	格好	格差	規格	資格	失格	人格	本格	体格	
主語	主張	主婦	主役	主要	民主	主義	主演	主観	主催	主食	主題
結果	結局	結構	結婚	結論	結成	結束	団結	結核	結合	結晶	
要件	重要	主要	需要	要求	要素	要点	要領	要因	要請	要望	
重力	全力	電力	暴力	魅力	引力	学力	協力	活力	効力	実力	
共通	共同	公共	共感	共鳴	共存	共和	共働き				
基礎	基準	基本	基地	基盤	基金						
受理	受容	受験	受話器	受身							
成績	業績	実績	功績								

词汇解说索引

第11課
働く
-別
いずれ
余裕
慌ただしい
整える・調える
揺れる
収まる

第12課
たまに
慌てる
はるか
抱える

第13課
訪れる
心地

叩く
当てる・充てる
備える
注ぐ
思い込む

第14課
平気
こぼれる
こみ上げる
物語る
跡
次第に
眺める

第15課
急激
頼る
つながる

避ける
たった
進む
乗り越える
-がましい

第16課
あえて
徹底
いきなり
改めて
せっせと

第17課
-あげる
下ろす
許す
順調に
納得

熱心
負ける
果たす
力

第18課
かかわる
生まれる
育てる
越える・超える
豊か
加える
誇る

第19課
わずか
-あまり
今に
ようやく

迫る
まぶしい
-ごたえ

第20課
動く
自ら
求める
こなす
否応なし
流れ
変わる
取り組む
-抜く
図る
伸ばす

単词索引

あ

アーン(と)〈14-1〉
あいがんどうぶつ（愛玩動物）〈13-1〉
あいことば(合言葉)〈16-1〉
あえて(敢えて)〈16-1〉
あおかわらやね(青瓦屋根)〈19-1〉
あがる(上がる)〈14-1〉
あくえいきょう(悪影響)〈15-1〉
アクション(action)〈20-1〉
あけがた(明け方)〈11-k〉
〜あげく〈14-1〉
あける(明ける)〈16-r〉
あご(顎)〈14-1〉
あさいちばん(朝一番)〈13-2〉
アザラシ〈13-1〉
あしをはこぶ(足を運ぶ)〈17-k〉
あせる(焦る)〈13-b〉
あたまがさがる(頭が下がる)〈11-2〉
あたまをかかえる(頭を抱える)〈15-1〉
〜あっての〈17-1〉
あつりょく(圧力)〈13-1〉
あてさき(宛先)〈14-2〉
アニメたいこく(animation大国)〈15-b〉
アピール(appeal)〈16-1〉
あぶらとりがみ(あぶらとり紙)〈16-1〉
〜あまり〈19-1〉
あやまち(過ち)〈11-r〉
あらそう(争う)〈14-1〉
あらためて(改めて)〈16-1〉
アリ(蟻)〈16-k〉
ありとあらゆる〈20-1〉
ある〈14-1〉
あわただしい(慌ただしい)〈11-1〉
あんてい(安定)〈13-1〉

い

いいきかせる(言い聞かせる)〈14-1〉
いいきる(言い切る)〈17-1〉
いうはやすくおこなうはかたし(言うは易く行うは難し)〈17-1〉
いか(以下)〈11-1〉
いがい(意外)〈19-b〉
いかり(怒り)〈11-k〉
いぎ(意義)〈12-b〉
いきいき(と)〈16-1〉
いきおい(勢い)〈19-1〉
いきざま(生き様)〈17-1〉
いきなり〈16-1〉
いきのこる(生き残る)〈18-1〉
いくはり(幾針)〈14-1〉
いこい(憩い)〈19-1〉
いこつ(遺骨)〈13-1〉
いし(意志)〈18-b〉
いしばしをたたいてわたる(石橋をたたいて渡る)〈17-1〉
いしょう(衣裳)〈18-1〉
〜いじょう(〜以上)〈12-1〉
いずれ(何れ)〈17-k〉
いずれにせよ〈17-k〉
いずれも〈11-1〉
いたむ(痛む)〈17-b〉
いためる(痛める)〈11-2〉
いちじ(一時)〈15-1〉
いちだいけっさく(一大傑作)〈18-1〉
いちにちもはやく(一日も早く)〈11-2〉
いちぶぶん(一部分)〈12-r〉
いちめん(一面)〈17-1〉
いちゃいちゃ〈14-b〉
いちょう(銀杏)〈19-1〉
いちろ(一路)〈19-1〉
いっけん(一見)〈16-r〉
いつしか〈14-1〉

いっしょく(一食)〈11-1〉
いったん(一端)〈17-1〉
いっぽ(一歩)〈20-1〉
〜いっぽう(〜一方)〈17-1〉
〜いっぽうで(〜一方で)〈11-1〉
いつわ(逸話)〈17-1〉
いと(意図)〈18-k〉
いなかまち(田舎町)〈17-1〉
いびき(鼾)〈14-r〉
いびきをかく〈14-r〉
いぶんか(異文化)〈19-r〉
いまや(今や)〈13-1〉
イメージチェンジ(image change)〈14-r〉
〜いやおうなしに(否応なしに)〈20-1〉
いやし(癒し)〈13-1〉
いやす(癒やす)〈13-1〉
いよく(意欲)〈20-r〉
いらぬ(要らぬ)〈19-1〉
いりぐち(入口)〈19-1〉
いりょう(医療)〈11-k〉
いりょうきかん(医療機関)〈11-k〉
いろんな〈14-1〉
いわかん(違和感)〈13-1〉
いわずかたらず(言わず語らず)〈12-1〉
いわたぐん(磐田郡)〈17-1〉
いんしょう(印象)〈16-b〉
インスタントしょくひん(instant食品)〈11-b〉
いんよう(引用)〈11-b〉

う

〜うえで(〜上で)〈11-1〉
ウォン〈15-1〉
ウォンやす(ウォン安)〈15-1〉
うかい(迂回)〈19-1〉
うかぶ(浮かぶ)〈18-r〉
うかる(受かる)〈19-k〉
うきよえ(浮世絵)〈18-1〉

うけつぐ（受け継ぐ）<18-1>
うしないかける（失いかける）
　　<15-k>
うすがたテレビ（薄型television）
　　<15-k>
うちゅう（宇宙）<12-k>
うちゅうじん（宇宙人）<12-b>
うつ（鬱）<13-1>
うつびょう（鬱病）<13-1>
うつりかわる（移り変わる）
　　<14-b>
〜（よ）うではないか<11-1>
うみだす（生み出す）<20-1>
うむ（生む）<20-1>
うらぎる（裏切る）<12-b>
うりあげ（売り上げ）<17-k>
うわまわる（上回る）<11-1>
うわむく（上向く）<15-1>
うんめい（運命）<12-b>

え

えいぎょうしょ（営業所）
　　<14-2>
エイティーエム（ATM）<17-k>
エキスポ（Expo）<18-1>
えど（江戸）<18-1>
えどじだい（江戸時代）<18-1>
エネルギー（徳語 Energie）
　　<11-1>
えほん（絵本）<11-b>
えまきもの（絵巻物）<18-1>
えん（縁）<12-r>
えんぎ（演技）<19-k>
えんけい（遠景）<19-1>
えんしき（燕子磯）<19-1>
エンジン（engine）<17-1>
えんそうば（円相場）<15-1>
えんだか（円高）<15-1>
えんちょうせん（延長線）
　　<20-1>
えんぼう（遠望）<17-1>
えんやす（円安）<15-1>

お

おいかける（追いかける）
　　<14-1>
おいつく（追いつく）<15-r>

おうおう（往々）<17-1>
おうへん（応変）<20-1>
おうへんりょく（応変力）
　　<20-1>
おうほう（王芳）<12-1>
おうらい（往来）<19-1>
おおごえ（大声）<14-b>
おおさか（大坂）<18-1>
おおじしん／だいじしん（大地
　　震）<11-2>
オートバイ（auto+bicycle）
　　<17-1>
オーナー（owner）<17-1>
おおまちがい（大間違い）
　　<17-k>
おかす（犯す）<11-b>
おぎなう（補う）<20-1>
ーおきに<20-r>
おこす（起こす）<18-b>
おさまる（収まる）<11-2>
おじいちゃんに（おじいちゃん
　　似）<14-1>
おしつける（押し付ける）
　　<17-k>
おしり（お尻）<13-k>
おそらく（恐らく）<14-b>
おちつき（落ち着き）<11-2>
おちょうしもの（お調子者）
　　<18-1>
おっちょこちょい<18-1>
おとずれる（訪れる）<13-1>
おどりでる（躍り出る）<14-1>
おに（鬼）<17-1>
おば<13-2>
オバマだいとうりょう（オバマ
　　大統領）<16-b>
オフ（off）<13-2>
おぼえる（覚える）<14-1>
おまえ（お前）<20-b>
おもいきり（思いきり）<12-b>
おもいこむ（思い込む）<13-2>
おもいつき（思いつき）<17-b>
おもいっきり（思い切り）
　　<13-k>
おもいでばなし（思い出話）
　　<13-b>
おやこ（親子）<19-1>

およめ（お嫁）<12-1>
およめにいく（お嫁に行く）
　　<12-1>
オレンジいろ（orange色）<16-k>
おろす（下ろす）<17-1>
おんきせがましい（恩着せがま
　　しい）<15-k>
おんせい（音声）<13-1>
おんだんか（温暖化）<15-k>
おんれい（御礼）<17-b>

か

〜か〜ないかのうちに<14-1>
かい（甲斐）<18-b>
かいいん（会員）<15-k>
かいえん（開演）<11-b>
かいが（絵画）<18-1>
がいか（外貨）<15-1>
かいがいてんかい（海外展開）
　　<15-1>
かいがいふにん（海外赴任）
　　<16-k>
かいかん（快感）<14-1>
かいご（介護）<13-1>
かいごろうじんホーム（介護老
　　人home）<13-1>
かいしょう（解消）<13-r>
かいすいよく（海水浴）<11-r>
かいせい（改正）<12-2>
かいぜん（改善）<13-1>
かいだし（買い出し）<17-1>
かいてき（快適）<13-1>
かいてん（開店）<15-k>
かいほう（解放）<13-1>
かいほうてき（開放的）<12-1>
かいまみる（垣間見る）<17-1>
がいらいぶんかい（外来文化）
　　<18-1>
かいりょう（改良）<18-1>
かう（飼う）<12-1>
かえる（蛙）<18-1>
かおだち（顔立ち）<14-1>
かおをだす（顔を出す）<12-k>
がか（画家）<17-b>
かかえる（抱える）<12-1>
かきあげる（書き上げる）<17-k>
〜かぎり（〜限り）<16-1>

单词索引

〜かぎりだ(〜限りだ)〈15-1〉
かぐ(家具)〈14-k〉
がくしゅうしゃ(学習社)
　〈16-2〉
がくねん(学年)〈11-k〉
がくねんべつ(学年別)〈11-k〉
かくめい(革命)〈19-1〉
がくもん(学問)〈11-b〉
がくりょく(学力)〈16-r〉
かけがえ〈12-b〉
かけだす(駆け出す)〈14-1〉
かける(欠ける)〈17-r〉
かさねる(重ねる)〈20-r〉
かしょ(箇所)〈17-2〉
かじる(齧る)〈14-1〉
かすみ(霞)〈19-1〉
かすむ(霞む)〈19-1〉
かだい(課題)〈11-1〉
-がたい〈19-1〉
かたいなか(片田舎)〈17-1〉
かたがき(肩書き)〈17-1〉
かたむける(傾ける)〈13-k〉
〜がため〈15-1〉
かっさい(喝采)〈14-1〉
かつじ(活字)〈17-r〉
かっぱつ(活発)〈11-1〉
かつりょく(活力)〈11-1〉
かて(糧)〈17-1〉
〜かとおもったら(〜かと思ったら)〈19-1〉
かなう(叶う)〈13-b〉
カナダ(Canada)〈13-k〉
〜かねない〈15-1〉
〜かのように〈14-1〉
ガブリ(と)〈14-1〉
-がましい〈15-2〉
かみのけ(髪の毛)〈20-k〉
がめん(画面)〈14-b〉
からだ(身体)〈17-1〉
からって〈12-1〉
ガリガリ〈14-1〉
かわいがる(可愛がる)〈14-1〉
かわせ(為替)〈15-1〉
かわせへんどうリスク(為替変動リスク)〈15-1〉
かわも(川面)〈19-1〉
かわらやね(瓦屋根)〈19-1〉

-かん(-観)〈12-1〉
カン(勘)〈15-k〉
がんか(眼下)〈19-1〉
かんがえぬく(考え抜く)〈20-1〉
かんげん(還元)〈15-1〉
かんげんsale(還元セール)
　〈15-1〉
かんこうぎょう(観光業)〈15-1〉
かんさつ(観察)〈16-r〉
かんじとる(感じ取る)〈20-1〉
かんじゃ(患者)〈17-r〉
かんたん(感嘆)〈11-r〉
かんち(感知)〈13-1〉
かんちがい(勘違い)〈14-1〉
かんばしい(芳しい)〈19-k〉
かんぺき(完璧)〈16-b〉
がんぼう(願望)〈12-1〉
かんりょう(官僚)〈11-r〉
かんわ(緩和)〈19-1〉

き

キーボード(keyboard)〈13-k〉
ぎおんまつり(祇園祭)〈18-k〉
きかい(奇怪)〈16-1〉
きがきく(気が利く)〈11-r〉
きかく(規格)〈20-1〉
きかん(機関)〈11-k〉
きき(機器)〈15-1〉
きぎょうか(起業家)〈20-1〉
きげん(機嫌)〈16-1〉
ぎけん(技研)〈17-1〉
きげんをとる(機嫌をとる)
　〈16-1〉
きごころ(気心)〈12-1〉
きさく(気さく)〈11-k〉
きじつ(期日)〈15-2〉
きしべ(岸辺)〈19-1〉
ぎじゅつめん(技術面)〈17-1〉
きしょう(気性)〈17-1〉
ぎじんか(擬人化)〈18-1〉
きず(傷)〈14-k〉
きずきあげる(築き上げる)
　〈17-k〉
きずつける(傷つける)〈11-b〉
きせき(軌跡)〈17-1〉
きそがくりょく(基礎学力)
　〈16-r〉

きそてき(基礎的)〈20-1〉
きたいはずれ(期待はずれ)
　〈11-r〉
ぎてい(義弟)〈16-1〉
きにかかる(気にかかる)〈17-2〉
きにとめる(気にとめる)〈14-1〉
ギネスブック(Guinness Book)
　〈13-1〉
きねんび(記念日)〈12-1〉
きのう(機能)〈13-1〉
きのどく(気の毒)〈11-2〉
きびん(機敏)〈20-1〉
ぎほう(技法)〈18-1〉
きまって〈19-1〉
きまり〈14-1〉
ぎむ(義務)〈17-k〉
ぎむきょういく(義務教育)
　〈20-r〉
ぎもん(疑問)〈20-1〉
ぎゃく(逆)〈14-b〉
ぎゃくほうこう(逆方向)〈14-b〉
ぎゃくゆしゅつ(逆輸出)〈18-1〉
キャップ〈16-1〉
キヤノン(CANON)〈20-1〉
キャベツ(cabbage)〈11-b〉
キャラクター(character)
　〈18-1〉
きゅうぎょう(休業)〈11-b〉
きゅうげき(急激)〈15-1〉
きゅうよカット(給与cut)
　〈15-1〉
きょういん(教員)〈17-1〉
きょうかい(協会)〈20-k〉
ぎょうしゅ(業種)〈15-1〉
ぎょうせき(業績)〈15-1〉
きょうそん(共存)〈11-b〉
きょうちょう(強調)〈20-1〉
きょうちょう(協調)〈20-1〉
きょうちょうせい(協調性)
　〈20-1〉
きょうどう(共同)〈16-2〉
きょうどう(協働)〈20-1〉
きょうどうevent(共同イベント)〈16-2〉
きょうふ(恐怖)〈12-b〉
ぎょうむすいこう(業務遂行)
　〈20-1〉

きょうよう(教養)<12-1>
きょうり(郷里)<17-1>
きょか(許可)<11-r>
～きらいがある<17-1>
きりつ(規律)<20-1>
きりつせい(規律性)<20-1>
きりはなす(切り離す)<15-1>
～きれない <12-1>
きろく(記録)<14-2>
きわめて(極めて)<17-k>
きんけい(近景)<19-1>
きんせい(近世)<18-1>
きんちょうぎみ(緊張気味)
　　<11-b>

く

くい(悔い)<15-k>
くいさがる(食い下がる)
　　<17-1>
くじける(挫ける)<13-k>
くずす(崩す)<15-k>
くせん(苦戦)<15-1>
くだらない<18-k>
ぐちょく(愚直)<17-1>
グッと<14-b>
グラフ(graph)<11-b>
グランド(ground)<17-b>
くりかえす(繰り返す)<20-1>
ぐるぐる<19-1>
グルメ(法語gourmet)<18-1>
クレーム(claim)<14-2>
くれる<13-1>
グローバル(global)<18-1>
クロスステッチ(cross stitch)
　　<12-1>
-ぐん(-群)<19-1>

け

-げ<19-1>
けいき(景気)<15-1>
けいけんぶそく(経験不足)
　　<11-b>
けいこ(恵子)<14-k>
けいこう(傾向)<11-1>
けいさい(掲載)<11-1>
けいざいさんぎょうしょう(経
　　済産業省)<20-1>

けいざいたいこく(経済大国)
　　<20-2>
けいさつ(警察)<16-b>
けいさん(計算)<19-b>
けいしき(形式)<18-1>
げいじゅつ(芸術)<13-r>
けいしょう(継承)<18-1>
けいたい(携帯)<11-b>
けいちょう(傾聴)<20-1>
けいちょうりょく(傾聴力)
　　<20-1>
けいとう(系統)<17-1>
けいひ(経費)<20-k>
げしゅくせい(下宿生)<11-1>
けしょうひん(化粧品)<16-1>
けっきょく(結局)<14-b>
けっこんかん(結婚観)<12-1>
けっこんがんぼう(結婚願望)
　　<12-1>
けっさく(傑作)<18-1>
けっしん(決心)<18-b>
けつろん(結論)<17-b>
けねん(懸念)<15-1>
げらく(下落)<15-1>
けわしい(険しい)<14-b>
げんかい(限界)<11-r>
げんがく(減額)<15-1>
けんきゅうじょ(研究所)
　　<17-1>
けんきょ(謙虚)<12-r>
けんこうだより(健康便り)
　　<11-1>
げんざいりょう(原材料)<15-1>
けんさく(検索)<11-r>
けんじつ(堅実)<12-1>
げんじょう(現状)<11-1>
げんしょうがく(減少額)<15-1>
けんぞうぶつ(建造物)<19-1>
げんそん(現存)<19-1>
げんどうりょく(原動力)<17-1>
げんば(現場)<17-1>
げんばしゅぎ(現場主義)<17-1>
げんぶこ(玄武湖)<19-1>
けんめい(賢明)<16-1>
げんりょう(減量)<16-1>
げんりょう(原料)<15-1>

こ

コアコンピタンス(core
　　competence)<18-1>
こううん(幸運)<16-r>
こうか(高価)<17-1>
ごうか(豪華)<18-b>
こうが(黄河)<11-r>
こうか(効果)<11-b>
こうがくねん(高学年)<14-1>
こうがくぶ(工学部)<17-1>
こうがくれき(高学歴)<12-1>
こうきゅう(高級)<12-k>
こうぎょう(工業)<17-1>
こうけい(光景)<18-1>
こうさく(工作)<12-1>
こうしょう(交渉)<11-k>
こうじょう(向上)<11-r>
こうず(構図)<18-1>
こうそしょう(江蘇省)<19-1>
こうたい(後退)<15-1>
こうたい(交代)<11-k>
こうど(高度)<20-r>
こうとう(高等)<17-1>
こうとうしょうがっこう(高等
　　小学校)<17-1>
こうとうせんもんがっこう(高
　　等専門学校)<17-1>
こうべ(神戸)<14-b>
こうほう(後方)<14-1>
こうみんかん(公民館)<20-2>
こうむる(被る)<15-1>
こうみょうむら(光明村)<17-1>
ごうりせい(合理性)<11-1>
こうりつ(効率)<20-k>
こうりょう(孝陵)<19-1>
こうりょく(効力)<15-b>
こうをそうする(功を奏する)
　　<15-1>
コーラ(Cola)<15-1>
ゴールイン(goal in)<14-b>
ごがく(語学)<11-r>
こくさいけっこん(国際結婚)
　　<12-r>
こくさいせん(国際線)<11-r>
こくせきべつ(国籍別)<11-k>
こくないがい(国内外)<20-1>
こくないしょうひがたきぎょ

う(国内消費型企業)<15-1>
ここ(個々)<18-1>
こころよい(快い)<19-1>
ごさ(誤差)<18-r>
こしかける(腰掛ける)<19-1>
ごじつ(後日)<16-k>
こしゅつ(固執)<20-1>
ごじゅうだい(五十代)<20-k>
コスト(cost)<15-1>
コスプレ(cosplay)<18-1>
こせい(個性)<20-k>
こせいてき(個性的)<18-r>
こそだて(子育て)<11-b>
こだわる<11-1>
こっきょう(国境)<18-1>
コツコツ<11-b>
こっち<16-1>
ゴッホ(Vincent Van Gogh)<18-1>
〜ことなく<20-1>
〜ことに<16-1>
ことわざ<20-2>
こなす<18-r>
このうえ〜ない(この上〜ない)<16-1>
このは(木の葉)<20-k>
こはるびより(小春日和)<19-1>
ごぼうぬき(牛蒡抜き・ごぼう抜き)<14-1>
こぼれる(零れる)<14-1>
コマーシャル(commercial)<17-r>
こまやか(細やか)<18-r>
こみあげる(込み上げる・こみ上げる)<14-1>
こわさ(恐さ)<11-r>
こんき(根気)<17-r>
こんざつ(混雑)<19-1>
こんてい(根底)<12-b>
こんにち(今日)<18-1>
コンパニオン・アニマル(companion animal)<13-1>
こんらん(混乱)<11-b>

さ

-さ(-差)<16-1>
サーチャージ(surcharge)<15-1>
サービスエリア(service area)<20-k>
サービスぎょう(サービス業・serviceぎょう)<11-r>
さいこ(最古)<18-1>
サイズ(size)<13-2>
さいせい(再生)<16-1>
さいぜんせん(最前線)<16-1>
さいそく(催促)<15-2>
さいてき(最適)<11-1>
さいぶんか(細分化)<20-1>
さいわい(幸い)<16-b>
さくげん(削減)<15-r>
さくしゃ(作者)<11-b>
さしこむ(差し込む)<19-k>
さしひく(差し引く)<15-1>
さぞかし<19-1>
ざっそう(雑草)<18-1>
ざっそうぶんか(雑草文化)<18-1>
ざっと<11-b>
さては<16-1>
さも<19-1>
さゆう(左右)<20-1>
さる(去る)<13-1>
〜ざるをえない(〜ざるを得ない)<11-1>
さわりごこち(さわり心地)<13-1>
さんぎょうかい(産業界)<20-1>
さんこう(参考)<20-r>
さんざん<14-b>
さんどう(参道)<19-1>
さんとうしょう(山東省)<19-1>
さんれんきゅう(3連休)<12-2>

し

しあげる(仕上げる)<17-k>
シーズン(season)<19-k>
しいる(強いる)<15-1>
ジーンズ(jeans)<18-b>
しおくり(仕送り)<15-1>
〜しかない<17-1>
しかも<16-1>
しがん(志願)<20-k>
じかんさ(時間差)<16-1>
しきべつ(識別)<13-1>

じきゅう(時給)<11-b>
じきゅうりつ(自給率)<15-1>
しげき(刺激)<18-r>
しげんさいせい(資源再生)<16-1>
しこう(嗜好)<17-b>
じこうがた(自考型)<20-1>
しこうさくご(試行錯誤)<20-1>
じこせいちょう(自己成長)<15-k>
しごとのおに(仕事の鬼)から<17-1>
じさ(時差)<13-b>
しさん(試算)<15-1>
しじ(支持)<11-1>
しじ(私事)<17-1>
ししつ(資質)<20-1>
じしゅ(自主)<20-1>
じしゅこうどうがた(自主行動型)<20-1>
しじょう(市場)<20-1>
じじょう(事情)<17-k>
しずおか(静岡)<17-1>
しせい(市井)<18-1>
しせん(視線)<15-k>
しぜんたい(自然体)<12-1>
じだいがくだる(時代が下る)<18-1>
しだいに(次第に)<14-1>
じたくせい(自宅生)<11-1>
したしむ(親しむ)<18-1>
じちたい(自治体)<12-k>
しつぎょう(失業)<14-b>
しつぎょうしゃ(失業者)<14-b>
しつけ(躾)<17-k>
じつげん(実現)<12-r>
じっけんしつ(実験室)<17-1>
じっこう(実行)<17-1>
じっこうりょく(実行力)<20-1>
じっせき(実績)<18-k>
しつれん(失恋)<12-b>
してい(指定)<14-2>
してき(指摘)<20-1>
してん(視点)<11-b>
してん(支店)<14-2>
じどうしゃ(自動車)<17-1>
しない(市内)<17-1>

231

シフト(shift)<20-1>
しぶとい<18-1>
ジブリ<18-k>
しめくくり(締めくくり)<19-1>
しゃかいふあん(社会不安)<15-b>
しゃない(車内)<14-k>
しゃない(社内)<17-1>
ジャパン(Japan)<18-1>
ジャンル(法語genre)<18-1>
しゅうえき(収益)<15-1>
しゅうえん(終焉)<20-1>
じゅうかんきょう(住環境)<13-1>
しゅうきゃく(集客)<18-1>
しゅうきゃくすう(集客数)<18-1>
しゅうきゅうふつかせい(週休2日制)<12-2>
じゅうぎょういん(従業員)<12-k>
しゅうごう(集合)<14-1>
しゅうごうばしょ(集合場所)<14-1>
しゅうしゅう(収集)<16-1>
じゅうなん(柔軟)<20-1>
じゅうなんせい(柔軟性)<18-1>
しゅうにん(就任)<17-1>
じゅうにん(住人)<13-b>
じゅうびょうにん(重病人)<13-1>
しゅうぶつ(私有物)<17-1>
しゅうやく(集約型)<20-1>
じゅうようし(重要視)<13-b>
じゅうらい(従来)<20-1>
-しゅぎ(-主義)<17-1>
しゅくしょう(縮小)<20-1>
しゅくはく(宿泊)<15-1>
しゅくはくきゃく(宿泊客)<15-1>
じゅけん(受験)<20-2>
じゅけんせい(受験生)<11-k>
しゅざい(取材)<16-r>
しゅさいしゃ(主催者)<16-b>
しゅし(趣旨)<17-b>
しゅしょく(主食)<11-1>
じゅしん(受診)<11-k>

しゅだん(手段)<17-1>
じゅっかい(述懐)<17-1>
しゅっきんまえ(出勤前)<20-k>
しゅつにゅうこく(出入国)<11-b>
しゅっぱんぶつ(出版物)<18-1>
しゅはんかく(主犯格)<14-1>
じゅみょう(寿命)<13-1>
じゅよう(需要)<15-k>
じゅんじょ(順序)<12-1>
じゅんじょをつける(順序をつける)<12-1>
しよう(試用)<18-k>
しょうがい(生涯)<20-2>
しょうがいがくしゅう(生涯学習)<20-2>
しょうぎ(将棋)<20-2>
じょうき(上記)<20-r>
じょうきゃく(乗客)<19-r>
しょうぎょう(商業)<18-b>
じょうけい(情景)<18-b>
しょうげき(衝撃)<13-1>
しょうごう(照合)<20-1>
しょうこうぐん(症候群)<13-1>
しょうさい(詳細)<11-1>
しょうじ(小事)<18-k>
しょうしか(少子化)<11-k>
しょうしき(鐘子期)<17-1>
しょうじき(正直)<12-1>
じょうしょう(上昇)<15-1>
しょうそう(焦燥)<14-1>
しょうてん(商店)<18-r>
しょうてんがい(商店街)<18-r>
しょうにびょうとう(小児病棟)<13-1>
しょうねん(少年)<17-1>
ソフトボール(softball)<14-1>
しょうばい(商売)<17-r>
しょうひ(消費)<15-1>
しょうひしゃ(消費者)<20-1>
しょうめい(証明)<12-r>
しょうめいしゃしん(証明写真)<12-r>
しょうり(勝利)<17-1>
しょうりゃく(省略)<18-1>

しょくぎょう(職業)<20-2>
しょくぎょうきょういく(職業教育)<20-2>
しょくせいかつ(食生活)<11-b>
しょくたく(食卓)<11-1>
しょくにん(職人)<18-r>
しょくば(職場)<12-r>
しょくりょう(食料)<17-1>
しょじゅん(初旬)<19-1>
じょじょ(徐々)<16-r>
しょしんしゃ(初心者)<11-r>
しょちょう(所長)<17-1>
しょどう(書道)<19-b>
しょぶん(処分)<14-b>
しょめん(書面)<18-b>
しょり(処理)<18-b>
じょれつ(序列)<17-1>
じりつ(自立)<12-1>
じりつてき(自律的)<20-1>
シルエット(法語silhouette)<19-1>
しわけ(仕分け)<16-1>
しんかん(神官)<19-1>
しんかんせんもう(新幹線網)<19-1>
シンキング(thinking)<20-1>
シンクタンク(think tank)<15-1>
しんこく(深刻)<15-1>
しんさい(震災)<11-2>
しんさつしつ(診察室)<14-b>
しんしゅ(進取)<17-1>
しんしん(心身)<19-b>
しんしんしょう(心身症)<13-1>
しんせい(申請)<20-b>
しんそつ(新卒)<13-b>
しんてん(進展)<20-1>
しんどう(神道)<19-1>
しんにせまる(真に迫る)<19-k>
しんにゅうしゃいん(新入社員)<20-k>
しんぱいをかける(心配をかける)<11-2>
シンプル(simple)<19-1>
じんるい(人類)<19-r>

单词索引

す

- す(巣)⟨16-r⟩
- ず(図)⟨18-b⟩
- すいい(推移)⟨15-1⟩
- すいこう(遂行)⟨20-1⟩
- すいしん(推進)⟨18-1⟩
- すいそく(推測)⟨12-r⟩
- すいどう(水道)⟨13-r⟩
- すいぼくが(水墨画)⟨19-1⟩
- すいりょう(水量)⟨19-1⟩
- すうじつ(数日)⟨12-b⟩
- すうち(数値)⟨11-1⟩
- すうりょう(数量)⟨20-k⟩
- すかさず⟨16-1⟩
- すがすがしい(清清しい)⟨19-1⟩
- すききらい(好き嫌い)⟨12-r⟩
- すくすく(と)⟨18-r⟩
- すこしずつ(少しずつ)⟨14-1⟩
- すずきつとむ(鈴木勉)⟨14-2⟩
- スタッフ(staff)⟨12-k⟩
- すでに(既に)⟨19-1⟩
- ストア(store)⟨16-1⟩
- ストーリー(story)⟨14-b⟩
- すなお(素直)⟨14-r⟩
- すなわち(即ち)⟨15-1⟩
- スピードアップ(speed up)⟨20-1⟩
- スペイン(Spain)⟨18-1⟩
- スマートフォン(smartphone)⟨12-b⟩
- すます(済ます)⟨14-1⟩
- すむ(澄む)⟨12-k⟩
- ずらり(と)⟨11-b⟩
- するどい(鋭い)⟨11-k⟩

せ

- せい(姓)⟨12-r⟩
- -せい(-制)⟨12-2⟩
- せいあればしあり(生あれば死あり)⟨13-1⟩
- せいい(誠意)⟨18-r⟩
- せいおう(西欧)⟨18-1⟩
- せいかつようしき(生活様式)⟨12-1⟩
- せいけん(政権)⟨11-k⟩
- せいげん(制限)⟨18-k⟩
- せいけんこうたい(政権交代)⟨11-k⟩
- せいさく(政策)⟨17-b⟩
- せいさく(制作)⟨18-1⟩
- せいさん(生産)⟨18-1⟩
- せいし(制止)⟨14-1⟩
- せいじか(政治家)⟨11-b⟩
- せいじつ(誠実)⟨17-k⟩
- せいしゃいん(正社員)⟨11-k⟩
- せいしゅん(青春)⟨17-r⟩
- せいじん(成人)⟨14-1⟩
- せいしん(精神)⟨20-1⟩
- せいじんのひ(成人の日)⟨12-2⟩
- せいぞう(製造)⟨17-1⟩
- せいと(生徒)⟨20-k⟩
- せいど(制度)⟨18-1⟩
- せいぶ(西部)⟨17-1⟩
- せいぶつ(生物)⟨11-b⟩
- せいみつ(精密)⟨15-1⟩
- せいみつきき(精密機器)⟨15-1⟩
- せいよう(西洋)⟨16-r⟩
- せいようぶんめい(西洋文明)⟨16-r⟩
- せいり(整理)⟨14-r⟩
- セール(sale)⟨15-1⟩
- セールひん(sale品)⟨13-2⟩
- せかいし(世界史)⟨11-b⟩
- せきぞう(石像)⟨19-1⟩
- せきゆ(石油)⟨15-1⟩
- せすじ(背筋)⟨20-k⟩
- せそう(世相)⟨18-1⟩
- せだい(世代)⟨18-1⟩
- せっきょう(説教)⟨15-k⟩
- せっきょうがましい(説教がましい)⟨15-k⟩
- せっする(接する)⟨11-b⟩
- せっせと⟨16-1⟩
- セッティング(setting)⟨12-1⟩
- せつでん(節電)⟨16-k⟩
- セット⟨11-1⟩
- せつび(設備)⟨12-b⟩
- せつめいかい(説明会)⟨16-1⟩
- せつり(摂理)⟨13-1⟩
- せつりつ(設立)⟨17-1⟩
- セラピー(therapy)⟨13-1⟩
- セラピーアニマルロス(therapy animal loss)⟨13-1⟩
- セラピーロボット(therapy robot)⟨13-1⟩
- セルフマネジメント(self management)⟨20-1⟩
- ぜんいん(全員)⟨11-2⟩
- せんか(戦火)⟨19-1⟩
- せんぎょうしゅふ(専業主婦)⟨12-b⟩
- ぜんご(前後)⟨15-1⟩
- せんこう(選考)⟨18-r⟩
- センサー(sensor)⟨13-1⟩
- ぜんせん(前線)⟨16-1⟩
- ぜんたい(全体)⟨15-k⟩
- せんたくし(選択肢)⟨12-1⟩
- せんでん(宣伝)⟨19-b⟩
- ぜんど(全土)⟨19-1⟩
- せんにゅうかん(先入観)⟨13-1⟩
- せんぱく(船舶)⟨19-1⟩
- ぜんぱん(全般)⟨17-1⟩
- ぜんめんてき(全面的)⟨17-1⟩
- せんもんせい(専門性)⟨20-1⟩
- ぜんりょく(全力)⟨20-r⟩

そ

- ぞう(像)⟨19-1⟩
- ぞうきばやし(雑木林)⟨19-1⟩
- そうきゅう(早急)⟨15-2⟩
- そうぎょう(創業)⟨17-1⟩
- そうぎょうしゃ(創業者)⟨17-1⟩
- そうきん(送金)⟨15-1⟩
- そうぐう(遭遇)⟨16-1⟩
- そうぞう(想像)⟨12-k⟩
- ぞうだい(増大)⟨11-r⟩
- そうとう(相当)⟨12-b⟩
- そえる(添える)⟨12-1⟩
- そがいかん(疎外感)⟨16-1⟩
- そくしん(促進)⟨16-1⟩
- そしき(組織)⟨20-1⟩
- そそぐ(注ぐ)⟨13-1⟩
- そち(措置)⟨19-1⟩
- そっくり⟨18-b⟩
- そっせん(率先)⟨20-1⟩
- そなえる(備える)⟨13-1⟩
- ソニー(SONY)⟨20-1⟩
- そのうえ(その上)⟨12-1⟩
- そのうち⟨14-1⟩
- ソフトパワー(soft power)⟨18-1⟩
- ソフトボール(soft ball)⟨14-1⟩

233

そらす(逸らす)<14-1>
それで<13-2>
そんちょう(尊重)<12-1>
そんぶん(孫文)<19-1>

【た】

一だい(一代)<20-k>
だいいっぽ(第一歩)<17-1>
たいいん(退院)<12-r>
たいが(大河)<19-1>
たいがん(対岸)<19-1>
たいき(待機)<16-1>
だいきぼ(大規模)<18-1>
たいきょくけん(太極拳)<11-b>
たいけい(体系)<11-k>
たいけいづける(体系づける)
　　<11-k>
たいこく(大国)<20-2>
だいざい(題材)<18-1>
たいざん(泰山)<19-1>
たいした(大した)<11-2>
たいして<11-b>
だいじゅうたい(大渋滞)<11-r>
だいしんさい(大震災)<15-1>
だいず(大豆)<15-1>
たいそう(太宗)<19-1>
だいそつ(大卒)<17-b>
ダイナミック(dynamic)<18-1>
たいにん(退任)<17-1>
タイプ(type)<11-k>
タイプべつ(タイプ別・typeべ
　　つ)<11-k>
だいまんぞく(大満足)<11-b>
タイル(tile)<19-1>
たえる(耐える)<13-1>
だからといって<13-1>
だからこそ<13-1>
だきあげる(抱き上げる)<14-b>
だきかかえる(抱きかかえる)
　　<13-1>
だきょう(妥協)<17-1>
たくはいびん(宅配便)<14-2>
〜だけあって<19-1>
だげき(打撃)<15-1>
〜だけに<11-1>
たこ(凧)<19-r>
ださんてき(打算的)<18-k>

たしゃ(他者)<20-1>
たすう(多数)<12-r>
たすうけつ(多数決)<19-2>
たたかい(戦い)<18-k>
たたく(叩く)<13-1>
たちあげる(立ち上げる)<17-1>
たちならぶ(立ち並ぶ)<19-1>
たっする(達する)<11-1>
たっせい(達成)<19-1>
たった<15-1>
たてなおす(建て直す)<15-b>
たとえる(例える)<17-1>
〜たところ<11-1>
〜たところで<13-1>
たどりつく(たどり着く)<19-1>
たどる(辿る)<14-1>
たぶん(多分)<12-1>
たまごりょうり(卵料理)<11-1>
たまに(偶に)<12-1>
ダメージ(damage)<15-1>
ためす(試す)<14-1>
〜たものだ<14-1>
たよう(多様)<20-1>
たようか(多様化)<12-1>
たようせい(多様性)<18-1>
たより(便り)<11-1>
たよる(頼る)<15-1>
だれかれ(誰彼)<17-1>
だれもが(誰もが)<14-1>
だんき(暖気)<19-1>
たんきゅうしん(探求心)<17-1>
たんじかん(短時間)<18-r>
たんじょう(誕生)<18-1>
だんじょべつ(男女別)<11-k>
たんすいかぶつ(炭水化物)
　　<11-r>
たんそく(短足)<14-1>
たんとうしゃ(担当者)<20-1>
たんのう(堪能)<19-1>
だんらん(団らん)<16-r>

【ち】

ちい(地位)<17-1>
ちいきべつ(地域別)<11-k>
チームワーク(teamwork)
　　<20-1>
ちいん(知音)<17-1>

ちえ(知恵)<11-b>
チェーン(chain)<11-r>
チェーンてん(チェーン店・
　　chainてん)<11-r>
チェンジ(change)<14-r>
ちがつながる(血がつながる)
　　<15-k>
ちきゅうおんだんか(地球温暖
　　化)<15-k>
ちせい(知性)<20-1>
ちつじょ(秩序)<11-2>
ちはあらそえない(血はあらそ
　　えない)<14-1>
ちほうじちたい(地方自治体)
　　<12-k>
ちみつ(緻密)<18-1>
ちゃくそう(着想)<20-1>
ちゃくちゃく(着々)<15-k>
ちゅうこく(忠告)<18-k>
ちゅうごくしょうぎ(中国将棋)
　　<20-2>
ちゅうざんりょう(中山陵)
　　<19-1>
ちゅうとはんぱ(中途半端)
　　<17-1>
ちょうき(長期)<11-k>
ちょうこう(長江)<19-1>
ちょうこうせい(聴講生)<17-1>
ちょうじゅ(長寿)<13-1>
ちょうじゅうじんぶつぎが(鳥
　　獣人物戯画)<18-1>
ちょうしょ(長所)<16-k>
ちょうなん(長男)<14-1>
ちょうまんいん(超満員)<17-b>
ちょっかん(直感)<11-k>
ちょっぴり<12-1>
ちょうほう(重宝)<11-1>
ちょうほうがる(重宝がる)
　　<11-1>
ちらかす(散らかす)<14-b>
ちんこう(鎮江)<19-1>

【つ】

ついしけん(追試験)<15-r>
ついつい<11-b>
ツイッター(twitter)<16-k>
ついに<20-r>

单词索引

つうがく(通学)<11-1>
つうずる(通ずる)<18-1>
つきひ(月日)<17-b>
つぐ(継ぐ)<14-k>
つく(突く)<20-k>
つくす(尽くす)<20-r>
つくりだす(創り出す)<20-1>
つげる(告げる)<13-1>
〜つつある<12-1>
つねに(常に)<11-b>
-っぱなし<14-1>
ツバメ(燕)<14-b>

て

であう(出会う)<18-1>
データしょり(データ処理)<18-b>
てあて(手当て・手当)<19-b>
ディーラー(dealer)<17-1>
ていいん(定員)<12-k>
ていぎ(定義)<20-1>
ていけいてき(定型的)<20-1>
ていげん(低減)<13-1>
ていげん(提言)<20-1>
ていじ(定時)<19-1>
ていしゅつび(提出日)<20-r>
ていばん(定番)<11-1>
ていめい(低迷)<15-1>
〜でいる<12-1>
データ(data)<17-1>
〜てか<13-1>
てがる(手軽)<11-1>
てきかく(的確)<20-1>
てきぱき(と)<11-k>
てくび(手首)<14-1>
てこずる(手こずる)<14-1>
てごたえ(手ごたえ)<19-k>
てごろ(手ごろ・手頃)<13-2>
てすうりょう(手数料)<17-k>
てづかおさむ(手塚治虫)<18-1>
てっきり<13-k>
てっこう(鉄鋼)<15-1>
てっする(徹する)<17-1>
でっちぼうこう(丁稚奉公)<17-1>
てってい(徹底)<16-1>
〜てならない<12-1>

〜ては<13-1>
〜てはならない<18-1>
デメリット(demerit)<15-1>
てらす(照らす)<19-1>
テロ<19-b>
てをつける(手をつける)<16-k>
てんあんもん(天安門)<19-1>
てんかい(展開)<15-1>
でんききき(電気機器)<15-1>
でんきゅう(電球)<12-1>
てんごく(天国)<11-r>
てんじょう(天井)<19-1>
テンション(tension)<14-k>
でんせんびょう(伝染病)<20-k>
でんたつ(伝達)<18-b>
でんち(電池)<12-b>
でんぴょう(伝票)<14-2>
てんぼう(展望)<19-1>
てんぼうpoint(展望ポイント)<19-1>
てんらんかい(展覧会)<11-b>
てんりゅうく(天竜区)<17-1>
でんりょく(電力)<15-1>

と

どあい(度合い)<20-1>
〜といい〜といい<18-1>
〜というわけである<15-1>
とうてん(当店)<11-b>
とうえん(登園)<14-1>
どうき(動機)<20-2>
どうきょ(同居)<11-1>
とうくつ(盗掘)<19-1>
とうじ(当時)<13-b>
とうしば(東芝)<20-1>
どうしゃ(同社)<20-1>
とうじょう(登場)<12-1>
とうとう<14-b>
どうにゅう(導入)<16-1>
とうにゅう(豆乳)<11-1>
どうぶつ(動物)<13-1>
どうぶつが(動物画)<18-1>
どくじ(独自)<18-1>
どくしょ(読書)<16-r>
とくしょく(特色)<12-r>
どくしん(独身)<12-1>
とくせい(特性)<20-1>

どくりつ(独立)<17-1>
〜どころか<17-1>
〜ところへ<16-1>
とざん(登山)<15-k>
〜としたら<12-1>
〜とすれば<12-1>
どせいをあびせる(怒声を浴びせる)<17-1>
〜とたん(に)<16-1>
〜とどうじに(〜と同時に)<15-1>
ととのえる(整える)<11-1>
とどまる(止まる)<18-1>
〜とともに<13-1>
〜とのこと<16-1>
とびおりる(飛び降りる)<14-1>
ドボンと<19-1>
ともかく(兎も角)<12-1>
どよう(土曜)<12-2>
ドラえもん(どらえもん)<14-b>
とらえる(捉える)<11-b>
ドラッグストア(drugstore)<16-1>
とりかえる(取り替える)<13-2>
とりくむ(取り組む)<17-k>
とりまく(取り巻く)<20-1>
ドル(dollar)<15-1>
トレイ(tray)<16-1>
トレーニング(training)<19-r>
どろ(泥)<14-r>
とんでもない<16-r>
トンネル(tunnel)<19-k>

な

〜ないかぎり(〜ない限り)<17-1>
〜ないことには<19-1>
ないじゅ(内需)<15-1>
ないぞう(内蔵)<13-1>
〜ないではいられない<14-1>
ないめん(内面)<12-1>
なおる(直る)<17-1>
なかく(中区)<14-2>
なかせん(中栓)<16-1>
ながそで(長袖)<11-b>
なかでも(中でも)<16-1>
ながとおる(名が通る)<17-1>

235

ながのけん(長野県)<14-2>
なきやむ(泣き止む)<14-r>
なく(鳴く)<13-1>
なげく(嘆く)<15-1>
なさけがかよう(情が通う)
　<17-1>
なぜかというと<13-1>
なぞ(謎)<16-1>
なつまつり(夏祭・夏祭り)
　<19-r>
なでる(撫でる)<13-1>
-なみ(-並)<11-k>
なみ(並)<17-1>
なみ(波)<20-1>
なみき(並木)<19-1>
なみだながら(涙ながら)<14-k>
なみだにくれる(涙にくれる)
　<13-1>
ならでは<11-1>
なりた(成田)<11-r>
なんきん(南京)<19-1>
なんとか<13-2>
なんとかする<13-2>
なんと～ことか<19-1>
なんどとなく(何度となく)
　<14-1>

[に]
～にあたって<20-1>
ニーズ(needs)<13-r>
～におうじて(～に応じて)
　<20-1>
～にかぎらず(～に限らず)
　<18-1>
～にかけては<17-1>
～にきまっている(～に決まっ
　ている)<14-1>
にぎる(握る)<14-1>
にぎわい(賑わい)<19-1>
にこくかんこうしょう(二国間
　交渉)<11-k>
～にこたえる(～に応える)
　<16-1>
～にしたがって(～に従って)
　<20-1>
～にしたら<19-1>
～にしては<12-1>

～にすぎない(～に過ぎない)
　<12-1>
～にせよ～にせよ<20-1>
～にそういない(～に相違な
　い)<20-1>
～にたいして(～に対して)
　<11-1>
～にたりない(～に足りない)
　<16-k>
～にちがいない(～に違いな
　い)<14-1>
にちべいひかく(日米比較)
　<16-r>
にちよう(日曜)<12-2>
にっか(日課)<14-1>
～につけ<17-1>
にっぽんいち／にほんいち(日
　本一)<18-k>
～にとって<12-1>
～にとどまらず(～に止まら
　ず)<18-1>
ににんさんきゃく(二人三脚)
　<17-1>
にほんかいがし(日本絵画史)
　<18-1>
にほんさんぎょうぎじゅつ
　そうごうけんきゅうじょ
　(日本産業技術総合研究
　所)<13-1>
～にむけの(～に向けの)
　<13-1>
～にもとづいて(～に基づい
　て)<11-1>
～による<18-1>
にゅうかい(入会)<15-b>
にゅうしゃ(入社)<17-1>
にゅうせいひん(乳製品)<11-1>
～にわたり<13-1>
にんげんみ(人間味)<17-1>
にんてい(認定)<13-1>

[ぬ]
-ぬ<19-1>
ぬう(縫う)<14-1>
-ぬき(-抜き)<11-1>
ぬける(抜ける)<19-1>

[ね]
ねあがり(値上がり)<15-1>
ねつい(熱意)<16-r>
ねっきょう(熱狂)<18-1>
ねっけつかん(熱血漢)<18-1>
ネットサーフィン(net surfing)
　<12-1>
ねばりづよい(粘り強い)<20-1>
ねんざ(捻挫)<14-r>
ねんない(年内)<17-k>
ねんゆ(燃油)<15-1>
ねんゆsurcharge(燃油サーチ
　ャージ)<15-1>
ねんりょう(燃料)<15-1>
ねんれいべつ(年齢別)<11-k>

[の]
のうぎょう(農業)<18-b>
のうさんぶつ(農産物)<11-r>
のうたん(濃淡)<19-1>
ノウハウ(know-how)<16-r>
のがす(逃す)<14-b>
のせる(載せる)<14-b>
のぞく(覗く)<17-1>
のぞましい(望ましい)<20-r>
のぞむ(望む)<12-1>
のちほど(後ほど)<14-2>
～のみ<15-1>
のみこむ(飲み込む)<20-1>
のみほす(飲み干す・飲みほ
　す)<14-b>
のりおくれる(乗り遅れる)
　<14-r>

[は]
-は(-派)<11-1>
パートナー(partner)<11-1>
ハードル(hurdle)<20-1>
バイ(柏)<19-1>
ばいしゅう(買収)<15-1>
はいしゅつ(排出)<16-1>
はいしゅつりょう(排出量)
　<16-1>
はいせん(敗戦)<17-1>
はいそう(配送)<14-2>
はいそうじょうきょう(配送状
　況)<14-2>

单词索引

～はおろか<13-1>
バカ(馬鹿・ばか)<20-r>
はか(墓)<19-1>
はかる(図る)<11-r>
はきごこち(履き心地)<13-k>
はくが(伯牙)<17-1>
はくさい(白菜)<11-b>
はくしゅ(拍手)<14-1>
はくしょ(白書)<11-b>
はくする(博する)<18-1>
はくへき(白壁)<19-1>
はけん(派遣)<16-k>
はけんさき(派遣先)<16-k>
はごたえ(歯ごたえ)<19-k>
はしゃぐ<14-b>
はしりだす(走り出す)<14-1>
はしりまわる(走り回る)<17-b>
-はずれ<11-r>
はずれる(外れる)<14-b>
はたらき(働き)<20-k>
バック<13-k>
はっけん(発見)<11-r>
はっしん(発信)<18-1>
はっそう(発送)<14-2>
はっそう(発想)<11-r>
はつでん(発電)<17-k>
ハッピーエンド(happy end)<14-b>
はつめい(発明)<19-k>
はつもうで(初詣)<20-k>
はてしない(果てしない)<19-1>
はなたば(花束)<12-k>
はなをそえる(花を添える)<12-1>
はねる<14-r>
はば(幅)<18-1>
パフォーマンス(performance)<18-1>
はままつ(浜松)<17-1>
はめる(嵌める)<14-1>
はやがわり(早変わり)<12-k>
バラツキ<20-1>
パリ(Paris)<18-1>
バリエーション(variation)<11-1>
はりめぐらす(張り巡らす)<19-1>

はる(張る)<19-1>
はるか(遥か)<12-1>
はるめく(春めく)<19-k>
ばれる<11-k>
パロ<13-1>
バロメーター(barometer)<11-1>
パワー(power)<18-1>
パワフル(powerful)<11-1>
はんえい(反映)<11-k>
ばんけん(番犬)<13-1>
パンしょく(パン食)<11-1>
はんちゅう(範疇)<18-1>
ハンドブック(hand book)<16-1>
はんのう(反応)<13-1>
はんばいてん(販売店)<11-b>
はんぶん(半分)<15-1>

ひ

ひあたり(日当たり)<11-b>
ひいでる(秀でる)<18-1>
ひかえしつ(控え室)<13-k>
ひかえる(控える)<16-b>
ひかく(比較)<13-1>
ひがしにほんだいしんさい(東日本大震災)<15-1>
ひかり(光)<13-1>
ひきあげる(引き上げる)<17-k>
ひきさげる(引き下げる)<15-1>
ひきしまる(引き締まる)<18-k>
ひきずりこむ(引きずり込む)<20-1>
ひきつける(引きつける)<18-1>
ひさいち(被災地)<11-2>
ひざし(日差し)<13-k>
ビジネスサイクル(business cycle)<20-1>
ビジネスマン(businessman)<11-k>
びじゅつ(美術)<12-1>
ひたい(額)<13-k>
ビタミン(德語Vitamin)<11-1>
ひっし(必死)<14-b>
ひっしゃ(筆者)<19-r>
ひてい(否定)<16-r>
ひていてき(否定的)<16-r>

ひとばんじゅう(一晩中)<17-r>
ひとへや(一部屋・ひと部屋)<11-k>
ひとまね(人まね)<18-1>
ひとみ(瞳)<18-r>
ひとめ(人目)<14-b>
ひとりむすめ(一人娘)<12-1>
ひのき(檜)<19-1>
ひはん(批判)<15-k>
ひまん(肥満)<11-1>
ひまんぼうし(肥満防止)<11-1>
びみょう(微妙)<11-k>
ひゃっかてん(百貨店)<15-1>
びよう(美容)<11-b>
びようえき(美容液)<11-b>
ひょうげんけいしき(表現形式)<18-1>
ひょうげんりょく(表現力)<11-b>
ひょうじ(表示)<13-1>
-ひょうしに(-拍子に)<14-1>
びょうとう(病棟)<13-1>
ビルぐん(ビル群)<19-1>
ピン(と)<20-k>
-ひん(-品)<13-2>
ビン(瓶)<16-1>
ひんしつ(品質)<16-b>
ひんど(頻度)<11-1>
ひんぱん(頻繁)<11-k>

ふ

フィルム(film)<16-1>
ふうかく(風格)<18-1>
ふうけい(風景)<11-r>
ふうすう(複数)<11-1>
ふうど(風土)<20-1>
ふうみ(風味)<18-k>
ブーム(boom)<13-1>
ふか(付加)<20-1>
ふかかち(付加価値)<20-1>
ぶかん(武官)<19-1>
ふきあがる(吹き上がる)<19-1>
ふきとぶ(吹き飛ぶ)<15-1>
ふきょう(不況)<12-b>
ふくさよう(副作用)<12-b>
ふくしょく(副食)<11-1>
ふくすうかいとう(複数回答)<11-1>

ふこう(不幸)〈13-1〉
ふじさわたけお(藤沢武夫)
　〈17-1〉
ふそく(不足)〈11-1〉
ふたたび(再び)〈19-r〉
ぶつかる〈14-r〉
ふっこう(復興)〈11-2〉
ぶっしつてき(物質的)〈12-1〉
ぶどうとう(ブドウ糖)〈11-1〉
ふにん(赴任)〈16-k〉
ふび(不備)〈11-r〉
ぶひん(部品)〈17-1〉
ふみだす(踏み出す)〈20-1〉
ふみん(不眠)〈13-1〉
ふやす(増やす)〈16-b〉
プラ〈16-1〉
プライベート(private)〈12-1〉
プラスチック(plastic)〈16-1〉
フラッシュ(flash)〈13-1〉
プラン(plan)〈11-b〉
ブランドひん(ブランド品・
　brandひん)〈13-b〉
-ぶり〈16-1〉
ふりきる(振り切る)〈14-1〉
ふりつづく(降り続く)〈20-b〉
ふれあう(触れ合う)〈13-1〉
プレゼンテーション
　(presentation)〈18-r〉
フローリング(flooring)
　〈14-k〉
プロセス(process)〈20-1〉
ぶんかけい(文科系)〈20-r〉
ぶんぎょう(分業)〈18-1〉
ぶんべつ(分別)〈16-1〉
ぶんべつしゅうしゅう(分別収
　集)〈16-1〉
ぶんめい(文明)〈19-1〉
ぶんや(分野)〈13-1〉
ぶんをわきまえる(分をわき
　まえる)〈17-1〉

へ
へい(塀)〈15-k〉
へいき(平気)〈14-1〉
べいこく(米国)〈18-1〉
べいこくはつ(米国発)〈18-1〉
へいわ(平和)〈20-k〉

ベース(base)〈20-1〉
〜べつ(-別)〈11-1〉
ペットボトル(petbotle)〈16-1〉
ペットロスしょうこうぐん(ペ
　ットロス症候群・pet loss
　しょうこうぐん)〈13-1〉
ペットロス(pet loss)〈13-1〉
へんか(変化)〈12-1〉
べんぎ(便宜)〈20-k〉
べんごし(弁護士)〈11-k〉
ペンダント(pendant)〈13-1〉
へんどう(変動)〈15-1〉
へんぴん(返品)〈13-2〉

ほ
ほうしゃのう(放射能)〈11-r〉
ぼうず(坊主)〈14-1〉
ほうそう(包装)〈16-1〉
ぼうそう(暴走)〈14-1〉
ほうそう(放送)〈17-k〉
ぼうそうぞく(暴走族)〈14-1〉
ほうてき(法的)〈11-r〉
ほうよう(包容)〈12-1〉
ほうようりょく(包容力)〈12-1〉
ホームページ(homepage)〈11-1〉
ぼご(母語)〈15-k〉
ほごしゃ(保護者)〈14-1〉
ほこり(埃)〈17-b〉
ほこり(誇り)〈17-k〉
ほこる(誇る)〈18-1〉
ほす(干す)〈13-k〉
ほそめる(細める)〈14-1〉
ぼっとう(没頭)〈17-1〉
ポップカルチャー(pop culture)
　〈18-1〉
ほほえましい(微笑ましい)
　〈19-1〉
ボリューム(volume)〈12-b〉
ほん一(本一)〈20-k〉
ほんきょうかい(本協会)〈20-k〉
ほんすう(本数)〈20-r〉
ホンダ〈17-1〉
ほんだそういちろう(本田宗一
　郎)〈17-1〉
ほんにん(本人)〈11-b〉
ほんのうてき(本能的)〈11-k〉
ぼんやり〈14-k〉

ほんらい(本来)〈18-b〉

ま
マーク(mark)〈16-1〉
〜まい〈20-1〉
まいしん(邁進)〈20-b〉
マイナス(minus)〈15-1〉
まうえ(真上)〈19-1〉
まかせる(任せる)〈17-1〉
まきこむ(巻き込む)〈20-k〉
まぎらわす(紛らわす)〈13-1〉
まく(幕)〈17-1〉
まける(負ける)〈17-1〉
マスコミ(mass communi-cation
　的縮略说法)〈13-k〉
まぢか(間近)〈19-1〉
まちのぞむ(待ち望む)〈13-k〉
まつもとし(松本市)〈14-2〉
〜までもない〈16-k〉
まとう〈18-1〉
マニュアル(manual)〈16-r〉
マネージャー(manager)〈17-k〉
まね(真似)〈18-1〉
まばたき(瞬き)〈13-1〉
まぶしい(眩しい)〈19-1〉
-まみれ〈17-1〉
マラソン(marathon)〈14-1〉
マラソンたいかい(マラソ
　ン大会・marathonたいか
　い)〈14-1〉
まわす(回す)〈20-1〉
まんいんでんしゃ(満員電車)
　〈11-k〉

み
みあい(見合い)〈12-1〉
みあげる(見上げる)〈19-1〉
みぎにでるものがいない(右に
　出るものがいない)〈17-b〉
みごたえ(見応え・見ごたえ)
　〈19-1〉
みごと(見事)〈11-k〉
みこみ(見込み)〈19-r〉
みずから(自ら)〈20-1〉
ミステリーしょうせつ(ミステ
　リー小説・mysteryしょう
　せつ)〈12-1〉

みそしる(味噌汁)<11-1>
みち(未知)<12-b>
みぢか(身近)<13-1>
みっちゃく(密着)<16-r>
みっちゃくしゅざい(密着取材)<16-r>
みなもと(源)<11-1>
ミネラル(mineral)<11-1>
みのがす(見逃す)<11-1>
みぶり(身振り)<18-b>
みほれる(見ほれる)<14-r>
みまもる(見守る)<13-1>
みみをかたむける(耳を傾ける)<13-k>
みゃく(脈)<13-1>
みやざきはやお(宮崎駿)<16-b>
みりょくてき(魅力的)<20-r>
みん(明)<19-1>
みんかん(民間)<15-1>

む

むかんけい(無関係)<14-b>
むきあう(向き合う)<19-1>
-むけ(-向け)<13-1>
むごん(無言)<12-1>
むさべつテロ(無差別テロ)<19-b>
むし(無視)<13-r>
むすぶ(結ぶ)<12-r>
ムズムズ<14-1>
むとんちゃく(無頓着)<16-1>
むのう(無能)<11-b>
むらい(村井)<12-2>
むりょく(無力)<13-b>

め

めい(姪)<16-1>
めいかく(明確)<20-1>
めいげん(名言)<17-1>
めいしょう(名称)<13-1>
めいれい(命令)<17-1>
めいれいけいとう(命令系統)<17-1>
メーカー(maker)<11-r>
めぐみ(恵み)<19-1>
めぐりあう(巡り合う)<16-r>
めざめ(目覚め)<11-1>

めざめる(目覚める)<11-1>
めちゃめちゃ<13-b>
めにいれてもいたくない(目に入れても痛くない)<14-1>
めにする(目にする)<11-1>
メリット(merit)<15-1>
メロン(melon)<11-r>
〜めん(〜面)<17-1>
めんえきりょく(免疫力)<13-1>

も

-もう(-網)<19-1>
もうける(設ける)<20-2>
もうら(網羅)<16-r>
〜もかまわず<14-1>
もくはん(木版)<18-1>
もじどおり(文字通り)<15-1>
もたせる(持たせる)<20-r>
もちあげる(持ち上げる)<17-k>
もちだす(持ち出す)<12-1>
もちはもちや(餅は餅屋)<17-1>
もっとも(最も)<11-1>
もてなす<18-b>
もと(元)<17-k>
もとかれ(元彼)<14-r>
もとめる(求める)<11-1>
もの(物)<20-b>
ものがたる(物語る)<14-1>
〜ものだ<14-1>
〜ものだ<15-1>
もむ(揉む)<18-1>
もんくをつける(文句をつける)<16-b>
もんげん(門限)<15-k>

や

やくいんかい(役員会)<15-2>
やじるし(矢印)<16-k>
やってくる<14-1>
やまみち(山道)<19-1>
やまやま(山々)<19-1>
やむをえない(やむを得ない)<15-r>
やんちゃ<14-1>
やんちゃぼうず(やんちゃ坊主)<14-1>

ゆ

ゆうきゅう(悠久)<14-k>
ゆうこうかいとうすう(有効回答数)<11-1>
ユーザー(user)<18-r>
ゆうする(有する)<15-b>
ゆうせん(優先)<11-1>
ゆうひ(夕陽)<19-1>
ゆえ<11-1>
ゆか(床)<14-k>
ゆくえ(行方)<11-2>
ゆしゅつこく(輸出国)<11-r>
ゆだん(油断)<16-1>
ユニーク(unique)<18-1>
ゆにゅう(輸入)<11-r>
ゆにゅうこく(輸入国)<11-r>
ゆれ(揺れ)<11-2>
ゆれる(揺れる)<11-2>

よ

-よう(-曜)<12-2>
ようい(容易)<18-1>
〜ようがない<16-1>
ようき(容器)<16-1>
ようけん(要件)<20-1>
ようしき(様式)<12-1>
ようす(様子)<12-1>
ようそ(要素)<20-1>
ようてい(要諦)<13-1>
〜ようではないか<11-1>
〜ようにも〜ない<15-1>
ヨーグルト(Yoghurt)<11-1>
よく-(翌-)<17-1>
よくじつ(翌日)<14-2>
よくす(浴す)<19-1>
よける<14-r>
よこになる(横になる)<14-r>
よしん(余震)<12-r>
よそ<14-1>
よそく(予測)<13-r>
よびかける(呼び掛ける)<16-k>
よみごたえ(読みごたえ)<19-k>
よみとる(読み取る)<11-1>
〜より<11-1>
より<12-1>

ら

ライバル(rival)<17-k>
ライフスタイル(lifestyle)<12-1>

らくだ ⟨19-1⟩
らくよう(落葉) ⟨19-1⟩
ラップ(lap) ⟨16-1⟩
ランキング(ranking) ⟨13-k⟩
らんぼう(乱暴) ⟨11-k⟩

りょうきん(料金) ⟨15-1⟩
りょうせい(寮生) ⟨11-1⟩
りょうりつ(両立) ⟨12-1⟩
りりしい ⟨14-1⟩
りんりつ(林立) ⟨19-1⟩

ろうまん(浪漫) ⟨19-1⟩
ロープ(rope) ⟨19-1⟩
ロリータ(Lolita) ⟨18-1⟩
ロリータ・ファッション
　(Lolita fashion) ⟨18-1⟩

り

りえき(利益) ⟨15-1⟩
りかけい(理科系) ⟨20-r⟩
りくじょうぶ(陸上部) ⟨14-1⟩
リサイクル(recycle) ⟨16-1⟩
リサイクルルート(recycle
　root) ⟨16-1⟩
りじかい(理事会) ⟨13-b⟩
リスク(risk) ⟨15-1⟩
リズム(rhythm) ⟨13-r⟩
リハビリ(rehabilitation)
　⟨18-b⟩
りふじん(理不尽) ⟨11-k⟩
リボン(ribbon) ⟨18-1⟩
りゅうえい(劉頴) ⟨12-1⟩
りゅうちょう(流暢) ⟨12-b⟩

る

ルート(root) ⟨16-1⟩

れ

れいぎただしい(礼儀正しい)
　⟨20-2⟩
レース(lace) ⟨18-1⟩
レシート(receipt) ⟨13-2⟩
れつ(列) ⟨14-1⟩
れっしゃ(列車) ⟨19-r⟩
レモン(lemon) ⟨18-k⟩
れんさい(連載) ⟨16-1⟩

ろ

ろうかく(楼閣) ⟨19-1⟩
ろうじん(老人) ⟨13-1⟩

わ

わかわかしい(若々しい) ⟨19-k⟩
わきまえる ⟨17-1⟩
わく(枠) ⟨14-1⟩
〜わけである ⟨13-1⟩
〜わけではない ⟨12-1⟩
わたなべ(渡辺) ⟨19-2⟩
わだんす(和だんす) ⟨14-1⟩
わりと(割と) ⟨12-1⟩
〜わりに(は) ⟨11-1⟩
わりやす(割安) ⟨15-1⟩
〜をする ⟨13-1⟩
〜をもって ⟨18-1⟩

注："–"前为课次，"–"后"1"表示第一单元，"2"表示第二单元，"k"表示词汇学习；"b"表示语法学习；"r"表示练习

语法索引

～あげく(に)＜消极的结果＞〈14〉
[N₁]あっての[N₂]＜依存关系＞〈17〉
～以上＜推理的根据＞〈12〉
～一方(で)＜不同的方面＞〈11〉
～上で＜判断成立的范围＞〈11〉
～限り＜限定条件＞〈16〉
～限りだ＜强烈的心情＞〈15〉
[V]がたい＜难以实现＞〈19〉
～がため＜原因＞〈15〉
～かと思うと／かと思ったら＜出乎意料＞〈19〉
[V]か[V]ないかのうちに＜同时进行＞〈14〉
[V]かねない＜可能性＞〈15〉
～かのようだ＜印象＞〈14〉
～(が)ゆえ(に)＜原因＞〈11〉
～きらいがある＜倾向＞〈17〉
[V]きる／[V]きれる／[V]きれない
　＜动作彻底与否＞〈12〉
[V]きる＜程度达到极限＞〈18〉
ーげ＜情状＞〈19〉
疑問詞＋～ことか／だろう＜感叹＞〈19〉
[V]ことなく＜对预测的否定＞〈20〉
～ことに＜评价＞〈16〉
～この上ない＜最高程度＞〈16〉
[V]ざるを得ない＜唯一的选择＞〈11〉
だからといって＜转折关系＞〈13〉
だからこそ＜强调原因＞〈13〉
～だけあって＜称赞＞〈19〉
～だけに＜成正比的因果关系＞〈11〉
[V]た／ているところへ＜意外情况的发生＞〈16〉
[V]たところ＜发现＞〈11〉
[V]たところで＜转折＞〈13〉
[V]たとたん(に)＜同时发生＞〈16〉
[V]た拍子に＜起因性的动作＞〈14〉
[V]たものだ＜回想过去＞〈14〉
～たろう＜过去推量＞〈19〉
[V]つつある＜持续变化＞〈12〉
[V]っぱなし＜放置不理；状态持续／
　动作行为反复＞〈14〉
～でいる＜状态保持＞〈12〉
[V]てか／～からか／～ためか／～せいか
　＜推测原因＞〈13〉

[N]でしかない／[V]しかない
　＜较低的评价；唯一的手段＞〈17〉
[V]／[A]て(で)ならない＜极端的心理状态＞〈12〉
[V]ては＜动作重复＞〈13〉
[V]てはならない＜禁止＞〈18〉
[N]といい、[N]といい＜并列＞〈18〉
～というわけだ＜解释说明＞〈15〉
～どころか＜相反的事实＞〈17〉
～としたら／～とすれば＜假设＞〈12〉
～と同時に＜同时＞〈15〉
～とともに＜同时发生＞〈13〉
[N]とともに＜共同动作的主体＞〈16〉
～とのことだ＜传闻；传话＞〈16〉
～ない限り＜限定条件＞〈17〉
～ないことには＜否定性条件＞〈19〉
[V]ないではいられない＜无法控制的心情＞〈14〉
なぜかというと／なぜかといえば～からだ
　＜因果关系＞〈13〉
[N]ならでは＜特有的＞〈11〉
に＜累加＞〈11〉
～にあたって／～にあたり＜时刻；时期＞〈20〉
[N]に限らず＜非限定＞〈18〉
[N]にかけては＜突出之处＞〈17〉
～に決まっている＜确信无疑的推测＞〈14〉
[N]に応えて＜响应；反应＞〈16〉
[N]／[V]にしたがって＜伴随＞〈20〉
[N]にしたら／[N]にすれば＜立场、角度＞〈19〉
～にしては＜判断的依据＞〈12〉
～に過ぎない＜程度低＞〈12〉
～にせよ～にせよ＜对比性并列＞〈20〉
～に相違ない＜有把握的判断＞〈20〉
～に違いない＜有把握的判断＞〈14〉
[V]につけ＜情感的诱因＞〈17〉
[N]にとって＜评价的立场、角度＞〈12〉
～にとどまらず＜事态进一步发展＞〈18〉
[N]に基づいて／に基づき／に基づく＜根据＞
　〈11〉
[N1]による[N２]＜手段、方法＞〈18〉
[N]にわたり／わたって＜跨度＞〈13〉
[V]ぬ＜否定＞〈19〉

［N］抜き＜排除＞〈11〉
［N］の／［V］た結果＜结果＞〈20〉
～のみ＜限定＞〈15〉
［N］はおろか＜程度差异＞〈13〉
～はともかく（として）＜另当别论＞〈12〉
―ぶり＜样态＞〈16〉
～まい＜否定的推測＞〈20〉
～まで＜程度＞〈18〉
―まみれ＜遍布＞〈17〉
［N］向き＜适合＞〈11〉
［N］向け＜对象＞〈13〉
［N］もかまわず＜无视＞〈14〉

～ものだ＜客观真理＞〈14〉
［V］／［A］ものだ＜感叹＞〈15〉
　［V］ようがない＜无能为力＞〈16〉
［V］（よ）うではないか＜号召＞〈11〉
［V］（よ）うにも［V］（能动动词）ない
　　＜无法实现＞〈15〉
［N］より＜起点、出处＞〈11〉
～わけだ＜说明结果＞〈13〉
～わけではない＜对推论的否定＞〈12〉
～わりに（は）＜成反比的转折关系＞〈11〉
［N］をする＜外观＞〈13〉
［N］をもって＜手段＞〈18〉

参 考 书 目

彭广陆、守屋三千代《综合日语》第1～4册 北京大学出版社2004—2006
池上嘉彦・守屋三千代『自然な日本語を教えるために—認知言語学をふまえて』
　　ひつじ書房2009/12
阪田雪子編著、新屋映子・守屋三千代『日本語運用文法——文法は表現する』凡
　　人社、2003
新屋映子・姫野伴子・守屋三千代『日本語教科書の落とし穴』アルク、1999
鈴木康之主編《概说・现代日语语法》，吉林教育出版社、1999（彭广陆编译）
高見澤孟監修『はじめての日本語教育　基本用語事典』アスク講談社、1997
松岡弘監修、庵功雄・高梨信乃・中西久実子・山田敏弘『初級を教える人のための
　　日本語文法ハンドブック』スリーエーネットワーク、2000
NHK放送文化研究所編『NHK日本語発音アクセント辞典』新版、NHK出版、
　　2002、第19刷
みんなの教材サイト　　http://minnanokyozai.jp/
http://www.president.co.jp/pre/special/aiai/096.html
http://www.chainavi.jp/mag/2009.html
http://www.caresapo.jp/kaigo/issue/83dn3a000000bi8o.html
http://intelligent-system.jp/
http://www.aist.go.jp/aist_j/topics/to2002/to20020315/to20020315.html
http://manabow.com/qa/endaka_plus.html
www.smam-jp.com/market/report/keyword/__icsFiles/afieldfile/2010/08/27/100827mk_1.pdf
http://manabow.com/qa/endaka_plus.html
http://www.kddi.com/business/oyakudachi/square/closeup/024/index.html
http://www.keiomcc.net/sekigaku-blog/2007/02/post_153.html
http://mediasabor.jp/2010/02/post_756.html
http://ja.wikipedia.org
http://www.meti.go.jp/policy/kisoryoku/index.htm
http://www.career-anchor.co.jp/jiritsu1.htm

编 者 后 记

本教材的编写方针由编委会讨论决定。在编写过程中，由总主编负责全套教材的组织协调工作，分册主编具体负责各册的编写。中级（下册）由主编何琳，副主编董继平、铃木典夫负责具体策划和统稿，各部分执笔工作具体分工如下：

课文：铃木典夫、铃木峰子、守屋三千代、何琳、王轶群、李丽桃
会话：李丽桃、何琳
会话解说：马小兵、董继平、何琳
单词表及索引：刘健
词汇学习及索引：彭广陆
语法学习及索引：王轶群、毕晓燕
练习：何琳、董继平
统稿：彭广陆、何琳
审订：守屋三千代

在编写过程中，日语教育专家、日本创价大学守屋三千代教授始终给予热情关怀和具体指导，对保证本教材的质量起到了重要的作用，在此表示由衷的感谢。

感谢北京大学出版社外语编辑室主任张冰女士为本教材的出版提供的帮助，感谢本教材责任编辑、北京大学出版社的兰婷女士、白渤先生为本教材的出版所付出的努力。

实用日语中级日语（下）编委会
2011年12月1日

北京市高等教育自学考试课程考试大纲

课程名称：中级日语（二）　　课程代码：05818　　2011年12月版

第一部分　课程性质与设置目的

一、课程性质与特点

本课程为北京市高等教育自学考试日语专业（基础科）（专科）的笔试课程，适用于中级阶段的日语学习者。

通过本课程考试的学习者，具备一定的日语综合应用能力，较为全面地掌握日语语言知识和语言技能，并能为后续阶段的日语课程学习及应用打下坚实的基础，同时具备良好的跨文化交际能力。

二、课程目标与基本要求

本课程的目标为帮助学习者培养并提高日语综合应用能力，较为全面地掌握日语基础知识和语言技能，具备良好的文化素养和跨文化交际能力。语言知识包括语音、词汇、语法，语言技能包括听说读写译五项技能，文化素养包括背景知识、言语行为特征和非言语行为特征。

为实现这一目标，教材选用了适合自学的学习内容，设计了适合自学的学习方法、步骤。通过本课程的学习，要求学生掌握"中级日语（二）"阶段规定的语言知识，对语法和词汇要理解并能灵活使用，同时注重听说读写译技能的均衡发展，基本具备日语综合应用能力。

三、与其他课程的关系

在完成初级日语（一）（二）、中级日语（一）课程学习的基础上，学习本课程。

第二部分　课程内容与考核目标

本课程以《实用日语　中级（下册）》（彭广陆等编 北京大学出版社 2012年版）为推荐教材，主要包括以下内容：11. 朝食についてのアンケート結果より；12. 中国人女性の結婚観；13. セラピーロボット；14. 長男のこと；15. やさしい経済講座　円高；16. プラプラ；17. 本田宗一郎；18. 日本のポップカルチャー；19. 南京の旅；20. 企業が求める人材は？

"中级日语二"阶段所学习的内容均为日语中级阶段的必备知识，是今后进一步学习的基础，所有单词、语法、表达方式都要求熟练掌握。考生学习时应以课文、单词、语法、练习为中心，感

受、理解、应用、掌握日语，同时通过完成课后的自测题，及时查漏补缺。考核将围绕以上内容进行。除教材中特别指出的部分人名地名（见单词索引卷末）之外，课文、词汇学习、语法学习、练习及其后附的单词均为考察范围。但以下专有名词不在考试范围之内：

オバマ大統領、ジブリ、セラピーアニマルロスト、パロ、ホンダ、白壁、浜松、本田宗一郎、伯牙、参道、村井、渡辺、宮崎駿、光明村、恵子、鈴木勉、劉穎、明、南京、鳥獣人物戯画、暖気、磐田郡、青瓦、青瓦屋根、神官、手塚治虫、松本市、孫文、太宗、泰山、藤沢武夫、天竜区、王芳、武官、孝陵、玄武湖、燕子磯、鎮江、中区、中山陵、鐘子期

第11課　朝食についてのアンケート結果より

一、学习目的与要求

通过本课的学习，要求理解并分析图表等统计数据，掌握说明图表等统计数据常用的表达方式。

二、考核知识点与考核目标

（一）基础知识

语法：

1．Nより＜起点、出处＞

2．N抜き＜排除＞

3．Nに基づいて／に基づき／に基づく＜根据＞

4．Vたところ＜发现＞

5．〜だけに＜成正比的因果关系＞

6．〜（が）ゆえ（に）＜原因＞

7．Nならでは＜特有的＞

8．〜一方で＜不同的方面＞

9．〜わりに（は）＜成反比的转折关系＞

10．N向き＜适合＞

11．〜上で＜判断成立的范围＞

12．Vざるを得ない＜唯一的选择＞

13．V（よ）うではないか＜号召＞

14．に＜累加＞

词汇：本课各部分单词表中的单词。

（二）应用能力：掌握表示关心和慰问的表达方式。

第12課　中国人女性の結婚観

一、学习目的与要求

通过本课的学习，要求掌握口语表达方式文章的特点，能够准确把握人物的观点、态度。

二、考核知识点与考核目标

（一）基础知识

语法：

1．Vつつある＜持续变化＞

2．V／Aて（で）ならない＜极端的心理状态＞

3．～としたら／～とすれば＜假设＞

4．Vきる／Vきれる／Vきれない＜动作彻底与否＞

5．～にしては＜判断的依据＞

6．～でいる＜状态保持＞

7．～わけではない＜对推论的否定＞

8．～以上（は）＜推理的根据＞

9．Nにとって＜评价的立场、角度＞

10．～に過ぎない＜程度低＞

11．～はともかく（として）＜另当别论＞

词汇：本课各部分单词表中的单词。

（二）应用能力：能够对自己了解的事物进行说明。

第13课　セラピーロボット

一、学习目的与要求

通过本课的学习，要求掌握说明文的特点，并能概括说明文所说明的事物的特点。

二、考核知识点与考核目标

（一）基础知识

语法：

1．Vてか／～からか／～ためか／～せいか＜推测原因＞

2．Nにわたり／わたって＜跨度＞

3．Nはおろか＜程度差异＞

4．だからといって＜转折关系＞

5．だからこそ＜强调原因＞

6．なぜかというと／なぜかといえば～からだ＜因果关系＞

7．Vては＜动作重复＞

8．～わけだ＜说明结果＞

9．N向け＜对象＞

10．～とともに＜同时发生＞

11．Nをする＜外观＞

12．Vたところで＜转折＞

词汇：本课各部分单词表中的单词。

（二）应用能力：掌握退换货时的表达方式。

第14課　長男のこと

一、学习目的与要求

通过本课的学习，要求能够读懂记叙文，能够根据上下文正确词汇的含义，能够准确理解、体会作者的心情。

二、考核知识点与考核目标

（一）基础知识

语法：

1．Ｖたものだ＜回想过去＞

2．〜に違いない＜有把握的判断＞

3．Ｖた拍子に＜起因性的动作＞

4．〜に決まっている＜确信无疑的推测＞

5．ＶかＶないかのうちに＜同时进行＞

6．Ｖないではいられない＜无法控制的行为＞

7．Ｎもかまわず＜无视＞

8．〜あげく（に）＜消极的结果＞

9．Ｖっぱなし＜放置不理；状态持续／动作行为反复＞

10．〜かのように＜印象＞

11．〜ものだ＜客观真理；普遍事实＞

词汇：本课各部分单词表中的单词。

（二）应用能力：能够提出简单的投诉。

第15課　やさしい経済講座　円高

一、学习目的与要求

通过本课的学习，要求能够读懂简单的经济题材的文章，并能够快速准确地从文章中获取必要的信息。

二、考核知识点与考核目标

（一）基础知识

语法：

1．〜というわけだ＜解释说明＞

2．Ｖかねない＜可能性＞

3．〜と同時に＜同时＞

4．〜がため＜原因＞

5．Ｖ（よ）うにもＶ（能动动词）ない＜无法实现＞

6．〜のみ＜限定＞

7．〜限りだ＜强烈的心情＞

8．Ｖ／Ａものだ＜感叹＞

词汇：本课各部分单词表中的单词。

（二）应用能力：能够用得体的表达方式催促、提醒对方。

16課　プラプラ

一、学习目的与要求

通过本课的学习，要求能够读懂个性较强的文章，能够理解作者通过个性化表达方式阐述的观点。

二、考核知识点与考核目标

（一）基础知识

语法：

1．Nとともに＜共同动作的主体＞

2．Vたとたん（に）＜同时进行＞

3．～とのことだ＜传闻；传话＞

4．-ぶり＜样态＞

5．～この上ない＜最高程度＞

6．Vようがない＜无能为力＞

7．Vた／ているところへ＜意外情况的发生＞

8．～ことに＜评价＞

9．～限り＜限定条件＞

10．Nに応えて＜响应；反应＞

词汇：本课各部分单词表中的单词。

（二）应用能力：能够完成简单的工作上的协商。

第17課　本田宗一郎

一、学习目的与要求

通过本课的学习，要求能够读懂人物传记类的文章，掌握传记性文章的写作方法。

二、考核知识点与考核目标

（一）基础知识

语法：

1．～ない限り＜限定条件＞

2．Nにかけては＜突出之处＞

3．Vにつけ＜情感的诱因＞

4．N_1あってのN_2＜依存关系＞

5．-まみれ＜遍布＞

6．～きらいがある＜倾向＞

7．Nでしかない／Vしかない＜较低的评价／唯一的手段＞

8．～どころか＜相反的事实＞

词汇：本课各部分单词表中的单词。

（二）应用能力：能够简单地介绍、说明产品。

第18課　日本のポップカルチャー

一、学习目的与要求

通过本课的学习，要求能够读懂专题性的文章，并能够准确理解文章大意并把握主要信息。

二、考核知识点与考核目标

（一）基础知识

语法：

1．Vきる＜程度达到极限＞

2．N_1によるN_2＜手段、方法＞

3．N_1といい、N_2といい＜并列＞

4．Vてはならない＜禁止＞

5．～まで＜程度＞

6．～にとどまらず＜事态进一步发展＞

7．Nに限らず＜非限定＞

8．Nをもって＜手段＞

词汇：本课各部分单词表中的单词。

（二）应用能力：能够协商变更约定的事情并说明理由。

第19課　南京の旅

一、学习目的与要求

通过本课的学习，要求能够读懂游记类文章，准确把握作者的感受。

二、考核知识点与考核目标

（一）基础知识

语法：

1．Vぬ＜否定＞

2．～かと思うと／かと思ったら＜出乎意料＞

3．～たろう＜过去推量＞

4．だけあって＜称赞＞

5．Vがたい＜难以实现＞

6．疑問詞＋～ことか／だろう＜感叹＞

7．Nにしたら／Nにすれば＜立场、角度＞

8．-げに＜情状＞

9．～ないことには＜否定性条件＞

词汇：本课各部分单词表中的单词。

（二）应用能力：能够用恰当的表达方式提出反对意见。

第20課　企業が求める人材は？

一、学习目的与要求

通过本课的学习，要求能够迅速抓住文章的重点内容，能够理解论据与论点之间的关系。

二、考核知识点与考核目标

（一）基础知识

语法：

1．～にあたって／～にあたり＜时刻、时期＞

2．Vことなく＜对预测的否定＞

3．Nの／Vた結果＜结果＞

4．～に相違ない＜有把握的判断＞

5．N／Vにしたがって＜伴随＞

6．～まい＜否定的推测＞

7．～にせよ～にせよ＜对比性并列＞

词汇：本课各部分单词表中的单词。

（二）应用能力：了解面试时的注意事项，在面试时能够做到举止得体、语言表达准确，重点突出。

第三部分　有关说明与实施要求

一、考核的能力要求

本课程为日语专业基础主干课程，考核内容以基础知识为主。本大纲在考核目标中所列的所有项目均要求能够正确理解、应用，同时要求能够正确使用以上语言知识组成的语言素材。由于考试条件的限制，考试采用笔试形式，主要通过读、写的形式考察学生综合语言应用能力。

二、推荐教材

《实用日语　中级（下册）》，彭广陆等编著，北京大学出版社，2012年版。

三、自学方法指导

本大纲的课程要求是依据专业考试计划和专业培养目标而确定的。"学习目的与要求"明确了课程主要内容和要求掌握的范围。"考核知识点和考核目标"为自学考试考核的主要内容。为了有效地进行自学指导，本大纲已明确了教材的主要内容和需要重点掌握的语言知识、技能。自学者在自学过程中，可以按照以下步骤进行学习：

1. 首先通读课文，了解课文的大致内容，推测未知单词、语法项目及表达的意义。

2. 完成"单词"、"词汇学习"、"语法学习"等项目，同时可以做与各项目相关的练习。

3. 精读课文，在具体的语境中体会、理解、掌握语言知识。

4. 完成练习，巩固、消化语言知识。

5. 完成自测题，及时检测自己掌握的情况。

6. 在理解内容的基础上，跟随录音光盘熟读课文，最好能够背诵。

四、对社会助学的要求

1. 助学单位和教师应熟知本大纲的要求和规定。

2. 教学过程中，应以本大纲为依据，使用本大纲规定的教材实施教学和辅导。

3. 助学辅导时，应充分利用录音光盘，注重学生基本功的训练，重视语言知识的同时，注重语言能力的培养。同时根据学生的特点，按照大纲的要求制定、实施教学计划。

4. 助学辅导时，应以教材的课文、单词、语法、练习为中心开展教学。

5. 助学学时：本课程共8学分，建议总课时144学时，助学课时分配如下：

方 式	课程内容	建议学时
授 课	第11課　朝食についてのアンケート結果より	12
授 课	第12課　中国人女性の結婚観	12
授 课	第13課　セラピーロボット	12
复 习		4
授 课	第14課　長男のこと	12
授 课	第15課　やさしい経済講座　円高	12
授 课	第16課　ぷらぷら	12
授 课	第17課　本田宗一郎	12
复 习		6
授 课	第18課　日本のポップカルチャー	12
授 课	第19課　南京の旅	12
授 课	第20課　企業が求める人材は？	12
复 习		6
机 动		6
合　　计		144

五、关于命题考试的若干规定

1. 命题要基本覆盖要求掌握内容中的重要部分，能够检查考生的中级日语的基本水准。本大纲各章所提到的内容和考核目标都是考试内容。试题覆盖所有内容，适当突出重点。

2. 试卷中对不同能力层次的试题比例大致是：基础知识80%，应用能力20%。

3. 试题难易程度应合理，较难部分比例不超过30%，建议20%。

4. 试题类型由选择题部分和非选择题部分两大部分组成。分为单项选择题、翻译题等几种题型。
5. 考试方式为闭卷笔试。考试时间为150分钟。评卷采用百分制，60分为及格。

六、题型示例（样题）

第一部分　选择题

一、次の文の下線を付けた言葉は、どのように読みますか。その読み方をA～Dの中から一つ選びなさい。

1．長年の努力が<u>評価</u>された。
　　A．ひょうか　　B．びょうか　　C．ぴょうか　　D．ひょか
2．あの作品には人を惹きつける<u>魅力</u>がある。
　　A．びりょく　　B．みりょく　　C．びりき　　D．みりき
3．中国の自動車産業は<u>規模</u>が大きい。
　　A．きぼ　　B．きも　　C．きぼく　　D．きもく
4．町に電力を<u>供給</u>している。
　　A．きょうきゅ　　B．こうきゅ　　C．きょうきゅう　　D．こうきゅう

二、次の下線を付けた言葉は、どのような漢字を書きますか。その漢字をA～Dの中から一つ選びなさい。

11．大学では<u>かまくら</u>時代の服装について研究している。
　　A．平安　　B．鎌倉　　C．江戸　　D．明治
12．委員会は10名で<u>こうせい</u>されている。
　　A．結構　　B．構成　　C．機構　　D．組織
13．円高は<u>きぎょう</u>に影響を与えている。
　　A．企業　　B．商業　　C．産業　　D．工業
14．音楽に<u>ひい</u>でている人でなければこの仕事には向かない。
　　A．優　　B．秀　　C．超　　D．越

三、次の文の（　）の中に何を入れますか、それぞれA、B、C、Dの中から一つ選びなさい。

21．このゲームの_____がこんなに面白いとは驚いた。
　　A．グルメ　　B．ストーリー　　C．グローバル　　D．イベント
22．_____彼は会社にとって重要な人物となった。
　　A．今や　　B．今で　　C．今に　　D．今まで
23．足が痛かったが、最後まで_____。
　　A．走りかけた　　B．走りあげた　　C．走りとおした　　D．走り出した
24．パン作りが趣味_____、パン屋まで開いた。
　　A．を抜きにして　　B．をこめて　　C．にかかわらず　　D．にとどまらず

25. 敬語は外国人＿＿＿＿＿＿、日本人にとっても難しい。
　　A．にすぎず　　B．に限らず　　C．もかまわず　　D．にかかわらず

四、次の文章を読んで、後の問いの答えをそれぞれA、B、C、Dの中から一つ選びなさい。

　東京の都心では、普通のサラリーマンには「猫の額」程度の土地も買えない。その結果、マンションなどの集合住宅（以下集住と略す）や超高層住宅に住む人の割合が大きい。集住による住民間のトラブル、管理、ごみ処理など様々な問題が深刻化しているので「集住の快適な住み方と管理」をテーマにした国際フォーラムが開かれた。

質問
41．国際フォーラムが開かれた理由はどれですか。
　　A．都心の地価が高いから。
　　B．マンションに住む人は多いから。
　　C．マンションは「猫の額」のように狭いから。
　　D．集住による住民間の様々な問題が深刻化しているから。

第二部分　非選択題

五、次の文を中国語に訳しなさい。
46．交通の発達に伴ってライフスタイルが変わった。
47．このような日本関係のイベントは、ここ数年、世界各国で多くのファンを集めている。
48．今日の日本では、マンガ、アニメ、ゲームソフトといえば、文化の範疇にとどまらず、規模の大きな産業としても無視できない存在になっている。

六、次の文を日本語に訳しなさい。
51．事关公司信誉，必须谨慎处理。
52．只有能够坦率地接受别人的忠告才能迅速成长。
53．我按照社长的交代又重新确认了一遍。
54．科学是存在于客观观察的基础上的。
55．不仅是体育运动，做任何事都需要努力。